U0948326

编写指导委员会

主　　任：黄健龙

副 主 任：唐植文　焦幸安　张绪平　仇仲谦

主　　审：黄健龙

主　　编：李莉亚

副 主 编：陈湘君　郭贵星

编写人员：陈武耕　冯　薇　高海清　黄清华
李　虹　李　艳　刘文兰　王晓燕
魏　攀　杨　波　张绪平

普通高等教育高级应用型人才培养规划教材

大学语文

（第二版）

主　编　李莉亚
副主编　陈湘君　郭贵星

中国·广州

图书在版编目（CIP）数据

大学语文／李莉亚主编．—2版．—广州：暨南大学出版社，2012.8
（普通高等教育高级应用型人才培养规划教材）
ISBN 978－7－5668－0315－3

Ⅰ．①大…　Ⅱ．①李…　Ⅲ．①大学语文课—高等职业教育—教材　Ⅳ．①H19

中国版本图书馆CIP数据核字（2012）第197616号

出版发行：暨南大学出版社

地　址：中国广州暨南大学
电　话：总编室（8620）85221601
　　　　营销部（8620）85225284　85228291　85228292（邮购）
传　真：（8620）85221583（办公室）　85223774（营销部）
邮　编：510630
网　址：http：//www.jnupress.com　http：//press.jnu.edu.cn

排　版：弓设计
印　刷：佛山市浩文彩色印刷有限公司

开　本：787mm×1092mm　1/16
印　张：17.25
字　数：400千
版　次：2010年9月第1版　2012年8月第2版
印　次：2012年8月第2次
印　数：6001—10000册

定　价：38.00元

序

大学语文作为一门公共基础课已经在越来越多的高校开设，但到底应当如何在课程体系中对其进行功能定位却一直是近年高等教育改革的热门议题，不同层次的大学生具体情况又存在差异，如何因材施教满足不同层次学生的需要更是大学语文教学改革中面临的一大挑战。具体到独立学院，在长期的教学实践过程中，我们发现，由于多年的应试教育，学生的中文水平和人文素质普遍不高，首先体现在语言文字表达方面，错别字连篇，语音错误、语法偏误常常发生，缺乏最基本的口头和书面表达能力，而这些往往又是学生走出校门后必须具备的，对学生的社会生存竞争力起着举足轻重的作用；其次体现在语言文字鉴赏方面，很多学生文学阅读和审美体验能力不强，逻辑思维能力欠缺，缺乏准确感悟语言文字的能力，这对学生以后的生活品质会造成很大的影响；最后还体现在文化常识积累方面，大部分学生对最基本的文史哲常识缺乏起码的认知，传统国学、美学基础较为薄弱，由此也造成了健康、独立的道德观和价值观的缺失。学生的种种欠缺都需要我们的大学语文教育承担起引导和补足的责任，所以独立学院的语文教育必须始终以培养学生最基本的语言文字表达能力和人文素养为宗旨，以帮助学生树立正确的价值观、人生观、审美观为职责，更深入、更系统、更切实地培养大学生综合语文素质。

要搞好大学语文教学，教材是基础。近些年，各位从事高校大学语文教育的同仁们在教材改革方面进行了各种各样的探索，编写出来的教材各有侧重，各具匠心，呈现出春兰秋菊多种特色。我们这本教材则专门根据独立学院学生的知识水平和结构并针对他们的实际需求编写，适合独立学院、高职高专院校教学使用，寓学术于通俗之中，既注重基本语言文字表达能力的培养，也考虑到更深层次的审美阅读和文字运用的需求，既紧扣历来人文经典，又涉及当今人文热点。在结构上，分为基础写作篇、文学鉴赏篇、人文思想篇三个部分，分别侧重培养学生的语言文字应用能力、美文鉴赏能力、文化思辨能力；在体例上，每篇选文都配有“常识介绍”、“作品解析（鉴赏）”、“思考与讨论”环节，文学鉴赏和人文思想篇中选文文末配有“扩展阅读”、“知识链接”环节，方便教师和学生有选择性地扩充知识。

本教材的编写是我们在独立学院大学语文课程教材建设方面做的一次探索性尝试，参与编写的人员全部都是来自各独立学院的一线教学骨干，希望这本教材的出版对于独立学院大学语文课程建设探索能起到抛砖引玉的作用。衷心希望在大家的共同努力下，大学语文教育不再是空有形式、成效颇微的鸡肋。

黄健龙

2010 年 5 月 12 日

再版说明

本书第一版根据独立学院人才培养目标定位和学生的基本素质特点编写，具有较强针对性，且编排体例也具有一定特色，既可作为独立学院学生基础必修课“大学语文”的教材使用，同时也可作为学生课后文学、文化的兴趣阅读读本及校园应用文体写作参考资料使用，自 2010 年 9 月出版以来，受到了广大师生的欢迎。为进一步适应近两年来独立学院大学语文教学的新理念和新形势，我们根据在独立学院大学语文教学实践和改革过程中遇到的实际情况以及积累的一些经验，对第一版教材进行了修订和充实。

本次修订再版的《大学语文》更正了第一版中出现的一些错误，并对部分选文内容做了更改，同时对“扩展阅读”中出现的所有选文、引文标明了出处，使得体例更加规范和严谨。修订后的版本分为基础写作篇、文学鉴赏篇、人文思想篇三部分，分别侧重培养学生的语言文字应用能力、美文鉴赏能力、文化思辨能力。基础写作篇选文由古代文论、现代创作理论及例文构成，为了使学生将理论与实践结合起来，真正提高写作能力，我们增加了思考与练习题环节中写作实操训练的比重；文学鉴赏篇以文学史为纲序呈现不同时代的文学经典，为了让学生在有限的教材篇目中接触更多经典作家和作品，修订中我们着重平衡了各个时代以及不同文体的比例，并对部分选文进行了更换，使得学生能将中学阶段掌握的零散的文学常识系统化，真正全面提高文学审美能力；人文思想篇包含了能反映中国传统文化、现当代历史文化及外国文化的选文，为了引导学生在现当代全球背景下理性对待传统文化，真正继承和发扬中国文化，我们在修订中增加了主题与青年的个性建立、人格塑造相关的一些篇章，相对于第一版的选文更具有人文性和针对性。

由于各类学校教学具体情况有别，因此，本课程的教学可根据实际需要合理安排教学内容和进程。我们在总课时量方面提出如下建议，仅供参考：文学、经管类各专业共 64 学时，在内容分配上可侧重进行文学鉴赏篇和人文思想篇的教学，在这两部分的选文精讲中穿插基础写作教学；理工科各专业共 32 学时，则可以基础写作教学为主，在此基础上有针对性地选择文学鉴赏和人文思想篇中的篇目进行知识扩充，“扩展阅读”、“知识链接”仅供灵活选择。

再版的教材由广东技术师范学院天河学院与广州市其他几所院校（广东白云学院、广州大学华软软件学院、广东商学院华商学院、华南农业大学珠江学院）教师共同完成，李莉亚担任主编，陈湘君、郭贵星担任副主编，其中“基础写作篇”由陈武耕、陈湘君、李虹、李莉亚、李艳、杨波、张绪平完成，“文学鉴赏篇”由陈湘君、冯薇、高海清、郭贵星、李莉亚、李艳、刘文兰、魏攀、杨波完成，“人文思想篇”由黄清华、李莉亚、王晓燕完成，全书由主编负责统稿、定稿。

本次教材的修订再版工作得到了暨南大学出版社和广州市道锋图书发行有限公司的

大力支持与配合，广东技术师范学院陈赟、李贤民、肖琦雯、杨希英等同行也向我们提出了非常中肯的建议，同时，编者在修订中也借鉴了一些专家学者已有的经验和成果，难以一一注明，在此，向各位致以真诚的谢意。

本教材虽经多次反复修改，但限于编者学识水平，在本次修订中，仍难免会存在错误和不当之处，诚请专家学者和广大师生指正。

编　者

2012 年 6 月 30 日

目录

校园应用文体

文学鉴赏篇

人文思想篇

基础写作篇

阅读积累

导 论

一、阅读的重要

一个人从学习说话到写文章、著书立说，以及知识的取得、人生视野的拓展和思想的成长，大都是通过不断阅读实现的，只有具备厚重的阅读积淀和吸收，才能出口成章，才能妙笔生花。荀子在《劝学篇》中说："积土成山，风雨兴焉。积水成渊，蛟龙生焉。故不积跬步，无以至千里；不积小流，无以成江海。"因此，阅读积累是一切语文素养生成的基础。

阅读积累中最关键的是语言积累。高尔基说过："语言是文学的基本材料，文学是语言的艺术。"语言积累应包括三方面内容：一是语言材料的积累，语言材料包括字、词、句、段落和篇章，掌握最基本的文字符号，积累大量的词汇等；二是语言规律的积累，语言的理解和表达都是有规律的，我们要运用这些规律来指导我们的阅读；三是语言典范的积累，通过记诵古今中外经典的语段、篇章可以培养我们强有力的语感和审美感。

阅读积累还必须注意文化积累。语言本身是一种文化，语言反映的也是丰富多彩的文化，所以语文学习是语言文化的学习，而不只是单纯地识字认字。文化积累包括了解一定的文化常识、阅读欣赏优秀的人文作品、感悟优秀的文化内涵、领会科学的人文研究方法等。人文精神和人文方法是人文教育的核心，是锻造文化品格的重要武器。语文学习的核心目标就是运用这两大武器来塑造我们的人格，最大限度地提高我们的人生质量和层次，学会听、说、读、写都是为实现这一最终目标服务的。

阅读积累除了关注语言和文化外，生活积累也同样重要。朱熹说："问渠那得清如许，为有源头活水来。"生活是一切创作的源泉，也是语文学习和阅读积累必须关注的一个方面。语文学习与生活的联系十分密切：一方面，语文学习需要一定的生活积累。了解一定的生活常识，培养积极的生活态度、健康的生活情趣，形成高尚的生活理想，积累丰富深刻的生活体验、生活感受，语文学习才有基础，才有持续发展的动力；另一方面，语文又是生活的工具，学习语文是为了更好地了解认识生活，更好地参与生活、改造生活，让自己、他人生活得更有意义、更加美好。

我们在注重语言、文化和生活积累的同时，还必须注重梳理。梳理的过程是使知识系统化、条理化的过程，就像去仓库取东西，如果堆放得没有规律便会费时费力，积累的知识通过梳理后会显得更清晰，运用起来也会更得心应手。从积累到梳理，梳理的过程不仅是再次积累的过程，而且是为下面的积累奠定一个很好的基础。在整个语文学习

中，积累和梳理齐头并进，相互融合，相互促进，最终达到一个比较高的层次，正如郭沫若所说："胸藏万汇凭吞吐，笔有千钧任歙张。"

二、阅读的方法

阅读是一种内外交互的双向运动，必须养成乐于阅读、勤于阅读、精于阅读的良好习惯。

第一方面，爱读书。书籍是人类知识的载体，是人类智慧的结晶，是人类进步的阶梯。读书的好处很多，可以获取信息、增长知识、开阔视野，也可以陶冶性情、培养和提升思维能力等。我们只有真正把读书学习当成一种生活态度、一种工作责任、一种精神追求，自觉养成读书学习的习惯，真正使读书成为工作、生活的重要组成部分，才能博古通今、融会贯通，使一切有益的知识和文化入脑、入心，沉淀在我们的血液里，融入到我们的行为中。"书读百遍，其义自见"，要理解作品的精要内涵，必须多阅读；"读书破万卷，下笔如有神"，要写好文章，也必须多读书。

第二方面，读好书。总的来说，人的学习追求应当是无止境的，读书应多多益善，但"吾生也有涯，而知也无涯"，人的精力毕竟有限，我们不可能把所有的书都读完，所以应当在大量的书籍中围绕提高思想水平、增强自身能力、完善知识结构、提升精神境界这四个方面，选择那些与所学专业关系密切、自己爱好和有兴趣的书来读，力争在有限的时间内取得最佳的读书效果。另外，古人云："取法乎上，仅得其中。取法乎中，仅得其下。"意思是，学最上乘的东西，能得到中等的结果；学中等的东西，只能得到下等的结果。读书要目标高远，不能凭兴趣、追时髦，要看经典，看那些能对我们的生命质量产生影响的东西，这样才能高瞻远瞩，下笔才能技高一筹。古人有"下棋找高手，弄斧到班门"一说，就是这个道理。因此，我们应该尽可能多地阅读层次比较高的书籍。

第三方面，善读书。我国著名学者王国维论述过治学的三种境界：第一种境界是"昨夜西风凋碧树，独上高楼，望尽天涯路"；第二种境界是"衣带渐宽终不悔，为伊消得人憔悴"；第三种境界是"众里寻他千百度。蓦然回首，那人却在，灯火阑珊处"。我们阅读积累也应该有这三种境界：首先，要有"望尽天涯路"那样志存高远的追求，要耐得住"昨夜西风凋碧树"的清冷和"独上高楼"的寂寞，静下心来通读、苦读；其次，要勤奋努力，刻苦钻研，舍得付出，百折不挠，下真功夫、苦功夫、细功夫，即使是"衣带渐宽"也"终不悔"，"人憔悴"也心甘情愿；再次，要坚持独立思考，学用结合，学有所悟，用有所得，要在学习和实践中"众里寻他千百度"，最终"蓦然回首"，在"灯火阑珊处"领悟真谛。这三种境界启示我们，读书不仅要有明确的目标、不移的恒心，还要提高读书效率和质量，讲求读书方法和技巧，在爱读书、读好书、善读书中提高人文素养、解决实际问题、实现自我超越。而要实现这个目标，我们要注意两点：一要坚持阅读与思考的统一。孔子曰："学而不思则罔，思而不学则殆。"书本上的东西是别人的，要把它变为自己的，离不开思考；书本上的知识是死的，要把它变为活的，为我所用，同样离不开思考。阅读积累的过程，实际上是一个不断思考、认知的过程。思考是阅读的深化，是认知的必然，是把书读活的关键。如果只是机械地阅

读、被动地接受、简单地浏览，没有思考，人云亦云，再好的知识也难以吸收和消化。二要坚持读书与运用相结合。读书学习客观上是一个去粗取精、去伪存真的过程，必须联系实际，知行合一，通过理论的指导、知识的积累，来洞察客观事物发展的规律。

论读书

培　根

读书足以怡情，足以傅彩，足以长才。其怡情也，最见于独处幽居之时；其傅彩也，最见于高谈阔论之中；其长才也，最见于处世判事之际。练达之士虽能分别处理细事或一一判别枝节，然纵观统筹、全局策划，则舍好学深思者莫属。读书费时过多易惰，文采藻饰太盛则矫，全凭条文断事乃学究故态。读书补天然之不足，经验又补读书之不足，盖天生才干犹如自然花草，读书然后知如何修剪移接；而书中所示，如不以经验范之，则又大而无当。有一技之长者鄙读书，无知者羡读书，唯明智之士用读书，然书并不以用处告人，用书之智不在书中，而在书外，全凭观察得之。读书时不可存心诘难作者，不可尽信书上所言，亦不可只为寻章摘句，而应推敲细思。书有可浅尝者，有可吞食者，少数则须咀嚼消化。换言之，有只需读其部分者，有只需大体涉猎者，少数则须全读，读时须全神贯注，孜孜不倦。书亦可请人代读，取其所作摘要，但只限题材较次或价值不高者，否则书经提炼犹如水经蒸馏，淡而无味矣。

读书使人充实，讨论使人机智，笔记使人准确。因此不常做笔记者须记忆特强，不常讨论者须天生聪颖，不常读书者须欺世有术，始能无知而显有知。读史使人明智，读诗使人灵秀，数学使人周密，科学使人深刻，伦理学使人庄重，逻辑修辞之学使人善辩：凡有所学，皆成性格。人之才智但有滞碍，无不可读适当之书使之顺畅，一如身体百病，皆可借相宜之运动除之。滚球利睾肾，射箭利胸肺，慢步利肠胃，骑术利头脑，诸如此类。如智力不集中，可令读数学，盖演题须全神贯注，稍有分散即须重演；如不能辨异，可令读经院哲学，盖是辈皆吹毛求疵之人；如不善求同，不善以一物阐证另一物，可令读律师之案卷。如此头脑中凡有缺陷，皆有特药可医。

王佐良译

弗兰西斯·培根（1561—1626），英国哲学家、思想家、作家和科学家，被马克思称为“英国唯物主义和整个现代实验科学的真正始祖”，在逻辑学、美学、教育学方面也提出许多思想，著有《新工具》、《论说随笔文集》等。

培根倡导“读史使人明智；读诗使人灵秀；数学使人精密；哲理使人深刻；伦理学使人有修养；逻辑修辞之学使人善辩。”其随笔因透彻精辟、幽默隽永、意趣盎然而享有世界性声誉。

作品解析

本文是一篇精彩的随笔短论，它紧紧围绕读书的话题多方面展开议论，见解深刻，议论精辟。文章好似一篇谈话，富有针对性，传达了一位洞察世事人情的饱学之士对世人的谆谆告诫；又好像一首散文诗，含蓄隽永，寓意深刻。

文章恰当地运用了比喻论证和举例论证来证明自己的观点。

（1）比喻论证：“盖天生才干犹如自然花草，读书然后知如何修剪移栽”一句用“自然花草”比喻“人的天生才干”，“修剪移栽”比喻“读书”；“否则书经提炼犹如水经蒸馏，淡而无味矣”一句用“蒸馏过的水”比喻“提炼过的书”，使读者懂得读书不能只读别人的笔记摘要，语言形象生动。

（2）举例论证：为了论证“知识能塑造人的性格”，列举了许多事实，如“读史使人明智，读诗使人灵秀，数学使人周密，科学使人深刻，伦理学使人庄重，逻辑修辞之学使人善辩”。

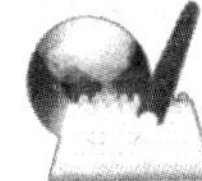

思考与练习

1. 作者认为读书最主要的目的是什么？他反对哪几种读书的态度和方法？
2. 本文是如何运用比喻论证来证明自己的观点的？请举例说明。
3. 常说读书需“八问”，请从以下“八问”中感悟读书思想和方法。

一问：书香醉人我独醒——你有优势吗？

二问：书山万丈平地起——你会积累吗？

三问：书海无涯莫迷航——你有方向吗？

四问：书市万卷适我取——你会选择吗？

五问：咬定书山不放松——你有毅力吗？

六问：书上得来终觉浅——你会整合吗？

七问：书破万卷求自如——你会创新吗？

八问：书境三重我必求——你能提升吗？

阅读时间的零与整[1]

郝明义

我们常说时间就是金钱。如果真相信时间就是金钱，那就一定要懂得如何利用时间这笔金钱。在阅读这件事情上，尤其如此。

首先，如同我们觉得“金钱”永远不够用的一样，阅读的时间，也是永远不够用的。然而，就像再少的钱，也得一分一毫地积蓄下来，阅读的时间，你也得一分一秒地留给自己。

每个人都有个发财梦，想要中一笔乐透，或是有一笔大钱。每个爱好阅读的人，也都有一个梦——梦想自己可以摆脱日常工作的牵绊，好好地有它几个月，甚至一两年时间来阅读。

但是如同乐透是个遥远的梦，阅读的人的这个梦，通常也是很难实现的。

我们难以发横财，还是得从理财开始——也就是料理自己的日常时间。

第一件事，最重要的是你得先有钱。因此，再少的时间，也要留一些给阅读。不给阅读一些时间金钱，它什么事情也不会发生。

我们经常买书，但是买书不等于读书，所以，除了买，还要实际开始读。“每天决定去读一点，即使是几段也好，假如你每天能有十五分钟的读书时间，一年之后你就可以感受到它的结果。”美国一位教育学家霍勒斯·曼恩这么说过。

谈到这里又可以顺便一提的是，如果是一位中学生，他每天说起来无时无刻不在读书，但读那些教科书和参考书的时间是不算的，我们这里说的时间，是读那些书以外的时间。日本这两年流行一个阅读运动，中学生上学，每天早上一定有十五分钟要先阅读，不管阅读的是什么书，反正就是教科书以外的书，也是同样的意思。

第二件事，挤出来、存起来的钱，应该善用。金钱有积蓄的作用，也可以有消费的作用。进行主食阅读[2]、美食阅读[3]、蔬果阅读[4]，都可以说是积蓄的作用，进行甜食阅读[5]，可以说是消费。金钱最好的运用之道，总是应该积蓄与消费兼顾，阅读也是。

第三件要注意的事，是光给阅读一些时间金钱还不够，还要知道“零钱”与“整款”的不同。

不论是对一个上班族，还是在学校的中学生来说，日常大部分时间都有自己要忙的事情。要真正让自己有越来越充裕的时间可以使用，就得有意识地注意自己时间里，哪些是可以用来阅读的“零钱”，哪些又是“整款”。然后把“零钱”和“整款”分别对待。譬如，“零钱”时间，用来阅读一些篇幅不长的杂志、报纸、网络信息；“整款”

时间，用来阅读一本完整的书、几本相关主题的书，或是交叉使用书与网络的某个阅读主题。

当然，某些人可以用“零存”来达成运用“整款”的效果，但是我们知道，金钱能创造的最大效果，还是得钱滚钱。所以，真正要进行有意思的阅读，我们还是得让自己有真正的“整款”可以使用。

所以，第四个问题来了。一天二十四小时，就这么些时间，自己东挪西凑，也就是顶多能有这些零钱时间。硬说是得有整款时间，怎么生得出来？

我有一个例子。

曾任北京商务印书馆董事长的陈原，我们都称呼他原老，很受敬重。原老不但曾经是中国大陆文化部门的高级官员，商务印书馆的出版人，也是一位卓然成家的语言学者。

原老是由于在“文革”期间出版《现代汉语词典》，其中有些词条受到批斗，所以激起他后来对语言学研究的动力。我请教过他怎么挤出时间来做这件事的。原老是白天忙碌于种种行政工作，设法应付种种斗争之后，夜晚回家后调整作息，然后每天深夜开始有自己的整块阅读时间，十二点到凌晨三四点是他阅读精华时间。如是坚持着十几年，他当然在语言学的研究上有了自己的天地。

任何政府官员都有要处理的行政事务，任何人都有白天需要烦恼的事情。如果陈原老以他的例子，告诉我们在这种情况下他都能设法为自己每天找出三四个小时的“整款”时间，我不知道还有什么理由相信“整款”时间是很难创造出来的。——只看你有没有决心。

我不能不又提一下我们的中学教育。

会理财的人，知道如何把自己零碎的金钱，存成整款。不会理财的人，却会把整款破散成零钱，再化为乌有。今天中学的考试教育，不只破坏了我们的阅读胃口，也没教我们如何把时间金钱用来使用在阅读上的理财。因此等到出了社会，总是没有料理时间金钱用在阅读上的能力，总要从头练习建立一些老早该有的习惯和方法。

我自己的情况是，除了把零碎时间用来做一些零碎阅读（譬如读报纸、杂志、一些不需要超过三十分钟以上翻阅的主食阅读、PDA 上存的东西）之外，我最重要的整款时间在每天的早上。

我差不多十点到十一点之间入睡，早上四到五点之前起床。而大约五点到八点之间的三个小时，就是我自己的整款阅读时间。这段时间我绝不碰工作上的书籍（除非是正好我感兴趣的），只读这一阵子和自己想要阅读的主题相关的书籍，或是到网上进行交叉搜寻。有这么一块完整时间的阅读，这一天我觉得比较可以轻松以待自己的时间即将被零碎分割。哪一天少了这一块完整时间的阅读，那这一天的情绪就要受影响。——想到自己这一天即将在各种会议与奔波中糊里糊涂地渡过，谁的心情好得起来？

在我作息没这么规律化之前，最重要的阅读时间是周末，尤其是星期五的晚上。

星期五晚上和星期六晚上是不同的。

星期五的晚上，因为你觉得未来有完整的四十八个小时，夜是年轻的。何况，四十八小时也已经相当于永恒。

在这样的夜里，没有追兵，没有来人，没有电话，也没有等待。

这些书和你平日早上读的书是不一样的。就像你在年轻的时候，走进一间酒吧想要有的邂逅一样，你打开这些书本，也希望擦撞出一些意外的火花。

你可能一本一本地翻过去又丢开。

但是，你也可能翻开一本，就此放不下手。于是，夜越来越静，而你和你读的书之间，只存在着一种微微的温暖之意。

我也很怀念那段日子。

【注释】

[1] 本文选自《越读者》，北京：人民文学出版社2009年版，收录时编者对原文有所删节。

[2] 主食阅读：本文作者在《越读者·把阅读当饮食来谈的理由》中把阅读当作给头脑的饮食，将阅读分为了主食阅读、美食阅读、蔬果阅读、甜食阅读四种类型。主食阅读，即为寻求人生在职业、工作、生活、生理、心理等方面以及一些现实问题直接解决之道的阅读，又称之为“生存需求的阅读”。

[3] 美食阅读：出处同上。美食阅读不求针对人生现实问题提出直接的解决之道，但却可能帮助我们从一个看来间接但是却非常根本的方向思考这些问题或现象的本质是什么，又称之为“思想需求的阅读”。

[4] 蔬果阅读：出处同上。蔬果阅读是为了帮助我们查证阅读过程中不了解的字义、语义、典故与出处而进行的阅读，很像是饮食里的蔬菜、水果，又称之为“工具需求的阅读”。

[5] 甜食阅读：出处同上。甜食阅读没有一定的目的，不为了寻求现实问题的直接解决之道，不为了寻找思想的结晶，也不为了参考或查证，就是为了娱乐、消遣，很像是饮食里的甜食，又称之为“休闲需求的阅读”。

郝明义（1956—），韩国华侨。1978年进入出版业，曾任中国时报出版公司总经理、台湾商务印书馆总经理兼总编辑等，在出版界创造多个纪录。著有《工作DNA》、《故事》、《那一百零八天》、《他们说》、《越读者》等，译作有《如何阅读一本书》、《二〇〇一太空漫游》等。

郝明义的《越读者》针对在阅读环境条件丰饶的现代社会人们却把自己的阅读局限在越来越窄的范围内的现象，对阅读进行了全方位的讨论，并提出了许多具有实质操作性的建议，对不同读者均有一定的启发意义。

作品解析

文章深入浅出地探讨了阅读时间的问题。作者用一个贴切的比喻，将阅读的时间比作金钱，从三个方面围绕如何料理这笔金钱进行了生动巧妙的论述。首先，要有钱，即一定要给阅读留有时间，否则，巧妇难为无米之炊，不给阅读一些时间金钱，什么事情也不会发生；其次，要善用这笔钱，对其合理分配，通过主食阅读、美食阅读、蔬果阅读进行积蓄，通过美食阅读进行消费；再次，要区分零钱和整款，零钱时间用来阅读短篇幅的杂志、报纸、网络信息，整款时间用来阅读完整的书乃至几本相关主题的书。

除比喻论证外，本文还进行了举例论证。在说明“阅读中整款时间是必须的”时，作者通过列举陈原先生的例子有力推翻了大多数人认为的“拥有整款时间很难”的看法，并结合自身阅读时间的分配向读者形象地展现了整款时间的阅读能给阅读者带来的巨大满足感——夜越来越静，而你和你读的书之间，只存在着一种微微的温暖之意。

思考与练习

1. 文中“零钱时间”和“整款时间”的含义是什么？
2. 文章是如何生动地进行比喻论证的？
3. 阅读下文，思考一下你的阅读现在处于哪一道阶梯。

阅读的七道阶梯——柏拉图的启示（节选）

（郝明义）

在阅读的地图上，有这样七道阶梯。

第一道，你关心、思考的，是如何让自己更美好。因此，你会寻找健康、美丽、求学、考试、企管与工作 Knowhow、职业工作能力需求、理财、休闲、旅游、励志这些主题来阅读。

第二道，你开始关心、思考如何让自己与所爱的人，共同更美好。因此，你会寻找爱情、婚姻、亲子、心理、居家、烹饪这些主题来阅读。

第三道，你开始学习欣赏一切抽象的美好。因此，你会寻找哲学、科学、宗教、艺术、绘画、音乐、建筑等主题来阅读。

第四道，你开始学习欣赏社会制度之美好。一个只读文学的人，如果开始对政治、社会、法律、经济、伦理这些题目感兴趣，就是个例子。大至思考社会的运作机制，了解社会的硬件与软件规划，小至思考一个组织如何遵行制度规章运作之美，也是例子。

第五道，你开始学习欣赏与自己相异之行为的美好。懂得欣赏社会制度的美好之后，才能开始懂得欣赏政治、宗教、意识形态与自己不同的人的行为之美。这时，才会看出一些特立独行，不为社会大众所注意（甚至所喜）的人物的传记，有什么阅读的需要，有什么参考的价值。上不到这一道阶梯，我们喜欢看的传记，总超脱不了富豪与企业成功人士的经验与价值观，以及奋斗于病魔或艰苦环境的人物的光明美德。但是，阅读能让我们看到的美好，远不只这些。

第六道，你开始学习体会多元知识激荡之美好。你不只在自己始终擅长、钻研的知识领域之外，至少能再深入钻研另一个知识领域，并且可以体会到不同领域知识之间相互激荡、相互滋生的美好。知识，在你面前交织成一片绵密无比的光网。光网上每一条线的每一个光点，都逐渐相互沟通。你可以随意从任何一个角度提起知识光网，任意挥舞，自由自在。

第七道，你学习体会宇宙的智慧之美。蕴涵于，也超脱于一切阅读、学习、知识之美之外的宇宙智慧。不生不灭，不增不减，无始无终的智慧。

这就是阅读的七道阶梯。

（选自人民出版社 2009 年版《越读者》）

阅读者

里尔克

我已经读了很久，
自打这雨声潺潺的下午
躺卧在我的窗口。
室外的风声
我充耳不闻：
我的书又重又厚。
书页对于我
像一张张面孔，
沉思时，神情严肃，
读着它们，时光便在我身边
淤积、滞留。
蓦地，书中一片光明，
书页上遍写着：黄昏，黄昏……
我未及眺望窗外，
长长的文句已经断了线，
四散逃奔……
于是我知道：在一处处
繁花怒放的花园顶头，
天空开阔、明朗；
太阳又再次光临。——
而此刻，夏夜将至：
目力所及，景物稀疏、凌乱，
长街上移动着幢幢人影；
只是远处，好似意味深长地，
听得见还有一些什么在发生。
这当儿，我从书中抬起眼来，
一切都已变得伟大，
没有任何景象再令人吃惊。
在书中，我体验着外界的事物；

这儿那儿，自然都广大无垠。
只要更多地将身心织入其中，
我的双眼便能适应世界万物，
适应去爱众生严肃的单纯，——
于是大地超越自身，
继续生长，
仿佛将包容整个天空：
大地上的最后一所房子
就像是天空中的
第一颗星星。

杨武能译

里尔克（1875—1926），奥地利诗人。主攻哲学、艺术与文学史，曾任大雕塑家罗丹秘书，并深受法国象征派诗人波德莱尔等人影响，代表作有《祈祷书》、《新诗集》、《杜伊诺哀歌》等。

里尔克的诗歌充满孤独痛苦情绪和悲观虚无思想，但艺术价值很高，充分展示了诗歌的音乐美和雕塑美，扩大了诗歌的艺术表现领域，对现代诗歌的发展有巨大影响。

作品解析

这首诗揭示出了阅读的真谛：真正的阅读者，沉浸于书里，会发现一个深邃而辽阔的世界，这个世界存在于书中，存在于书外，存在于书里书外融成一片的宇宙中，也存在于融会了这一切的心灵中。窗边阅读，潺潺雨声，可以忘我、忘境，物我两忘——“室外的风声”可以充耳不闻，时光在身边“淤积、滞留”。阅读给予了人对艺术、生命最真切的感知与最超凡的领悟，正如诗中所言，“这当儿，我从书中抬起眼来，一切都已变得伟大”、“在书中，我体验着外界的事物；这儿那儿，自然都广大无垠”。

思考与练习

1. 试体会本诗中“我从书中抬起眼来，一切都已变得伟大”的心理感受。

2. 贝内特·塞尔夫说：“阅读的快乐不在于人家告诉了你什么，而在于借此你的心灵得以舒展开来”，孟德斯鸠说：“喜欢读书就等于把生活中寂寞的辰光换成巨大享受

的时刻”，谈谈你对这两句话的看法。

3. 阅读以下古今中外关于读书方法的名言，在自己读书实践过程中加以借鉴。

三更灯火五更鸡，正是男儿读书时。黑发不知勤学早，白首方悔读书迟。——颜真卿

读书譬如饮食，从容咀嚼，其味必长；大嚼大咀，终不知味也。——朱熹

读书，始读，未知有疑；其次，则渐渐有疑；中则节节是疑。过了这一番，疑渐渐释，以至融会贯通，都无所疑，方始是学。读书有三到，谓心到，眼到，口到。心不在此，则眼看不仔细，心眼既不专一，却只漫诵浪读，决不能记，久也不能久也。三到之中，心到最急，心既到矣，眼口岂不到乎？——朱熹

只看一个人的著作，结果是不大好的：你就得不到多方的优点。必须如蜜蜂一样，采过许多花，这才能酿出蜜来，倘若叮在一处，所得就非常有限，枯燥了。——鲁迅

人是活的，书是死的。活人读死书，可以把书读活。死书读活人，可以把人读死。——郭沫若

任何一本书的影响莫过于使读者开始作内心的反省。——卡莱尔

记录在纸上的思想就好像沙上行走者的足迹：我们也许能看到他所走过的路径，但如果要知道他在路上究竟看见了什么，则必须用我们自己的眼睛。——叔本华

对于一个读者来说，保持独立思考是最重要的修养。——伍尔芙夫人

当你把所读的和已经知道的联系起来时，阅读马上变得有趣了。——哈维兰

读书而不能运用，则所读书等于废纸。——华盛顿

读书是易事，思索是难事，但两者缺一便全无用处。——富兰克林

立意选材

导论

一、文章重在立意

（一）文以意为主

“意”是指文章所集中表现的思想感情，“文以意为主”，就是文章要有充实、深刻的思想内容。艺术形式固然重要，但它是为表现内容服务的，一篇文章如果思想空虚、感情贫乏、内容平淡，甚至立意不明、不知所云，即使辞藻华美，也不是好文章。

（二）意在笔先

写文章必须首先立意，先明确了所要表达的意，然后才能按需要剪裁材料、遣词造句。有个“打腹稿”的故事，说的是初唐的王勃在每次写作之前，先磨墨数升，然后用被蒙头而卧，卧了一段时间后，忽然掀开被子，一跃而起，挥笔疾书，一气呵成。当然，王勃并不是蒙被睡大觉，而是避开一切干扰，集中思考诗文的立意和内容，一旦思虑成熟便可以顺利动笔。可见，写文章是需要打腹稿的，胸有成竹才能下笔有神，立意的过程好比“十月怀胎”，动笔写文章好比“一朝分娩”，不怀胎则无法分娩。

（三）立意要高

就个人来说，写文章是为了陶冶情操，提高精神修养；就阅读者来看，则需给人有益的激励或启发，所以立意要高远，才能体现文章的价值。

文章要有好的立意并不容易，需要作者时刻注意观察、体验、思考生活。有人常说创作需要灵感。灵感似乎是很神奇的一样东西，历史上有很多通过做梦获得灵感的例子，诗人能在梦中吟得佳句，艺术家从梦中得到奇思妙想，科学家也能在梦中受到启示。看起来灵感的到来似乎是可遇不可求的，“踏破铁鞋无觅处，得来全不费工夫”。实际上，灵感绝不会随意到来，所谓“得来不费工夫”必须经历一个“踏破铁鞋”的积累过程，只有长期积累才能实现历史上常有的“妙手偶得”，这个偶然的得到一定是建立在长期积累所形成的妙手之上的。所以，要想在写作中灵感源源不断，就必须要在平常的生活中多观察、体验，并进一步进行思考，将自己对世界的各种思考及时积淀在思维的信息库中，只有这样，灵感才会在我们的创作活动中不期而至。

灵感到来后，还需要在头脑中反复加工、提炼、概括，最终才能形成高远独特的立意。立意时应注意“约”、“新”、“深”三个要领。

（1）约，即立意简明集中。古人常说：“立意要纯”、“意多乱文”、“宾可多，主无二”。写作之前，你可能有许多想法和情绪，但在动笔时却只能从中挑选最重要、最

有代表性、感受最深的一点，而把其他的想法统统撇掉。

（2）新，即立意有新意，言前人之所未言，发前人之所未发。“五四”时期涌现出许多反映青年男女反抗封建婚姻制度而离家出走的小说，赞扬年轻人敢于破除封建礼教的勇敢行为，但鲁迅先生的《伤逝》却在同类题材中开辟出了新的视角，通过涓生和子君的爱情悲剧提出了“娜拉走后怎么办”的主题，提出没有政治、经济上的解放就不可能有真正的幸福婚姻的观点，这便是另辟蹊径产生的全新立意。

（3）深，即立意深刻，挖掘到了生活的底蕴。言理是至理，发人深省；言情是至情，感人至深。一篇文章主题是否深刻，直接取决于作者能否以独到的眼光穿越事物的表象、生活的表层，去发现事物的本质和生活的底蕴。

二、文章妙在取材

明代李东阳谈及画法时说：“莫将画竹论难易，则道繁难简更难。君看萧萧只数叶，满堂风雨不胜寒。”意思是说，如果把每片竹叶都堆到画面上，简直不成画，简要地画上几叶，却能从中体会到满堂风雨。写文章和绘画一样，必须对所描写的对象有所取舍，或添或减，或藏或露，才能引人入胜、富有意趣，如果把每件事或每个场合中的东西按其细节一一罗列出来，必然会显得枯燥乏味。所以，写文章切忌琐碎、面面俱到，要善于根据立意巧妙选材，以小见大，从丰富的生活素材中提炼和概括出典型的事物。在选材时应注意以下几点：

（一）选择最能表现主题的材料

凡是能表现、说明、烘托、暗示、印证主题的材料，就要选用；凡是与主题无关的材料，就要坚决舍弃。吴晗的《谈骨气》一文，就围绕“我们中国人是有骨气的”这个主题，先以孟子的“富贵不能淫，贫贱不能移，威武不能屈，此之谓大丈夫”为理论依据，又以文天祥被俘拒绝投降时留下“人生自古谁无死，留取丹心照汗青”的千古名句、古人宁可饿死也不吃嗟来之食、闻一多不畏强暴最终倒在敌人的枪口下这三个典型事例为事实材料，充分论证了文章的主题。

（二）选择真实可靠的材料

朱自清在《荷塘月色》中写到“月夜蝉声”，有读者对此提出疑问，朱自清为了搞清这个问题，专门请教了昆虫学家，自己又几次跑去听，最终确定“月夜蝉鸣”是真实准确的，从而消除了读者的疑问，产生了令人信服的效果。朱自清对待材料的严谨，是值得写作者学习的。

（三）选择典型的材料

典型材料能够起到以一当十、以少胜多的作用。叶兆言的《恩师》一文以“尊师”为主题，其中提到清末民初大学问家章太炎北上讲学的故事：章太炎在北京的弟子早已功成名就，不少人在名誉上、地位上都超过了老师。可是，当章太炎演讲时，已是国文系主任的钱玄同“扶上扶下，执弟子礼甚恭”，由于章太炎的乡音极重，钱玄同自告奋勇为之口译；已是名教授的刘半农主动“用粉笔在黑板上笔录，一丝不苟，毕恭毕敬”，这些材料就选用得十分典型、精当。

（四）选择新颖生动的材料

新颖，是指材料要有新鲜感；生动，是指材料以及对材料的表述要有感染力。不要一谈“无私奉献”就举“董存瑞舍身炸碉堡”、“孔繁森献身西藏”等例子，应该多留心、多积累，让自己的选材新鲜生动，体现新时代、新生活，始终给人以感染力。

境界说[1]

王国维

一

词以境界为最上。有境界则自成高格，自有名句。五代北宋之词所以独绝者在此。

二

有造境，有写境，此理想与写实二派之所由分。然二者颇难分别。因大诗人所造之境，必合乎自然，所写之境，亦必邻于理想故也。

三

有有我之境，有无我之境。“泪眼问花花不语，乱红飞过秋千去。”[2]“可堪孤馆闭春寒，杜鹃声里斜阳暮。”[3]有我之境也。“采菊东篱下，悠然见南山。”[4]“寒波澹澹起，白鸟悠悠下。”[5]无我之境也。有我之境，以我观物，故物我皆著我之色彩。无我之境，以物观物，故不知何者为我，何者为物。古人为词，写有我之境者为多，然未始不能写无我之境，此在豪杰之士能自树立耳。

四

自然中之物，互相限制。然其写之于文学及美术中也，必遗其关系，限制之处。故虽写实家，亦理想家也。又虽如何虚构之境，其材料必求之于自然，而其构造，亦必从自然之法则。故虽理想家，亦写实家也。

五

词人者，不失其赤子之心者也。故生于深宫之中，长于妇人之手，是后主为人君所短处，亦即为词人所长处。

【注释】

[1] 本文节选自王国维《人间词话》，标题系编者自拟。

[2] 出自欧阳修《蝶恋花》：“庭院深深深几许？杨柳堆烟，帘幕无重数。玉勒雕

鞍游冶处，楼高不见章台路。雨横风狂三月暮，门掩黄昏，无计留春住。泪眼问花花不语，乱红飞过秋千去。”

[3] 出自秦观《踏莎行》：“雾失楼台，月迷津渡，桃源望断无寻处。可堪孤馆闭春寒，杜鹃声里斜阳暮。驿寄梅花，鱼传尺素，砌成此恨无重数。郴江幸自绕郴山，为谁流下潇湘去！”

[4] 出自陶潜《饮酒诗》第五：“结庐在人境，而无车马喧。问君何能尔，心远地自偏。采菊东篱下，悠然见南山。山气日夕佳，飞鸟相与还。此中有真意，欲辨已忘言。”

[5] 出自元好问《颍亭留别》：“故人重分携，临流驻归驾。乾坤展清眺，万景若相借。北风三日雪，太素秉元化。九山郁峥嵘，了不受陵跨。寒波澹澹起，白鸟悠悠下。怀归人自急，物态本闲暇。壶觞负吟啸，尘土足悲咤。回首亭中人，平林淡如画。”

王国维（1877—1927），字伯隅、静安，号观堂、永观，浙江海宁人，清末秀才，是我国近现代史上在文学、美学、史学、哲学、古文字、考古学等方面成就卓著的学术巨子、国学大师。

王国维的《人间词话》是中国近代最负盛名的一部词话著作，其理论核心是“境界说”，提出了“有我之境”与“无我之境”、“造境”与“写境”、“隔”与“不隔”、“优美”与“宏壮”等一系列美学理念，在古今诗话史上独辟蹊径，别具匠心。

作品解析

“境界说”是《人间词话》的核心，也是全书的脉络，王国维不仅把它视为创作原则，也把它当作批评标准，以它来论断诗词的演变，评价词人的得失、作品的优劣、词品的高低。

按照境界构成材料的不同，王国维把境界分为“造境”和“写境”两种形态。前者极逞创意之才，万物皆为我驱遣，正是浪漫主义创作方法的基本特征；后者则极逞状物之才，随物婉转，高度重视客观真实，正是现实主义创作方法的基本特征。王国维还提出，在“理想派”与“写实派”相互结合的艺术境界里，自然与理想熔于一炉，“景”与“情”交融成一体，这是只有大诗人才能创造出的上等的艺术境界。

按照境界构成方式的不同，王国维又把境界区分为“有我之境”和“无我之境”两种形态。“有我之境”，诗人作为感情激越的审美主体，从对象中反射自己，所以“物我皆著我之色彩”，情已外化为景；“无我之境”，赏心悦目之激越之情占主导地位，但景后隐藏着情。

思考与练习

1. 王国维认为应该做到哪些方面才能使文章出境界？

2. 如何理解文中的“有我”、“无我”之境？

3. 王国维用以下几句诗来描述艺术创作或学术研究的历程，试分析它们的比喻意义。

（1）昨夜西风凋碧树，独上高楼，望尽天涯路。

（2）衣带渐宽终不悔，为伊消得人憔悴。

（3）众里寻他千百度。蓦然回首，那人却在，灯火阑珊处。

有意为之——谈如何收集题材

茅　盾

各人有各人自己惯用的一套手法。但大概不外乎（1）尽量采集凡与题目有关的材料，（2）又十二分严格——几乎吹毛求疵般地选用这些原料。采集之时，贪多务得，要跟奸商一般，只消风闻得何处有门路，有货，便千方百计钻挖，弄到手方肯死心，不管是什么东西，只要是可称为“货”的，便囤积，不厌其多。选用的时候，可就要象关卡的税吏似的百般挑剔了；整整一卡车的“货”，全要翻过身来，硬的要敲一敲，软的要扪一把，薄而成起的，还得对着阳光照了又照，——一句话，用尽心力，总想找个把柄，便扣下来，不让过卡。有些老牌子的国药品，它那仿单上每每大书特书这样一套话：本品到名山大川采办道地原料，并请“专家”按照“古方”或“家传秘方”精心炮制……如是云云。这一套话，不妨移用到文艺作品的写作，但“古方”与“家传秘方”之类，虽然也可认为有之，却未必如法炮制之后一定见效罢了。

贪多务得，说来容易，做去却有不少困难。譬如只会写点稿子被书贾剥削的文化人，给他资本，他也不能买到“货”，因为他不懂其中的窍脉，摸不着其中的黑门黑路；或许买到了，却又上当，全是冷货（不过抗战时期据说已经凡货必热了），或者是用不得搁不得的烂货。得尚不易，又何以而贪多。收集写作的材料，亦复如是，不能不有方法。以我想来，第一要会拉拉扯扯，第二要会小题大做。怎样才算会得拉拉扯扯呢？比方题目是青年店员生活，当然首先要就这题目的范围内采集材料，但这范围也就不小：青年店员不但服务于各种不同性质的店起，而且他们本身的家庭情况（出身）和做店员以前的生活环境（教养）亦复千差万殊。如果我们光看见了一两种，那即使能将这一两种观察得巨细无遗，甚至深入腠理，也只是一篇而已，也还不够；尽管我们只打算写某一行的青年店员，但在采集材料的时候，必须由甲这一行拉扯到乙，由乙再拉扯到丙……如此以至囤积逾量，无奇不有。其次，可要拉扯到题目范围以外了：各种商业的情形，不能毫无所知；各种老板剥削店员的大同小异的法门，尤岂不能一知半解；各种残余的商业上的陋规，也得明白；各种赚钱发财的新兴法门，也要知道。我们是写店员，但收采材料的时候，一定不能自划界限；店员生活是主，但从主这一边，我们要拉扯到老板，他是宾，还要拉扯到宾外之宾。

怎样叫做小题大做呢？仍以写青年店员生活为例罢，首先你要是对于所谓现阶段的中国一般青年问题没有这么一个概念——一个鸟瞰式的理解，请问如何能确定你对于这所要写的青年店员应取的态度？请问又如何来解释这青年店员的苦闷与颓唐的根源？其次，因为这青年是在所谓商业机关（不论它大小如何）服务的，我们虽然是要写“店

员”而不是写“店”，但“店”这东西作为一种生活环境来看，对于这青年的意识情绪不能不有影响，这是一方面。另一方面呢，“店”这东西作为社会经济组织的一个细胞来看，可就不能将它游离起来而皮相视之，从这一个细胞可以反映出社会经济生活之为健全或为病态，从这一个细胞在它所属的商业部门中所居的地位，所起的作用，以及这商业部门在整个社会经济组织中所居的地位，所起的作用，又可以反映出社会经济的性质。这样说来，如果你不打算把这“店”降低到只成为作品中的一个摆样的东西，而要使它作为那青年店员的生活环境，那你对于这“店”的了解也不能不相当深刻了。如果你对于所谓现阶段的中国社会经济的性质以及中国一般的社会问题没有这么一个理解，请问又如何能相当深刻地了解那“店”？自然，你在作品中并不一定要这样理论式的去分析那个“店”，甚至完全不需要从“店”本身上去显示你这些理解，可是在你的笔墨的形象的背后，在你持毫吮墨以前，你却不能不有这样深厚博大的知识基础来支持你这小小一批店员生活的描写。所谓像座大于本身，就是这意思。我叫做小题大做，也是这意思。不过这里的“做”字，不是通常那样着实；这“做”是指准备工夫，是指材料的采集。这里你所花的工夫，在你那作品的“量”上，绝对看不见，可是在你那作品的“质”上，它可要起作用了。通常我们说某一作品写得深刻，但深刻到如何程度呢？要看它暗示的辐射有多少广阔，要看它透视的深度有多少深远。但何以能这么深刻呢？我以为是因为它曾经这样“小题大做”，在准备时期所花的工夫是那么“深刻”之故。

于是有个技术问题来了。尽管你有超等的记忆力，最好不要太自负，还是“勤笔免思”为佳。你要写札记，象个用功的学生那样勤于写札记。这也许有点辱没了作家的潇洒不羁的风度，然而对于作品却不是没有益处的。十九世纪法国有一位伟大的小说家大仲马，他的采集、编次材料的规模，俨然有点近代工业的味儿了，他雇用了若干书记，替他抄写，剪贴，编次，整理，所以人家说他是开办了个小说工场。我们不一定要学他，也未必有此财力。但是旧俄有一个伟大的小说家契诃夫，他死后人家发表了他的札记，才知道这位“笑中带泪”的作家也曾如何苦心采集材料而且辛勤手记了下来。

契诃夫的是手工业的方式，可是请不要看轻手工业的方式，这倒是切实易举的。

贪多务得以后，就要百般挑剔了，这是矛盾，然而也在这矛盾的统一中，方见功力。凡是挑剔，被挑剔者认为“毫无理由”的，挑剔者一定说得出理由，而且光明正大，例如：与抗战无关。一个作家对于他自己所采集来的材料，一定要用税吏的精神去检查：好在材料是哑口，你就苛刻一点，它也不会诉冤。毛病都出在作家自身。材料这东西，虽非作家的亲骨肉，但是多少等于螟蛉子的地位，作家对之总有几分偏心，明明是一块不成器的材料，却往往不舍得丢掉，左看右看，怀着希望败子回头的心理，总想找出百分之几的好处来，以便借口收留，这种妇人之仁，最最要不得。

不过我们的挑剔，绝对要有原则。一、主题至上，一切服从主题。二、小巧之处，从严取缔。一篇作品有一个故事，这故事无论怎样复杂，总有一个中心；这个中心，从“事”这方面看，它是负有透过了现象而说明本质的任务的；从“人”这一方面看，它是表现着某一宇宙观，或两个以上不同的宇宙观的冲突，决斗。但此两者，“事”与“人”的关系，不是平行的：“事”由“人”生，故二者又在“人事关系”中统一起来。作者最大的苦心，就是要在他所采集的丰富材料中间拣选出那些最能表现某一特定的“人事关系”的性质的东西；凡不合此用者，都在摒弃之列。可是同样足以达成此目的之材料，从材料本身上看，又有个讲究；比方说，铜、铁、锡等等材料，都可以造成水壶，其为水壶则一，其为“用”则不一样。这个比喻当然太粗浅，但慧心人由此当可明白通常所谓“要在典型的环境中写典型的人”这句话的意义了。因此，凡是小巧材料，骤看之时，好象满能完成特定的写作目的者，一定要从严审察。作家要慎防迷了眼。又如一些可以称为“噱头”的小巧的东西，即使是有之亦无伤“大雅”者，也要从严取缔，因为这些“助兴”的东西常常会将一篇的主题弄模糊了的。

上面所述，都是假定你所采集的材料已经等于砖瓦木料铜铁等等；然而事实上，很少有那样便宜的。事实上，一般的材料只是一种生料，比如矿石。要想从这中间得到合用的原料，还须提炼；而这“提炼”的过程，又是在你造意写如何一个作品之前，不自觉地在进行的。蜜蜂采百花之精英以酿蜜，这种本能是天赋的，造物未给我们这种本能，要靠我们自己去学得这种能力。到现在为止，似乎还没有一种教科书教人怎样学习从生料提炼原料的方法。但是要养成这种能力该具备什么条件，那就早已不是一个秘密。条件是哪些呢？广博的人生经验与正确的社会科学知识。一个作家的“修养”，应当不限于写作的技巧之类，因为在选材之时，他就需要“眼光”，这“眼光”决不是天生，而是靠自力养成的。

1942 年 5 月 26 日警报声中写完

茅盾（1896—1981），原名沈德鸿，字雁冰，中国现代著名作家，文学评论家，曾任中华人民共和国文化部长、全国政协副主席。代表作有《子夜》、《农村三部曲》、《林家铺子》等。

《有意为之——谈如何收集题材》主要论述了选材与立意的写作学问题，文中提出广博积累是基础，有效选择是支柱，特别强调选材要突出主旨，要典型集中，要新颖别致，要真实可信。

作品解析

本文谈到了以下写作学方面的命题：

1. 积累材料的基本要求

（1）高度自觉。要主动寻找写作素材、积蓄写作养料、捕捉写作情思，养成有意识地积累材料的习惯，不要临时抱佛脚。

（2）多多益善。“采集之时，贪多务得，要跟奸商一般，只消风闻得何处有门路，有货，便千方百计钻挖，弄到手方肯死心，不管是什么东西，只要是可称为‘货’的，

便囤积，不厌其多。”积累材料时，就是要“贪多务得”，多多益善，力求广博。

2. 积累材料的途径

①观察生活，做生活的有心人；②调查社会，“眼睛向下，甘当小学生”，获得第一手材料；③博览群书。

3. 精心选材

主题确定后应该认真选材，选材的首要标准即紧密围绕主题，为主题服务。材料如士卒，主题如将帅，士卒非将令不听，材料非主题不从。选材时还必须做到充分与典型、新颖与准确的统一。在你身前身后不乏新颖、独到而又典型的材料，关键在于你有没有识材的慧眼。

思考与练习

1. 如何理解本文提到的“小题大做”？结合本文谈谈选材与立意的技巧。

2. 阅读以下材料，判断文后有哪几项符合材料的内容：

一位老人坐在镇外，一个人走过来问他：“请问，镇子里住的都是怎样的人？”老人没有直接回答他的问题，反问道：“你之前住过的那个镇子上的人怎么样？”那人回答说：“都很好，我住在那里开心极了，他们和善、慷慨、乐于助人。”老人回答说：“那，这个镇子的人也差不多。”

过了一会儿，又有一个人走到老人跟前问道：“你这个镇子里住的都是怎样的人？”老人同样反问他：“你之前住过的那个镇子上的人怎么样？”来人说：“那是个很可怕的地方。人们很自私、刻薄，没有一个愿意帮助人。”“恐怕你会认为这里的人同样如此。”老人回答说。

①要乐于助人；②不要求全责备；③只有尊重别人，对人友善，别人才会尊重你，对你友善；④没有调查就没有发言权；⑤只有亲身体验，才能得出正确的结论；⑥对同一事物，不同的人可能产生截然不同的结论；⑦以其人之道，还治其人之身；⑧多一点宽容，少一点挑剔；⑨不要人云亦云，随声附和。

3. 阅读下面这首诗歌，从多个角度理解其立意，并重新为其自拟几个标题。

断　章

（卞之琳）

你站在桥上看风景，
看风景的人在楼上看你。
明月装饰了你的窗子，
你装饰了别人的梦。

渴望苦难（节选）

马丽华

置身于唐古拉山顶，感觉气温骤降。雪风并不暴虐，它只是慢条斯理地吹送，耐心地把陈年积雪轻洒在柏油路面。雪融了，雪冻了，路就封了，车就堵了。在我们这个下午，山顶就堵了几百台车。

唐古拉，藏语。有译作“平平的高地”的，有译作“高原之山”的，总之有水涨船高的意思。在藏北，唐古拉的相对高度未见其高，虽然海拔五千六百多米。我们的车在山顶搁浅，就见这高地几乎一马平川，上山下山不陡不急。向忙着疏通道路的道班工人打听，能不能从路侧绕过去，那个戴狐皮帽的黑脸膛的年轻人取笑我们：“你要是想把车在这儿摆一年的话，就试试吧。”

其实早知道山谷已被雪填满了。平平的雪壤之下其深不可测。部队一个运输连的大车抛锚在山这边。几位大兵司机百无聊赖地闲逛，朝我们的丰田幸灾乐祸地打口哨——同是天涯沦落人了，唐古拉山顶经常堵车，惯跑青藏线的人们习以为常。一堵几天，也会死人，因为缺氧和酷寒。

藏北是充满了苦难的高地。寸草不生的荒滩戈壁居多。即使草原，牧草也矮小瘦弱得可怜。一冬一春是风季，狂风搅得黄尘铺天盖地，小草裸露着根部，甚至被席卷而去。季候风把牧人的日子给风干了；要是雨水不好，又将是满目焦土，夏天是黄金季节，贵在美好，更贵在短暂。草场青绿不过一个月，就渐渐黄枯。其间还时有雹火光临；游牧的人们抗灾能力极低。冬季一旦有雪便成灾情。旧时代的西藏，逢到雪灾就人死畜亡。我在此采访中听藏族老人讲述得多了。翻阅西藏地方历史档案的灾异志，有关雪灾的记载也多。那记载是触目惊心的，常有“无一幸免”、“荡然无存”字样。半年前的一场大雪，不是一阵一阵下的，是一层一层铺的。三天三夜后，雪深达一米。听说唐古拉一级及藏北地区大约二十五万平方公里的广大地域蒙难。不见人间烟火，更像地球南北极。听说牧人的牛马大畜四处逃生，群羊啃吃帐篷，十几种名贵的野生动物，除石羊之外，非死即逃。只是乌鸦和狼高兴得发昏，它们叼啄牲畜的眼睛，争食羊子的尸体……

山那边的重灾区多玛区，正处于哺育了中华民族的伟大母亲长江的源头。彼时，富庶美丽的长江中下游地区的人们，如何知道那大江怎样从劫难中出发！古往今来，洁白无瑕的冰雪如同美丽的尸衣，缠裹着藏北高原，几乎在每一个冬季！

藏北高原是大美，是壮美；藏北高原的苦难也是大且壮的苦难。

我读过一本译著中的一番话：科学成就了一些伟大的改变，但却没能改变人生的基

本事实。人类未能征服自然，只不过服从了自然，避免了一些可避免的困难。但没能除绝祸害。地震，飓风，以及类似的大骚动都提醒人们，宇宙还没有尽入自己的掌握……事实上，人类的苦难何止于天灾，还有人祸；何止于人祸，还有个人难以言状的不幸。尤其是个人不幸，即使在未来高度发达了的理想社会里，也是忠实地伴随着人生。啊！

由此，自古而今的仁人志士都常怀忧国忧民之心。中国知识分子从屈原以来尽皆“哀民生之多艰”；中国之外的伯特兰罗素也说过，三种单纯然而极其强烈的激情支配着他们的一生。他说，那是对爱情的渴望，对知识的寻求，对人类苦难痛彻肺腑的怜悯。他说，爱情和知识把他向上导往天堂，但怜悯又总是把他带回人间。痛苦的呼喊在他们中反响、回荡。因为无助于人类，他说他感到痛苦。

而这种痛苦无疑地充实了每个肯于思想、富于感情的人生。这或许也算一种生活于世的动力。

这或许正是对于苦难所具特殊魅力的注解。

在这一九八六年四月末的一天，在唐古拉山的千里雪风中，我感悟了藏北草原之于我的意义，理解了长久以来使我魂牵梦绕的、使我灵魂不得安宁的那种极端的心境和情绪的主旋律就是——渴望苦难。

渴望苦难，就是渴望暴风来得更猛烈一些，渴望风雪之路上的九死一生，渴望不幸联袂而至，病痛蜂拥而来，渴望历史磨难的天涯孤旅，渴望艰苦卓绝的爱情经历，饥寒交迫，生离死别……渴望在贫寒的荒野挥汗如雨，以期收获五彩斑斓的精神之果，不然就一败涂地，一落千丈，被误解，被冷落，被中伤。最后，是渴望轰轰烈烈或是默默无闻的献身。

我在这一天想到这些，而这一天正是我的日子：在今天我满三十三周岁。

这个年龄，早过了“为赋新词强说愁”的年龄了。我的笔下，也早就拒绝了“哀伤”、“痛苦”之类的字眼。我们倾心注目于人类的大苦难。我们有了使命感。幸福未曾使我心醉神迷过，苦难却常使我警醒。要是有一百次机会让我选择，我必将第一百零一次地选择苦难。

刚从家乡度假归来不久。假期中曾有那么一段是在异乎寻常的安逸中度过的。这一段是精神与时间的空白，差点把我窒息。从此我永不向往安逸。见识过无数普通人的生活，劳碌而平静的生活。感同身受，认为那样怎能宣泄时常不召自来的激昂跌宕情感！不想重复别人的生活，渴望天马行空式的与众不同，在常人轨道之外另辟蹊径。

在陕南农村，一位已届老年的农家妇，拉着我的手哭诉说：我想飞，早想飞，想飞呵，可是一辈子也没飞出这个家院……新春佳节，老人借酒浇愁，未饮先醉。

望着那张皱纹密布的脸，思考着作为女人的苦难。又庆幸自己飞得很远，总算远走高飞。高原十载，每年属于我的这一天的所有经历我都记得：那一年乘一台货车从川藏公路进藏，到第七天从藏东一鼓作气赶到拉萨，赶上吃那顿“长寿面”；又一年是在藏南，自中印边境骑马翻过雪山，再赶回泽当镇的。今年则是在藏北，唐古拉风雪羁旅。

一位学者曾断言，安宁与自由，谁也无力兼获二者。我和友人们义无返顾地选择了后者，宁肯受苦受难。我的友人，与我一起翻越唐古拉的这位同伴，从他那里我得知苦难不独为女人所有。他曾经不信服命运，结果他却非常幸运。只不过他对个人苦难缄默不语，不去喋喋不休地倾诉像女人如我者罢了。我们超乎常人地渴望和追求自由，幻想扶摇长空来一番“逍遥游”，以展示垂天之翼，不幸又太清醒地意识到毕竟还需栖落于大地，并明确知道对于人类苦难仅有伤感情调很不够，仅有伤感情调远不能认识和理解我们的西藏。于是，作为社会人我们只好力所能及地肩负着自己那份义务和责任，只在精神世界里，惠存作为自然人们的飞翔之梦。

然而我的伤感情调够多的。我明白时至今日，自己的人格尚未真正完善，因为少年和青年时代在某个既定模式中困窘太久，对于人生的自我意识发蒙甚晚。以至于时至中年的今日，我的人格尚未完善到有信心驾驭自己的命运，对待一切变故也不能坚定不移。对于苦难，我也没能准确把握它的实质，也许竟至于未能认定何为真正的苦难。就如雪灾，我感受到了那种悲凄，盛赞了抗灾斗争的悲壮，我却不能深入这一切的内部。倒不如前不久见到的一位藏族青年人（他一定是牧人之子!）所写的一首有关雪灾的诗。他写的是“洼地的雪可以淹没一匹马”的大雪天，“最后的结局就是这样，大雪那件死神的白披风里，牧人总是鸟一样地飞出，并且总唱着自信的歌”。这样乐观轻松地写雪灾，我写不来。我也写不出那样的诗句：“（牧人）发亮的眼睛是生命之井，永远不会被坚冰封冻。”此刻，寒气逼人的唐古拉山顶，火红的橘黄的深蓝的经幡们在玛尼堆上招摇。这是环境世界的超人力量和神秘的原始宗教遗风的结合，可以理解为高寒地带人们顽强生存的命运之群舞，是与日月光同存于世的一种生命意境，具有相当的美学魅力。不是亲眼所见，这情景我永远构思不出。我甚至不如这位同伴。他曾说过寂寞是美，孤独是美，悲怆是美——由于这句话，我说他是草原哲人——时至今日我终究也未寻求到属于自己的精神美学。

缺乏苦难，人生将剥落全部光彩，幸福更无从谈起。

我们的丰田终于没能到达山那边，我在这冰天雪地里的感悟，却使灵魂逾越了更为高峻的峰岭，去俯瞰更为广阔的非环境世界。心灵在渴望和呼唤苦难，我将有迎接和承受一切的思想准备。而当寻求到了苦难的真实内涵，寻求到了非我莫属的精神美学，将会怎样呢？也许终于能够高踞于人类的全部苦难之上，去真正领受高原的慷慨馈赠，真正享有朗月繁星的光华，杲杲朝日的丰神，山川草野的壮丽。到那时，帐篷也似皇宫，那领受者将如千年帝王。

马丽华（1953—），西藏文联专业作家，曾任西藏文联副主席、西藏作家协会副主席，现任中国藏学出版社总编辑。主要作品有散文集《追你到高原》，长篇纪实散文《藏北游历》、《西行阿里》、《灵魂像风》等。

西藏自然和人文景观是马丽华作品中探讨不尽的话题，正如她在《灵魂像风》中所说：“在民俗学家和人类学家没能张望过的地方，先人一步地去领略少为人知的生活存在，无疑是一种优厚待遇的被赐予。”

作品解析

大多数人都渴望脱离苦难，追求和享受安逸与幸福，许多作家也乐于在文章中纵情讴歌幸福或表达对其的憧憬，但本文作者却另辟蹊径，结合自己在西藏的独特人生经历和感悟，提出了一个迥异于他人的主题：渴望并且执著地选择苦难。

许多人到过西藏、写过西藏，马丽华是为数不多将藏北风情演绎得如此奇绝壮美的人。在本文中，作者描述了自己置身于海拔5000米以上唐古拉山的一段经历：积雪坚冰，道路封堵，缺氧和酷寒随时威胁着人们的生存。她写荒滩戈壁，写雪灾，写陕南农村妇女的梦想，写藏族青年的诗歌，在这严酷的环境中，作者获得了独特的生命体验："那打动我、诱惑我、感召我的魅力是苦难。"藏北的生活是苦难的，但藏北的风情却是奇绝的，藏北的生命更是顽强的，作者坦言自己无法轻松写出"最后的结局就是这样，大雪那件死神的白披风里，牧人总是鸟一样地飞出，并且总唱着自信的歌"、"（牧人）发亮的眼睛是生命之井，永远不会被坚冰封冻"，也说不出"寂寞是美，孤独是美，悲怆是美"，但却真正为这苦难中的超越所感动与震撼。

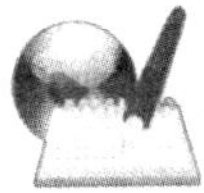

思考与练习

1. 文中提到"缺乏苦难，人生将剥落全部光彩，幸福更无从谈起"，人们常常渴望幸福，可作者却渴望苦难，你怎样看待这一态度？

2. 提炼下文的中心，可从不同的角度说明问题。

鲁有执长竿入城门者，初竖执之，不可入，横执之，亦不可入；计无所出。俄有老父至曰："吾非圣人，但见事多矣，何不以锯中截而入？"遂依而截之。

3. 阅读下文，体会文章的立意。

石　牛

（蔡海鹏）

有一次，我在外地一地摊上发现一头用石头雕成的牛。石牛黑黝黝的显得粗糙，蒙了一层尘土，似乎已卧在那儿好久了。

我花了8元将石牛抱了回来。把它放在了书橱的一个角落里。我孩子不喜欢它，嫌它笨重丑陋；我妻子不喜欢它，嫌它黯然无光。开始，我在取书的时候还向那个角落瞥上几眼，然而时间久了，我似乎也将那石牛遗忘了！

终有一日，一位朋友登门。他将石牛托在手上瞧了又瞧，然后极为肯定地说："这是唐朝货！"这下可惊呆了，要知道，朋友可是鉴赏文物的行家。这么粗陋的东西，竟然是文物！

于是，妻子拭去牛身上的尘土，并把它移放到引人注目的地方。闲来无事，我们一家子便凑到一起赏玩这“稀世珍宝”；有朋友登门，我们也忙着捧出石牛让朋友一饱眼福……

一日，家里来了几位远方的朋友。饭后，我照例捧出石牛递给在座的朋友们，并又极为得意地说：“这可是唐朝货，好东西！”我的朋友都很惊奇，眼光立即就拉直了。石牛在朋友们的手上传来传去，朋友们连声说这是好东西。我正洋洋得意，忽然“啪”的一声，石牛不知被谁不慎滑落到地，定睛看时，可怜的宝贝已被摔碎了！我脑袋“嗡”地就大了，站在那里一动不动，朋友们都闭了气儿，看我的脸色。过了好一阵子，我才低声说：“不要紧，不要紧！”朋友们走后，妻子怨，孩子怨，我也恼怒得直跺脚。可是石牛已经被摔得不成样子了！

过了几天，那位鉴赏文物的行家来到我家。我将石牛破碎的经过告诉了他。他直为我可惜。最后，朋友意味深长地说：“那石牛虽说不凡，可是它已过惯了那种寂寞、平凡的生活，一旦改变了生活方式，受到众人的仰慕，反而使它走向了毁灭！”

我默默点了点头，从朋友的话语中似乎悟出了许多……

（原刊于2001年4月8日《周末》）

导 论

最早的文章都是刻在竹片或木札上的，话说完了，就用绳子把竹片牢结成册，这就叫一“篇”。谋篇布局就是篇章的谋划、结撰，即文章内部的组织和构造设计。立意、选材解决了写作“言之有理”和“言之有物”的问题，谋篇布局要解决的则是“言之有序”的问题。王国维先生说：“为文如造屋”，材料如“血肉”，主题如“灵魂”，文章的结构布局则像“骨骼”，无骨不能立身，没有结构布局就不能成文。

一篇文章总体上分为开头、主体、结尾三大部分，元人乔梦符认为这三大块应是“凤头”、“猪肚”、“豹尾”，明代谢榛也有“起句当如爆竹，骤响易彻；结句当如撞钟，清音有余”之说。总之，谋篇布局是一项非常复杂的工作，如何开头、结尾，哪些先写、哪些后写，怎样划分层次、段落，怎样衔接、照应，如何蓄势、点题……这都是结构布局应仔细筹划和解决的事情。

一、谋篇布局的依据

（一）根据客观事物的发展规律和内在联系谋篇布局

文章是现实生活和客观事物的反映，现实生活和客观事物都有其自身的内在联系和固有规律，正如作家孙犁所讲：“作品的结构不单是一个形式的问题，也是内容的问题。因为一篇作品既是描写一个事件，那事件本身就具备了一个进行的规律，一个存在的模式。作者抓住这个规律，写出这个规律，便是作品的基本结构。”

（二）根据主题需要谋篇布局

主题是文章的主旨，一篇文章不论有多少层次，形成多么复杂的格局，都必须以纲统目，如离开了表现主题的需要，所谓轻重、大小、远近、详略就都失去了依据。

（三）根据体裁特点谋篇布局

文章的体裁不同，其反映生活和思想时的角度、容量、表现形式也都不尽相同。例如，长篇小说的结构和诗歌的结构就不可同日而语，散文的结构和戏剧文学的结构显然也有不同的要求，新闻文体多见“倒金字塔”式的结构，而学术论文则常见引论、本论和结论“三大块”式的结构，至于一些公文和经济类、司法类应用文，也都有相对固定的结构模式。文章的结构布局必须因体裁而灵活变化，因“体”制宜，布局得“体”。

二、谋篇布局需考虑的三个方面

（一）线索与脉络

线索与脉络是作者思想、感情、理念在行文中的具体显现，在记叙文中，多称为“线索”，在议论文中，多称为“脉络”。

记叙文中常见的线索有以下几种：①以人为线索：如鲁迅《孔乙己》中的“我”；②以物为线索：如莫泊桑《项链》中的“项链”；③以中心事件为线索：如吴承恩的《西游记》中“唐僧师徒四人去西天取经”这一中心事件；④以题眼为线索：如李密的《陈情表》，以一个“情”字作为统贯全篇的线索。

议论文中常见的脉络线有以下几种：①事理线：如晁错的《论贵粟疏》开篇提出“圣王在上，而民不冻饥者，非能耕而食之，织而衣之也，为开其资财之道也”。全篇以此为“理”，层层展开，脉络清楚；②辐射线：这是一条由中心论点与若干分论点组成的纲目线。

（二）层次与段落

层次与段落两者既有联系，又有区别。层次也叫意义段、逻辑段，一般由若干个自然段组成，着眼于文章思想内容的划分；段落又称自然段，着眼于文章文字表达上的需要，具有换行、另起的外部标志，是文章在表达思想内容时由于间歇、转折、强调等情况所形成的文字上的停顿。文章的层次的排列方式通常包括以下几种：

（1）纵向排列式，各层次之间是延续和承接的先后关系：如记叙文可按照时间推移或事物发展演变的过程安排层次；议论文可按照事理的递进关系来安排层次；说明文可以历史顺序说明或以具体操作程序来说明。

（2）横向排列式，各层次之间是依次展开的并列关系：如记叙文可按照空间的分布或场面的转换安排划分层次；议论文可根据论点所含的若干侧面安排划分层次，分别加以论述。

（3）纵横交错式，采用时间和空间的交替来安排层次，在时间的推移中嵌进对空间位置的转换。

（三）过渡和照应

过渡指上下文之间的衔接和转换，照应指文章前后内容上的关照、呼应，两者主要解决文章的衔接问题。衔接是一种艺术，文章的“天衣无缝”、“联络无痕”，靠的就是衔接。清代学者李渔在《闲情偶寄》中说：“编戏有如缝衣，其初则以完全者剪碎，其后又以剪碎者凑成。剪碎易，凑成难。凑成之工，全在针线紧密，一节偶疏，全篇之破绽出矣。每编一折，必须前顾数折，后顾数折。顾前者，欲其照应，顾后者，便于埋伏……”这一段话可以帮助我们理解过渡和照应在文章结构布局中的作用。

过渡的具体方法，一是可以结合作者的感情发展，二是可以结合作者的思路转换，常用“虽然”、“但是”、“然而”这样一类转折词语来完成，也可用过渡句、过渡段来完成。照应的技巧，由于文章体裁不同，布局运用时往往也不拘一格。常见的照应有伏笔照应、首尾照应、细节照应、事物照应、性格照应、环境照应等。

怎样锻炼思路——谈文章的结构（节选）

张志公

文章的构成有三个方面：一是思想内容，一是结构组织，一是遣词造句。这三个方面不能互相代替，然而密切相关，文章就是这三个方面的统一体。思想内容是主要的，可是它必须靠严密的结构组织和正确恰当的词句表现出来。

这里谈谈结构组织是非常重要的。一篇文章，无论思想内容多好，无论词句多么优美，必须全篇组织得好。一层一层、一段一段，安排得清清楚楚，有条不紊，该详的详，该略的略。前前后后，联系得紧密，照顾得周到。没有前后脱节的地方，没有丢三落四的情形，没有拖泥带水的毛病，人家读了才能得到清晰明确的印象。常见有些青年同志写的文章，意思不能说不好，有的并且很好，词句方面有点小毛小病的，总还通顺。就是整篇组织得不好，不清楚，不严密，结果让人读着感到吃力，一遍看下来，还不能把他的意思搞明白。这样的文章，往往达不到写作的目的，至少要打很大的折扣。

文章的结构决定于文章的内容。为什么这篇文章分三段，那篇文章分五段；为什么先说这层意思，后说那层意思，这些，都是文章的内容决定的。

从作者写作的角度说，要想明确自己所写的内容，进而根据内容的需要安排好文章的结构，主要得从两个方面着眼。

首先是思路。作者的思路是他对客观事物怎样观察、理解、认识的反映。思路不是凭空产生的，而是以客观事物为基础的。客观事物反映在作者头脑里，经过观察、理解、认识的过程，形成了他对这样事物的印象、看法、态度或感情。把这些印象、看法、态度或感情理出个头绪来，就是所谓思路。人总是根据思路来结构文章的。因而，文章的结构组织是否清晰严密，就表明作者的思路是否清晰严密。而思路是否清晰严密，又表明他对所写的客观事物是否形成了鲜明的印象、看法、态度或感情。

所以，要文章的结构好，必须求之于思路。要思路清晰严密，必须善于观察事物，能够理解和认识事物。只有从锻炼观察能力和理解、认识的能力入手，才能培养起既活泼而又严密的思路；只有养成这样的思路，写文章才会有好的结构。

写一棵树，如果你对这棵树的形状、构造、生长发育、性质作用都不知道，或者知道得不清楚，这篇文章将如何写法呢？先写什么后写什么呢？一切都将无法下手。勉强写些话出来，必然前言不搭后语，使读的人也摸不着头脑。这还谈什么结构组织？写一件事，如果你对这件事的前因、后果，发展、演变，作用、意义，都搞不清楚，所知既然模糊，文章又将何从组织？总之，自己不明白，就无法使读者明白。

其次，安排结构还同文章的性质、对象和目的有关。文章总是写给特定的对象看，

为了解决特定的问题的。文章里的材料怎样安排，各个部分怎样组织，要看文章是写给谁的，是为什么写的。比方，某处有一件重要的事情，你去调查了一下，回来之后把那件事情写下来，向领导报告。这该怎么写法？当然只有原原本本把事情的经过从头至尾地写出来，用不着什么“倒叙”、“插叙”那些办法。如果想把这件事情写成个通讯报道，在报刊上发表，写法就可以不同，可能先把结果写出来，然后再回过头去写事情的发生和经过，中间也许要补充一点跟这件事情有关的情况，以便一般读者能够了解得清楚一些，并且也要考虑到怎样安排才能引起读者的注意，使他乐于读下去。倘若拿这件事情作素材，写成一个短篇小说，写法就会更不一样。写自己对某个问题的看法，也要看写给谁和为什么而写来考虑文章的结构——是写给有关的个别同志看，还是写出来发表？如果发表，是在哪里发表？给哪些读者看？是着重发表自己的意见，还是着重批评一种相反的、错误的意见？虽然谈的是同一个问题，由于对象和目的不同，文章里先说什么，后说什么，怎样提出问题，怎样得出结论，也就是说，文章的结构组织怎样安排，也会有种种不同。

所以，要文章的结构好，除了先决地求之于思路的清晰严密之外，还要把写作的对象和目的明确下来。不能为结构而结构。结构是为写文章的目的服务的。

总之，结构不是个单纯的方法技巧问题，虽然这里边有方法和技巧。有些青年同志在学习语文，希望提高自己的写作能力，听说写文章要讲究篇章结构，于是想找人教给点谋篇布局的方法。方法当然需要讲，然而那还不是根本的。根本的问题在思路，在写作要有明确的目的。特别是思路，这是关乎文章结构的最根本的东西。

思路需要锻炼，也是可以锻炼的。思路一要开阔活跃，二要细致严密。锻炼就是向着这个目标来的。入手处一在观察，二在思考。看一样东西，不是毛毛草草地看一眼就算数，而是多看看，仔细看看，一边看着一边想一想，一定要把它看清楚，想明白。比如看一座山，可以从远处看它的整体，看它的气势，又可以走到近处看它的岩石树木；可以从山脚看上去，又可以从山顶看下来；可以从这座山想到那座山，想到过去看过游过的山，也可以从山上的泉水瀑布想到由这里发源的溪流江河；可以从它的景色想到它的蕴藏，也可以从它的今天想到它的明天；如此等等。不是随便看看，不是胡思乱想，而是认真地看看，用心地想想，作到对这样东西了然于胸中。对事物有了这么一种明晰的印象，等到要写文章，根据写作的目的考虑一下，哪些写进去，哪些不写，哪些多写一点，哪些少写一点。先写什么，后写什么，再写什么，从哪里写起，到哪里转个弯，到哪里结束。心里有了这么个数，一步一步写下去，写完之后反复看一看，读一读，如果有详略不合适、连贯不顺畅、联系不周密的地方，好好改一改，这不就是在结构组织吗？看一件事情，想一个道理，也是这样。知道了结果，一定找一找原因，想一想用这个原因说明这个结果合理不合理；下了个判断，一定找一找根据，想一想这根据充分不充分。正面想想，反面想想，把有关的事情或道理联系起来想想。总之，要作到对这件事或者这个道理了然于胸中。这样，头脑里也就有了头绪，写起文章来也就有了条理。

当然，能够这样看事情，思考事情，要靠具备一定的实践基础，认识水平，以及知识的蓄积。但是，这里边也有个习惯问题。注意锻炼，能逐渐养成好的习惯；不注意锻炼，也会助长不好的习惯。因此，我们说锻炼是有用的，是不可忽视的。经过不断的、

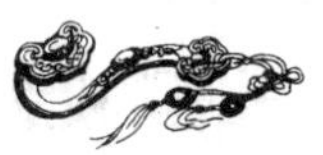

有意识的锻炼，能够使我们的思路在现有的思想水平和知识水平的基础上，尽其可能地开阔活跃起来，细致严密起来。那样，写文章就能够比较地铺陈得开，不至于干干巴巴地一疙瘩，就能够比较地有些条理脉络，不至于颠来倒去，乱麻一团，或者前后脱节，丢三落四了。

除了自己经常注意之外，读好的文章，用心理解它的层次结构，也是锻炼思路的很有效的办法。因为从那里可以领会到作者的思路是怎样展开的，这对我们会有很大的启发作用。

张志公（1918—1997），河北省南皮县人，著名语言学家及语文教育家，主要贡献体现在汉语语法和修辞及语文教育方面。在语法修辞方面，著有《汉语语法常识》，对汉语词类划分进行了新的处理，以丰富详实的实例深入浅出地论述了汉语语法现象和规律；在语文教育方面，著有《传统语文教育初探》和《语文教学论集》，前者对中国传统语文教育的实践和经验进行了整理和总结，具有极高的学术价值。

作品解析

本文就如何做好结构组织展开了论述，提出安排好文章的结构要从两个方面着眼。

首先是锤炼思路，即把对客观世界的印象、看法、态度或感情理出个头绪来。内容和主旨是文章的纲，结构是文章的目，纲举目张是安排好组织结构的诀窍。所以作者说："文章的结构决定于文章的内容。"锤炼思路要从"锻炼观察能力和理解、认识的能力入手"，"培养起既活泼而又严密的思路"来，要多读好文章，并且"用心理解它的层次结构"，通过这些方式，逐步达到思路"开阔活跃"、"细致严密"的目标。

其次，安排结构还同文章的性质、对象和目的有关。作者通过举例的方法说明，同一内容和主旨，不同文体，有不同的结构要求；给不同的读者看，可以考虑不同的结构组织形式。

作者谆谆告诫："根本的问题在思路，在写作要有明确的目的。特别是思路，这是关乎文章结构的最根本的东西。"

思考与练习

1. 作者提出"结构不是个单纯的方法技巧问题"，你怎么理解这句话？
2. 你认为应该如何看待结构与思路的关系？
3. 下面一段文字句序没有排好，试按一定的思路加以调整，在方格内填写合理的句序。

①写毫无内容的、冗长的文章，在今天说来，是一种犯罪的行为。②浪费自己的时间不说，还浪费了纸张，浪费了排字工人的时间，浪费了所有读者的时间，罪过实在不小！③短文章就没有力量？④那不见得。⑤所以不能用数量压人，要讲求质量。⑥内容有分量，不管文章多么短小，也是有分量的。⑦如果内容没有分量，尽管写得很长，愈长愈没分量。⑧文章不在长短，要看内容如何。

调整后句序：□→□→□→□→□→□→□→□

条理与提纲

张中行

文章，不管长短，都要有条理，理由用不着说。什么是条理？也是不追问还明白一追问反而模糊的事物。这里最好先缩小范围，因为条理可以指序列，任何序列都是一种条理，乱七八糟的序列自然也不能不算是一种条理。范围缩小，我们就可以把条理限定为清晰的或说可取的一群。这之后自然还有问题，那是，要搞清楚什么是清晰的或可取的。

一种想法，是与客观事物的条理相合。比如记事，事是按时间先后的顺序排列的，依照这个顺序写，大到编年体的《资治通鉴》，小到某一个人的传记，甚至更小到一天的日记，都会显得条理清晰。又如介绍地理情况，东、西、南、北、中五方，从某一点起由此及彼，也是客观存在的，依照这类客观情况写，大到介绍全国的情况，如史书的《地理志》，小到一间房子的布置，也都会显得条理清晰。时间、空间之外，所有客观事物，包括心理状态，都有它本身的排列情况，虽然未必像时间、空间那样明显，我们写它，只要能够抓住它的排列情况，依样画葫芦，就会显得条理清晰。

这样说，条理是来自客观，对不对？也对也不对。对，因为如刚才所说，确是有如此如彼的情况。不对，理由比较复杂：①客观事物的条理，要通过主观，成为“思路”的条理，才能写到纸上，成为文章。②即使客观事物有明显的条理，思路也可以使它变，有时甚至最好有所变，然后写到纸上，成为文章。大家都熟悉的是记事作品中常用倒叙和插叙（故事片中最喜欢用的回忆也属于这一类），这条理显然不是来自客观事物，而是来自主观思路。③有不少事物，或说想写的内容，并不像时间、空间那样有明显的条理，可是写到纸上，也有条理，这条理自然是从思路来的。因为有这种种情况，所以就作文的实践说，我们无妨说，思路的条理更直接，更重要，甚至说，所谓条理是指思路的条理；当然，同时也要记住，这思路的条理不是无源之水，是有客观事物的条理作为基础的。

思路，由此及彼，有规律。一个人无论怎样想入非非，总不能使野马跑到智力所不能及的地方。但是在智力所能及的范围之内，不同的人，经历不同，学识不同，甚至同一个人，片刻间的心情不同，同是思一种事物（此），由这个此一跳而及彼，彼的具体内容可以、甚至经常很不同。譬如说，甲是农民，由秋风想到收获，乙是诗人，由秋风想到“一年容易”；同一个人，此时由春雨想到“清明时节雨纷纷”，彼时由春雨想到“好雨知时节”：都是顺其自然，没有高下之分。这所谓没有高下之分，是就演变时的顺其自然说的。如果就其可以成为、或作为文章的胚胎说，不同的思路是有高下之分

的。举极端的例子来说，一种，可能忽此忽彼，像是常常断了联系，总起来又漫无边际，不成体系；一种，思路的各部分，演变得合情理，联系得很紧凑，总起来看是个整体。显然，照样写在纸上，前一种不成文理，因为思路没有条理；后一种成文理，因为思路有条理。

思路，作为文章的胚胎，怎样演变算有条理，怎样演变算没有条理，难于具体说，因为：①演变的情况是无限的；②有条理和没有条理，是对表达某种内容的要求说的，而内容的要求又是无限的。且放过这个问题不谈。其次还可以问，怎么样思就能够有条理？这也难于具体说；勉强说也是一句废话，是经常锻炼，仔细捉摸，逐渐减少错误和不妥，以期到相当的时候能够运用自如，有求必应。求的是条理，应的也是条理。这条理，概括说要满足两个条件：①依照这个条理写，能够把想表达的内容表达得清楚、确切、简约、完整；②依照这个条理写，读者能够毫不费力地了解作者的原意。

有条理的思路，写到纸上，成为文章，一方面满足了作者的要求，一方面满足了读者的要求，这样的条理总当是最好的或最理想的吧？可以说是，也可以说不是。说是，因为它满足了作文的要求：在人与人之间成功地传达了思想感情。说不是，因为：①表达同一种思想感情，理论上可用的条理很多很多，实际上可能形成的条理也不只一两种，譬如有甲、乙、丙、丁四种，甲和乙，内部安排不同，而传达思想感情的能力不相上下；甲和丙，或乙和丙，也是内部安排不同，可是就表达思想感情的能力说，甲和乙高，丙差一些；丁就更差，内部安排有显著的缺点，因而不能毫无遗憾地传达思想感情。写文章，用了某种条理，通常情况，这条理不会是丁，或假定不是丁，而是甲，或乙，或丙。是丙，当然不能说是最好的，因为它比甲、乙差；是甲或乙，也不能说是最好的，因为甲和乙是“难兄难弟”。②无论理论上还是实际上，一种条理，总可以百尺竿头，更进一步，就是说，总不会是顶天的，十全十美的。③思路，受构思者才力的限制，学力的限制，某特定时间的心情的限制，这样形成的条理，虽然不能不说是以理智为基础，却多多少少有碰运气的意味，一碰就碰上最好的，这种可能也是很少的。因此，作文，下笔之前思路的条理，我们要求的不必是完美无缺的，而是大体可用的。大体可用，它就还可以改进，或说还有待于改进。怎么改进？一种常用而有效的办法是先写提纲。

提纲可以有助于思路的条理，使之明晰，使之渐臻于完善。情况是这样：有文章要写，下笔之前，思路的明晰程度可以很不同。有时候只有主旨，譬如驳某人某篇文章的议论，主旨明确，至于用什么理由驳，模糊，论点和论据怎样安排，更模糊，都要等笔接触纸时的灵机一动。有时候，不只主旨明确，内容的要点也有大致的轮廓。还有时候，想得多而细致，连开头、结尾以及段落的安排都有了拟定的格局。三种之中哪种为好？不宜于抽象地回答，因为要看写文章的是什么人，写的是什么文章。譬如鲁迅先生写杂感，推想下笔之前的思路情况总是属于第一种，甚至写小说，如《阿Q正传》，情况也属于第一种。但这是鲁迅先生，至于一般人，要量力而行，不能勉强也照样来一下。这里谈作文，主要是就初学立论，那就无妨说，思路的三种情况之中，以最后一种想得多而细致的为好。想得多而细致，形成篇章结构的蓝图，或说腹稿，只装在头脑中也无不可；但总不如拿出来，使它固定在文字上，就是说，写成提纲。理由之一是定下

来，可以避免模糊以至遗忘；之二，文字比头脑里的思路明晰，比较容易组成合用的体系；之三，写下来，放一放，可以用过些时候的思来审查，改进，以求更合用。

写提纲，可详可略，大致说可以分为两种。一种是“纲领式”的，只写内容的要点，以及文意的大致安排；或者只写内容的要点，连文意的安排，哪些先说，哪些后说，都留待动笔的时候相机处理。一种是“细目式”的，不只写明内容的要点，还写明表述此内容的篇章结构的具体安排，如由哪里说起，中间怎样转折、过渡、联系，最后怎样收束等等。就初学说，两种提纲之中，以细目式的为好。理由有很多，如：①可以锻炼思路，使之细密，也就是培养编写腹稿的本领，有了这种本领，在适当的时机，即使不写提纲也可以下笔成章；②写成文章，内容和表达都可以比较有把握；③动笔的时候不至于盲人走生路，不知道下一步该怎么迈，或者上句不接下句；④提纲细，构思时想到的一些精彩的意思、措词等也可以记下来，那就不至于有好兵器而作战时没有用上等等。

写提纲，由时间的限制方面说可以分为两类。一类是刻不容缓，如课堂作文，限定两课时交卷，写提纲总不能用时间太多，也不容许反复修改。写这类提纲，要聚精会神，快中求细致。另一类，不是刻不容缓，至于时间可以放到多长，那就很不一定。譬如计划写一种专著，写提纲，时间甚至可以长到超过一年；短的，一两天或三五天。总之，只要不是刻不容缓，那就容许：①选择时间，原则是，头脑清醒的时候比已经精疲力尽的时候好；②修改，原则是，次数多比次数少好。一个人，不管思想多么细密，过些时候，再思，总可以发现不足的地方；何况初写与再思之间，还可能看到有关的文章，听到有关的议论，受到启发，那就更宜于修改，以求接近完善。至于修改什么，概括地说不过是两方面：一是量的增减，应说而没写上的，补，可以不说而写上的，删；二是次序的调整，即前后的移动。这样修改之后，下笔时是不是就可以完全照它呢？我的经验，可以完全照它，而经常是不完全照它，也就是在成文的过程中还要修改。为什么？因为文是思想感情的精粹化、条理化，在成文的过程中，原来思路的粗糙、不足、混杂等缺点必然要显露出来，有缺点，当然要改动，甚至大改动。这种情况，后面谈思路与字面的时候还要提到，这里不多说。

我们都知道，初学作文，不少人看见题目，苦于无话可说，或有些模糊的意思，不知从何说起。如果说这是一种病态，那治病的良药就是锻炼思路，使之有物并有条理。思路条理的形成，要靠多方面的条件；就作文说，写提纲是个很重要的条件，或说很有效的办法。其实又不只对于初学，就是非初学，先写提纲也可以避免缺漏、轻重失宜、次序混乱等缺点。总之，这是费力不多而确有实效的办法，凡是有志为文而没有这种习惯的人都应该试一试。

张中行（1909—2006），河北香河人。毕业于北京大学中国语言文学系，曾任中学教师、大学教师、副刊编辑、期刊主编，新中国成立后任人民教育出版社编辑、特约编审。主要从事语文、古典文学及思想史的研究，曾参加编写《汉语课本》、《古代散文选》等，合作编注《文言文选读》、《文言读本续编》，编著有《文言常识》、《文言津逮》、《佛教与中国文学》、《负暄琐话》等。

作品解析

本文可以说是张志公《怎样锻炼思路——谈文章的结构》的姊妹篇，进一步论述了文章的思路。本文谈思路主要偏重本质，即对客观世界的印象、看法、态度或感情的头绪。作者分析了思路的客观性和主观性的关系：客观事物的条理要通过主观形成思路才能写到纸上成为文章；有不少事物或想写的内容并无明显的条理，可是写到纸上，也有条理，这条理便从主观思路来。

作者将抽象的“如何锻炼思路”问题转化为“如何写提纲”这一具体问题，将提纲从形式上分为纲领式和细目式两种，前者只写内容的要点，文意的安排，哪些先说，哪些后说等都留待动笔的时候相应处理，后者将内容的要点、表述此内容的篇章具体安排（如由哪里说起，如何转折、过渡、联系，怎样收束等）——写明。作者认为，“就初学说，两种提纲之中，以细目式的为好”。

思考与练习

1. 用自己的话复述文章的条理和客观事物的条理之间的关系。
2. 纲领式提纲与细目式提纲有何区别?
3. 指出下列文字存在的主要问题，并试着修改它们。

“先天下之忧而忧，后天下之乐而乐”，它出自《岳阳楼记》。这句话是说：要在天下人忧虑之前而忧虑，在天下人享乐之后自己才享乐。我觉得这句话很有道理。但是要实现这句话就不是那么容易了。现在在社会主义“四化”建设中，有不少人一切为了自己。他们是一切“向钱看”，认为做工作就是要提高工资，多发奖金。这样的人连封建社会的范仲淹都比不上。总是要有不为名不为利的人，社会才能发展，历史才能进步，这些人总会越来越多的，他们的工作不是为了自己，而是为“四化”建设。这种人是不胜枚举的，是值得人们称赞和学习的。

麦琪的礼物

欧·亨利

一元八角七。全都在这儿了，其中六角是一分一分的铜板。这些分分钱是杂货店老板、菜贩子和肉店老板那儿软硬兼施地一分两分地扣下来，直弄得自己羞愧难当，深感这种掂斤播两的交易实在丢人现眼。德拉反复数了三次，还是一元八角七，而第二天就是圣诞节了。

除了扑倒在那破旧的小睡椅上哭嚎之外，显然别无他途。

德拉这样做了，可精神上的感慨油然而生，生活就是哭泣、抽噎和微笑，尤以抽噎占统治地位。

当这位家庭主妇逐渐平静下来之际，让我们看看这个家吧。一套带家具的公寓房子，每周房租八美元。尽管难以用笔墨形容，可它真真够得上乞丐帮这个词儿。

楼下的门道里有个信箱，可从来没有装过信，还有一个电钮，也从没有人的手指按响过电铃。而且，那儿还有一张名片，上写着“詹姆斯·迪林厄姆·杨先生”。

“迪林厄姆”这个名号是主人先前春风得意之际，一时兴起加上去的，那时候他每星期挣三十美元。现在，他的收入缩减到二十美元，“迪林厄姆”的字母也显得模糊不清，似乎它们正严肃地思忖着是否缩写成谦逊而又讲求实际的字母D。不过，每当詹姆斯·迪林厄姆·杨回家，走进楼上的房间时，詹姆斯·迪林厄姆·杨太太，就是刚介绍给诸位的德拉，总是把他称作“吉姆”，而且热烈地拥抱他。那当然是再好不过的了。

德拉哭完之后，往面颊上抹了抹粉，她站在窗前，痴痴地瞅着灰蒙蒙的后院里一只灰白色的猫正行走在灰白色的篱笆上。明天就是圣诞节，她只有一元八角七给吉姆买一份礼物。她花去好几个月的时间，用了最大的努力一分一分地攒积下来，才得了这样一个结果。一周二十美元实在经不起花，支出大于预算，总是如此。只有一元八角七给吉姆买礼物，她的吉姆啊。她花费了多少幸福的时日筹划着要送他一件可心的礼物，一件精致、珍奇、贵重的礼物——至少应有点儿配得上吉姆所有的东西才成啊。

房间的两扇窗子之间有一面壁镜。也许你见过每周房租八美元的公寓壁镜吧。一个非常瘦小而灵巧的人，从观察自己在一连串的纵条影像中，可能会对自己的容貌得到一个大致精确的概念。德拉身材苗条，已精通了这门子艺术。

突然，她从窗口旋风般地转过身来，站在壁镜前面。她两眼晶莹透亮，但二十秒钟之内她的面色失去了光彩。她急速地拆散头发，使之完全泼散开来。

现在，詹姆斯·迪林厄姆·杨夫妇俩各有一件特别引以自豪的东西。一件是吉姆的金表，是他祖父传给父亲，父亲又传给他的传家宝；另一件则是德拉的秀发。如果示巴

女王也住在天井对面的公寓里，总有一天德拉会把头发披散下来，露出窗外晾干，使那女王的珍珠宝贝黯然失色；如果地下室堆满金银财宝、所罗门王又是守门人的话，每当吉姆路过那儿，准会摸出金表，好让那所罗门王忌妒得吹胡子瞪眼睛。

此时此刻，德拉的秀发泼撒在她的周围，微波起伏，闪耀光芒，有如那褐色的瀑布。她的美发长及膝下，仿佛是她的一件长袍。接着，她又神经质地赶紧把头发梳好。踌躇了一分钟，一动不动地立在那儿，破旧的红地毯上溅落了一两滴眼泪。

她穿上那件褐色的旧外衣，戴上褐色的旧帽子，眼睛里残留着晶莹的泪花，裙子一摆，便飘出房门，下楼来到街上。

她走到一块招牌前停下来，上写着："索弗罗妮夫人——专营各式头发"。德拉奔上楼梯，气喘吁吁地定了定神。那位夫人身躯肥大，过于苍白，冷若冰霜，同"索弗罗妮"的雅号简直牛头不对马嘴。

"你要买我的头发吗?"德拉问。

"我买头发，"夫人说。"揭掉帽子，让我看看发样。"

那褐色的瀑布泼撒了下来。

"二十美元，"夫人一边说，一边内行似的抓起头发。

"快给我钱，"德拉说。

呵，接着而至的两个小时犹如长了翅膀，愉快地飞掠而过。请不用理会这胡诌的比喻。她正在彻底搜寻各家店铺，为吉姆买礼物。

她终于找到了，那准是专为吉姆特制的，决非为别人。她找遍了各家商店，哪儿也没有这样的东西，一条朴素的白金表链，镂刻着花纹。正如一切优质东西那样，它只以货色论长短，不以装潢来炫耀。而且它正配得上那只金表。她一见这条表链，就知道一定属于吉姆所有。它就像吉姆本人，文静而有价值——这一形容对两者都恰如其分。她花去二十一美元买下了，匆匆赶回家，只剩下八角七分钱。金表匹配这条链子，无论在任何场合，吉姆都可以毫无愧色地看时间了。

尽管这只表华丽珍贵，因为用的是旧皮带取代表链，他有时只偷偷地瞥上一眼。

德拉回家之后，她的狂喜有点儿变得审慎和理智了。她找出烫发铁钳，点燃煤气，着手修补因爱情加慷慨所造成的破坏，这永远是件极其艰巨的任务，亲爱的朋友们——简直是件了不起的任务呵。

不出四十分钟，她的头上布满了紧贴头皮的一绺绺小卷发，使她活像个逃学的小男孩。她在镜子里老盯着自己瞧，小心地、苛刻地照来照去。

"假如吉姆看我一眼不把我宰掉的话，"她自言自语，"他定会说我像个科尼岛上合唱队的卖唱姑娘。但是我能怎么办呢——唉，只有一元八角七，我能干什么呢?"

七点钟，她煮好了咖啡，把煎锅置于热炉上，随时都可做肉排。

吉姆一贯准时回家。德拉将表链对叠握在手心，坐在离他一贯进门最近的桌子角上。接着，她听见下面楼梯上响起了他的脚步声，她紧张得脸色失去了一会儿血色。她习惯于为了最简单的日常事物而默默祈祷，此刻，她悄声道："求求上帝，让他觉得我还是漂亮的吧。"

门开了，吉姆步入，随手关上了门。他显得瘦削而又非常严肃。可怜的人儿，他才

二十二岁，就挑起了家庭重担！他需要买件新大衣，连手套也没有呀。

吉姆站在屋里的门口边，纹丝不动地好像猎犬嗅到了鹌鹑的气味似的。他的两眼固定在德拉身上，其神情使她无法理解，令她毛骨悚然。既不是愤怒，也不是惊讶，又不是不满，更不是嫌恶，根本不是她所预料的任何一种神情。他仅仅是面带这种神情死死地盯着德拉。

德拉一扭腰，从桌上跳了下来，向他走过去。

“吉姆，亲爱的，”她喊道，“别那样盯着我。我把头发剪掉卖了，因为不送你一件礼物，我无法过圣诞节。头发会再长起来——你不会介意，是吗？我非这么做不可。我的头发长得快极了。说‘恭贺圣诞’吧！吉姆，让我们快快乐乐的。你肯定猜不着我给你买了一件多么好的——多么美丽精致的礼物啊！”

“你已经把头发剪掉了？”吉姆吃力地问道，似乎他绞尽脑汁也没弄明白这明摆着的事实。

“剪掉卖了，”德拉说。“不管怎么说，你不也同样喜欢我吗？没了长发，我还是我嘛，对吗？”

吉姆古怪地四下望望这房间。

“你说你的头发没有了吗？”他差不多是白痴似的问道。

“别找啦，”德拉说。“告诉你，我已经卖了——卖掉了，没有啦。这是圣诞前夜，好人儿。好好待我，这是为了你呀。也许我的头发数得清，”突然她特别温柔地接下去，“可谁也数不清我对你的恩爱啊。我做肉排吗，吉姆？”

吉姆好像从恍惚之中醒来，把德拉紧紧地搂在怀里。现在，别着急，先让我们花个十秒钟从另一角度审慎地思索一下某些无关紧要的事。房租每周八美元，或者一百万美元——那有什么差别呢？数学家或才子会给你错误的答案。麦琪带来了宝贵的礼物，但就是缺少了那件东西。这句晦涩的话，下文将有所交代。

吉姆从大衣口袋里掏出一个小包，扔在桌上。

“别对我产生误会，德尔，”他说道，“无论剪发、修面，还是洗头，我以为世上没有什么东西能减低一点点对我妻子的爱情。不过，你只消打开那包东西，就会明白刚才为什么使我愣头愣脑了。”

白皙的手指灵巧地解开绳子，打开纸包。紧接着是欣喜若狂的尖叫，哎呀！突然变成了女性神经质的泪水和哭泣，急需男主人千方百计的慰藉。

还是因为摆在桌上的梳子——全套梳子，包括两鬓用的，后面的，样样俱全。那是很久以前德拉在百老汇的一个橱窗里见过并羡慕得要死的东西。这些美妙的发梳，纯玳瑁做的，边上镶着珠宝——其色彩正好同她失去的美发相匹配。她明白，这套梳子实在太昂贵，对此，她仅仅是羡慕渴望，但从未想到过据为己有。现在，这一切居然属于她了，可惜那有资格佩戴这垂涎已久的装饰品的美丽长发已无影无踪了。

不过，她依然把发梳搂在胸前，过了好一阵子才抬起泪水迷蒙的双眼，微笑着说：“我的头发长得飞快，吉姆！”

随后，德拉活像一只被烫伤的小猫跳了起来，叫道：“喔！喔！”

吉姆还没有瞧见她的美丽的礼物哩。她急不可耐地把手掌摊开，伸到他面前，那没有知觉的贵重金属似乎闪现着她的欢快和热忱。

“漂亮吗，吉姆？我搜遍了全城才找到了它。现在，你每天可以看一百次时间了。把表给我，我要看看它配在表上的样子。”

吉姆非但不按她的吩咐行事，反而倒在睡椅上，两手枕在头下，微微发笑。

“德尔，”他说，“让我们把圣诞礼物放在一边，保存一会儿吧。它们实在太好了，目前尚不宜用。我卖掉金表，换钱为你买了发梳。现在，你做肉排吧。”

正如诸位所知，麦琪是聪明人，聪明绝顶的人，他们把礼物带来送给出生在马槽里的耶稣。他们发明送圣诞礼物这玩意儿。由于他们是聪明人，毫无疑问，他们的礼物也是聪明的礼物，如果碰上两样东西完全一样，可能还具有交换的权利。在这儿，我已经笨拙地给你们介绍了住公寓套间的两个傻孩子不足为奇的平淡故事，他们极不明智地为了对方而牺牲了他们家最最宝贵的东西。不过，让我们对现今的聪明人说最后一句话，在一切馈赠礼品的人当中，那两个人是最聪明的。在一切馈赠又接收礼品的人当中，像他们两个这样的人也是最聪明的。无论在任何地方，他们都是最聪明的人。

他们就是麦琪。

欧·亨利（1862—1910），美国著名批判现实主义作家，世界三大短篇小说大师之一，美国现代短篇小说之父，代表作有《爱的牺牲》、《警察与赞美诗》、《最后一片藤叶》等。

欧·亨利善于戏剧性地设计情节，最后在结尾处突然让人物的心理情境发生出人意料的变化，从而造成独特的艺术魅力，其文章结尾被美国文学界称为“欧·亨利式的结尾”。

作品解析

本文描写了一对小夫妻之间“愁礼物—买礼物—送礼物—双方都无法使用礼物，但都得到了最珍贵的礼物”的全过程，告诉人们要尊重他人的爱，学会去爱他人是人类文明的一个重要表现。小说中两位主人公给对方买下的珍贵礼物都变成了无用的东西，但他们却得到了比任何礼物都宝贵的东西。

本文谋篇布局颇有新意，全文以“礼物”为线索，按照时间先后顺序，以女主人公德拉为叙事中心对故事进行铺叙，吉姆给妻子德拉买礼物的情节则隐伏在德拉买礼物的情节之中，一明一暗、一虚一实，最终在结尾点明出人意料的结局，行文波澜起伏，引人入胜，布局精妙，在这样的格局安排中赞美了纯洁至诚的爱情。

思考与练习

1. 文中“麦琪的礼物”的真正含义是什么?
2. 说说本文在结构布局上的特别之处。
3. 试给课文另外安排结局，以《德拉买回表链后》为题写一篇 300 字左右的短文。

表达修辞

导论

写作中的一切美妙构想，只有实实在在落到语言表达上才能真正变为现实，表达不清楚、描绘不生动、遣词造句不到位都会影响文章的整体效果，所以这一章我们谈谈修辞表达。

何谓修辞？叶圣陶先生这样解释："修就是调整，辞就是语言，修辞就是调整语言，使它恰好传达我们的思想。"修辞分为消极修辞和积极修辞两种：消极修辞即通常我们所说的选词炼句，以求语言的准确、通顺；积极修辞特指修辞格，包括比喻、拟人、排比、对偶等，以求语言的生动、形象。修辞工作往往从文章的酝酿阶段就开始了，作者需要反复琢磨、取舍，最终确定选用什么词语、组织什么句式、运用什么辞格。通常情况下，积极修辞容易学习、易见成果，消极修辞难以掌握、难见成效，而现在大学生写作往往热衷于运用积极修辞的手法进行表达，而忽略了消极修辞，这是写作的大忌。

严复在《译天演论例言》中提出翻译语言应遵循"信"、"达"、"雅"三个原则，实际上在表达修辞时也同样要遵循这三个原则。

一、信——讲究语言的准确

信即准确。词语、句子、辞格本身没有好坏之分，用得不恰当就不好，所以遣词造句要切合题旨、符合语境，准确把握词义和词语的感情、语体色彩，句式句意也要合乎语法和逻辑，总之要以最终找到最恰当的、唯一的动词或形容词、句子为目的，不错用、漏用、多用一字和一句，这是一个消极修辞的过程。

中国古诗词特别讲究炼字，炼的目的就是不允许一个不准确或多余的字出现。贾岛"推敲"的故事众所周知，再举一例：宋代大文学家王安石《泊船瓜洲》"春风又绿江南岸"一句中的动词最初并不是用的"绿"，而是先后用了"到"、"过"二字，最后才改为"绿"。几个字比较起来，"绿"字之妙不言而喻，将春风带来一片盎然的情景生动形象地通过拟人手法表达出来，思乡怀亲之情跃然纸上。近现代文人同样不乏炼字炼句佳话，臧克家《难民》"黄昏还没有溶尽归鸦的翅膀"一句中"溶尽"一词曾被数次改动，作者在"消逝"、"隐去"、"吞没"几个词语中反复斟酌，最终敲定为"溶尽"，意境颇深；毛泽东《贺新郎·读史》手迹也有五处明显的改动："流遍了，郊原血"的"流"原为"洒"，"一篇读罢头飞雪"的"篇"原为"遍"，"天涯过客"的"涯"原为"涯"，后改为"穷"，又圈去，复改为"涯"，"但记得斑斑点点"的"记"，原是"忆"，"歌未竟"的"竟"原是"尽"。看来，优秀的作家为了选择最合适、最准确的词语而反复锤炼、苦吟是常有的事情。

二、达——讲究语言的通畅

语言通畅是达的基本要求，遣词造句时要做到词语选择恰当妥帖、词组搭配准确无误、句子衔接顺从畅达，从而最终达到井然有序、成段成章的表达效果。

要想做到文意通达、文从字顺，最重要的就是要培养良好的语感。很多时候我们是通过语感而不是死记硬背语法规则来说话的，人们通过语感可以很自然地判断出话怎样说才算通顺，怎样说就别扭，虽然有时候并不一定能从专业角度指出某处的不通顺是哪一方面的语法错误造成的，但却往往能在语感上敏锐、准确地将这一处判断出来，这就是自然和长期积累而形成的语感所起的作用。语感的培养是一个长期的过程，需要写作者多读、多听乃至多诵、多背，在潜移默化中丰富自己的词汇量，掌握词语的含义，并将一些基本的语法规则烂熟于心。

写作中导致文章不通顺的常见语病有滥用介词、滥用否定词、词语搭配不当、词语排序不当、句式杂糅等。文章完成后一定要转化为声音读出来，听一听有没有拗口的地方，句式的长短搭配和衔接上有没有可以进一步修改的空间，遇到语句不通畅的情况，应该由主干到枝叶逐步检查，先缩掉句子的附加成分，简化后，留下句子的主干，然后检查句子的主干，再检查其附加成分是否有语病，这仍需要大家具备一定的词汇和语法基本功。

三、雅——讲究语言的优美

讲究“达”是为了语言的通畅，这是对作文最起码、最基本的要求，而讲究“雅”，则是为了把话写美，给读者以审美愉悦，这是对文章更高层次的要求。唐代的散文家李翱在《答王载言书》中指出：“义虽深，理虽正，词不工者不成文。”意思是说一篇文章，即使立意深刻，道理得当，如果语言不鲜明、不生动，那也不能成为一篇优秀的作品。书面语言不能像平时口语那样粗疏、俚俗，它必须以一定程度的精当和华丽方式呈现，从而引起人们心理感受的和谐、满足，这就是所谓的文采。一篇好文章的文采表现在多方面，包括视觉上由句式均匀整齐所形成的整齐美，由句子长短和结构灵活自由变化而形成的错落美；听觉上由整齐的语言铿锵有力、朗朗上口而形成的节奏美，由多变的语言自由跳跃而形成的韵律美；心灵上由词语描绘出的客观物象所引起读者共鸣的辞藻美、意象美，由语言塑造的艺术境界所引起的读者审美情感的意境美。

当然，华丽并非言之无物的浮华和矫揉造作的靡丽，语言表达的风格自古以来就分为“辞彩”和“本色”两派，前者讲究“错彩镂金”（华丽浓艳），后者追求“初发芙蓉”（清新自然），他们各有千秋。应该用哪一种，需要视情感、文体而定，陈望道先生在《修辞学发凡》中说过：“语言文字的美丑全在用得切当不切当：用得切当便是美，用得不切当便是丑。”所以，雅的语言仍是炼字炼句的结果。

附：常用修辞格

1. 比喻

根据事物的相似点，用具体、浅显、熟知的事物来说明抽象、深奥、生疏的事物。可分为明喻、暗喻、借喻，又有博喻、反喻、强喻等变体。

2. 比拟

比拟分为两种，一种是拟人，把物当作人来写；一种是拟物，把人当作物来写，或者把甲事物当作乙事物来写。

3. 夸张

对客观事物或人的性质、特征等故意地言过其实，夸张或缩小，从而揭示事物本质，烘托气氛，加强渲染力，引起联想效果。可分为扩大夸张、缩小夸张、超前夸张三种。

4. 排比

把结构相同或相似、语气一致、意思相关联的句子或成分排列在一起，往往可达到增强语言气势、加强表达效果的作用，包括句子成分的排比和句子的排比两种。

5. 对偶

用字数相等、结构形式相同、意义对称的一对短语或句子来表达两个相对或相近意思，可达到使内容凝练集中、概括力强、形式整齐匀称、易于记忆等效果。可分为正对、反对、串对三种。

6. 回环

回环也叫回文，是一种前后两句话中后一句话是前一句话的倒叙排列形式的修辞方式。

7. 设问

为了引起别人的注意或突出某些内容，故意先提出问题，然后自己回答。

8. 借代

不直接说出事物的本名，而借用与它密切相关的事物的名称来代替的一种修辞手法。被代替的事物叫本体，用来代替的事物叫借体。

9. 通感

在叙事状物时，用形象性的语言使感觉转移，从而启发接受者联想、体味的一种修辞手法。

10. 双关

在特定语言环境中借助语音或语义的联系，使语句同时关涉两种事物或兼含两种意义，这种言在此而意在彼的修辞方式叫双关。可分为谐音双关和语义双关。

11. 仿词

根据交际的需要，模仿原有的词语，临时创造词语的一种修辞方式。仿词常常更换个别语素，与原词语构成反义，可分为音仿和义仿两种类型。

12. 顶真

顶真也叫蝉联、联珠，是把上一句末尾的词作为下一句的开头，使首尾相重合，形式上成为一种链式结构，表达上前后意思紧紧相扣，气势连贯而下。

咬文嚼字

朱光潜

郭沫若先生的剧本《屈原》里婵娟骂宋玉说："你是没有骨气的文人!"上演时他自己在台下听，嫌这话不够味，想在"没有骨气的"下面加"无耻的"三个字。一位演员提醒他把"是"改为"这"，"你这没有骨气的文人!"就够味了。他觉得这字改得很恰当。他研究这两种语法的强弱不同，以为"你是什么"只是单纯的叙述语，没有更多的意义，有时或许竟会"不是"；"你这什么"便是坚决的判断，而且还必须有附带语省略去了。根据这种见解，他把另一文里"你有革命家的风度"一句话改为"你这革命家的风度"。

这是炼字的好例，我们不妨借此把炼字的道理研究一番。那位演员把"是"改为"这"，确是改得好，不过郭先生如果记得《水浒》里的用语，就会明白一般民众骂人，都用"你这什么"式语法。石秀骂梁中书说："你这与奴才做奴才的奴才!"杨雄醉骂潘巧云说："你这贱人！你这淫妇！你这你这大虫口里流涎！你这你这——"一口气就骂了六个"你这"。看这些实例，"你这什么"倒不仅是"坚决的判断"，而且是带有极端憎恶的惊叹语，表现着强烈的情感。"你是什么"便只是不带情感的判断，纵有情感也不能在文字本身上见出。不过它也不一定就是"单纯的叙述语，没有更多的含义"。《红楼梦》里茗烟骂金荣说："你是个好小子，出来动一动你茗大爷!"这里"你是"含有假定语气，也带"你不是"一点讥刺的意味。如果改成"你这好小子!"神情就完全不对了。由此可知"你这"式语法，并非在任何情形之下都比"你是"式语法来得更有力。其次，郭先生援例把"你有革命家的风度"改为"你这革命家的风度"，似乎改得并不很妥。一、"你这"式语法大半表示深恶痛绝，在赞美时便不适宜。二、"是"在逻辑上是连接词（Copula），相当于等号；"有"的性质完全不同。在"你有革命家的风度"一句中"风度"是动词的宾词；在"你这革命家的风度"中，"风度"便变成主词，和"你（的）"平行根本不成一句话。

这番话不免啰嗦，但是我们原在咬文嚼字，非这样锱铢必较[1]不可。咬文嚼字有时是一个坏习惯，所以这个成语的含义通常不很好。但是在文学，无论阅读或写作，我们必须有一字不肯放松的谨严。文学借文字表现思想情感，文字上面有含糊，就显得思想还没有透彻，情感还没有凝炼。咬文嚼字，在表面上像只是斟酌文字的分量，在实际上就是调整思想和情感。从来没有一句话换一个说法而意味仍完全不变。例如《史记》李广射虎一段："广出猎，见草中石，以为虎而射之，中石没镞，视之，石也。因更复射之，终不能复入石矣。"这本是一段好文章，王若虚在《史记辨惑》里说它"凡多三

石字”，当改为“以为虎而射之，没镞，既知其为石，因更复射，终不能入”。或改为“尝见草中有虎，射之，没镞。视之，石也”。在表面上看，改得似乎简洁些，却实在远不如原文。见“草中石，以为虎”并非“见草中有虎”。原文“视之，石也”有发现错误而惊讶的意味，改为“既知其为石”便失去这意味。原文“终不能复入石矣”有失望而放弃得很斩截的意味，改为“终不能入”便觉索然无味。这种分别稍有文字敏感的人细心玩索一番，自会明白。

有些人根本不了解文字和情感的密切关系，以为更改一两个字不过是要文字顺畅些或是漂亮些。其实更动了文字，就同时更动了思想情感，内容和形式是相随而变的。姑举一个人人皆知的实例，韩愈在月夜里听见贾岛吟诗，有“鸟宿池边树，僧推月下门”两句，劝他把“推”字改为“敲”字。这段文字因缘古今传为美谈，今人要把咬文嚼字的意思说得好听一点，都说“推敲”。古今人也都赞赏“敲”字比“推”字下得好。其实这不仅是文字上的分别，同时也是意境上的分别。“推”固然显得鲁莽一点，但是它表示孤僧步月归寺，门原来是他自己掩的，于今他“推”。他须自掩自推，足见寺里只有他孤零零的一个和尚。在这冷寂的场合，他有兴致出来步月，兴尽而返，独往独来，自在无碍，他也自有一副胸襟气度。“敲”就显得他拘礼些，也就显得寺里有人应门。他仿佛是乘月夜访友，他自己不甘寂寞，那寺里假如不是热闹场合，至少也有一些温暖的人情。比较起来，“敲”的空气没有“推”的那么冷寂。就上句“鸟宿池边树”看来，“推”似乎比“敲”要调和些。“推”可以无声，“敲”就不免剥啄有声，惊起了宿鸟，打破了岑寂，也似乎平添了搅扰。所以我很怀疑韩愈的修改是否真如古今所称赏的那么妥当。究竟哪一种意境是贾岛当时在心里玩索而要表现的，只有他自己知道。如果他想到“推”而下“敲”字，或是想到“敲”而下“推”字，我认为那是不可能的事。所以问题不在“推”字和“敲”字哪一个比较恰当，而在哪一种境界是他当时所要说的而且与全诗调和的。在文字上“推敲”，骨子里实在是在思想情感上“推敲”。

无论是阅读或是写作，字的难处在意义的确定与控制。字有直指的意义，有联想的意义。比如说“烟”，它的直指的意义，凡见过燃烧体冒烟的人都会明白，只是它的联想的意义迷离不易捉摸，它可联想到燃烧弹、鸦片烟榻、庙里焚香、“一川烟草”、“杨柳万条烟”、“烟光凝而暮山紫”、“蓝田日暖玉生烟”……种种境界。直指的意义载在字典上，有如月轮，明显而确实；联想的意义是文字在历史过程上所累积的种种关系，有如轮外圆晕，晕外霞光，其浓淡大小随人随时随地而各个不同，变化莫测。科学的文字愈限于直指的意义就愈精确，文学的文字有时却必须顾到联想的意义，尤其是在诗方面。直指的意义易用，联想的意义却难用。因为前者是固定的，后者是游离的；前者偏于类型，后者偏于个性。既是游离的，个别的，它就不易控制，而且它可以使意蕴丰富，也可以使意义含糊甚至于支离。比如说苏东坡的《惠山烹小龙团》诗里的三、四两句“独携天上小团月，来试人间第二泉”，“天上小团月”是由“小龙团”茶联想起来的，如果你不知道这个关联，原文就简直读不通；如果你不了解明月照着泉水和清茶泡在泉水里那一点共同的清沁肺腑的意味，也就失去原文的妙处。这两句诗的妙处就在不即不离、若隐若约之中。它比用“惠山泉水泡小龙团茶”一句话来得较丰富，也来得较含混有蕴藉。难处就在于含混中显得丰富。由“独携小龙团，来试惠山泉”变成

"独携天上小团月，来试人间第二泉"，这是点铁成金。文学之所以为文学，就在这一点生发上面。

这是一个善用联想意义的例子，联想意义也是最易误用而生流弊。联想起于习惯，习惯老是喜欢走熟路。熟路抵抗力最低，引诱性最大，一人走过，人人就都跟着走，愈走就愈平滑俗滥，没有一点新奇的意味。字被人用得太滥，也是如此。从前作诗文的人都倚靠《文料触机》、《幼学琼林》、《事类统编》之类书籍，要找词藻典故，都到那里去乞灵。美人都是"柳腰桃面"、"王嫱"、"西施"，才子都是"学富五车"[2]，"才高八斗"[3]；谈风景必是"春花秋月"，叙离别不离"柳岸灞桥"；做买卖都有"端木遗风"，到现在用铅字排印书籍还是"付梓"[4]、"杀青"[5]。像这样的例子举不胜举，他们是从前人所谓"套语"，我们所谓"滥调"。一件事物发生时立即使你联想到一些套语滥调，而你也就安于套语滥调，毫不斟酌地使用它们，并且自鸣得意。这就是近代文艺心理学家所说的"套板反应"。一个人的心理习惯如果老是倾向于"套板反应"，他就根本与文艺无缘。因为就作者说，"套板反应"和创造的动机是仇敌；就读者说，它引不起新鲜而真切的情趣。一个作者在用字用词上面离不掉"套板反应"，在运思布局上面，甚至于在整个人生态度方面也就难免如此。不过习惯力量的深广常非我们意料所及，沿着习惯去做，总比新创较省力，人生来有惰性，常使我们不知不觉地一滑就滑到"套板反应"里去。你如果随便在报章杂志或是尺牍宣言里面挑一段文章来分析，你就会发现那里面的思想情感和语言，大半都由"套板反应"起来的。韩愈谈他自己做古文，"唯陈言之务去"。这是一句最紧要的教训。语言跟着思想情感走，你不肯用俗滥的语言，自然也就不肯用俗滥的思想情感，你遇事就会朝深一层去想，你的文章也就是真正是"作"出来的，不致落入下乘。

以上只是随便举几个实例，说明咬文嚼字的道理。例子举不胜举，道理也说不完。我希望读者从这粗枝大叶的讨论中，可以领略运用文字所应有的谨严精神。本着这个精神，你随处留心玩索，无论是阅读或写作，就会逐渐养成创作和欣赏都必需的好习惯。你不能懒，不能粗心，不能受一时兴会所生的幻觉迷惑而轻易自满。文学是艰苦的事，只有刻苦自励，推陈翻新，时时求思想情感和语言的精练与吻合，你才会逐渐达到艺术的完美。

【注释】

[1] 锱铢必较：形容非常小气，很少的钱也一定要计较。也比喻气量狭小，很小的事也要计较。锱、铢：古代很小的重量单位。

[2] 学富五车：形容读书多，学识丰富。五车，指五车书，语出《庄子·天下》："惠施多方，其书五车。"

[3] 才高八斗：比喻人极有才华。语出《南史·谢灵运传》："天下才共一石，曹子建独得八斗，我得一斗，自古及今共用一斗。"

[4] 付梓：书稿雕版印行。梓，刻板。

[5] 杀青：古时把书写在竹简上，为防虫蛀须先用火烤干水分，叫"杀青"。后泛指写定著作。

朱光潜（1897—1986），著名美学家、文艺理论家、教育家、翻译家，学贯中西，博古通今，著有《文艺心理学》、《悲剧心理学》等，翻译了《歌德谈话录》、黑格尔《美学》等。

《咬文嚼字》是朱光潜先生的一篇文艺随笔。在这篇文章中，我们不仅可以领略到作者精妙的思想、鲜明的主张，更能洞悉作者独到的写作特色。

作品解析

“咬文嚼字”本为贬义，指过分斟酌字词、死抠字眼而不领会精神实质，但作者却赋予了它一种全新意义，即在文字运用上“有一字不肯放松的谨严”。福楼拜曾对莫泊桑说：“无论你所要讲的是什么，真正能够表现它的句子只有一个，真正适用的动词和形容词也只有一个，就是那最准确的一句、最准确的一个动词和形容词。其他类似的却很多。而你必须把这唯一的句子、唯一的动词、唯一的形容词找出来。”因此，咬文嚼字是为体现思想感情而推敲、选择最适合和最准确的词语。

本文结构简洁明了、事例典型、说理精辟。开头两段通过《屈原》、《水浒》、《红楼梦》等例入手，引入“无论阅读或写作，我们必须有一字不肯放松的谨严”这一论题；第三、四自然段以《史记》中的“李广射虎”和“贾岛推敲苦吟”两个例子初步论证论点，提出“在文字上‘推敲’，骨子里实在是在思想情感上‘推敲’”；紧接着以苏东坡诗句的正面例证与“套板反应”现象的反面例证说明咬文嚼字之难——“无论是阅读或是写作，用字的难处在意义的确定与控制”；文末点明主旨，提出了“咬文嚼字”的目标、要求和条件——“文学是艰苦的事，只有刻苦自励，推陈翻新，时时求思想感情和语言的精练与吻合，你才会逐渐达到艺术的完美。”

思考与练习

1. 你如何理解“咬文嚼字有时是个坏习惯”这个说法？

2. 作者在文中所列举的例子分别说明了一个道理，试分别加以概括。

（1）“你是没有骨气的文人”一句的修改。

（2）《史记》李广射虎一段的改写。

（3）“僧推月下门”一句的推敲。

（4）《惠山烹小龙团》三、四两句的剖析。

（5）“柳腰桃面”等套语的评述。

3. 阅读下列句子或诗句，在你认为用得妙的字下面加点，并说说你的看法。

（1）乱花渐欲迷人眼，浅草才能没马蹄。(白居易《钱塘湖春行》)

（2）树叶儿却绿得发亮，小草儿也青得逼你的眼。(朱自清《绿》)

（3）你走之后，酒暖回忆思念瘦。(方文山《东风破》)

（4）……这只是我心情改变罢了，因为我这次回故乡，本没有什么好心绪。(鲁迅《故乡》)

通感[1]（节选）

钱钟书

中国诗文有一种描写手法，古代批评家和修辞学家似乎都没有理解或认识。

宋祁《玉楼春》有句名句："红杏枝头春意闹。"李渔《笠翁余集》卷八《窥词管见》第七则别抒己见，加以嘲笑："此语殊难著解。争斗有声之谓'闹'；桃李'争春'则有之，红杏'闹春'，余实未之见也。'闹'字可用，则'吵'字、'斗'字、'打'字皆可用矣！"同时人方中通《续陪》卷四《与张维四》那封信全是驳斥李渔的，虽然没有题名道姓；引了"红杏'闹春'实未之见"等话，接着说："试举'寺多红叶烧人眼，地足青苔染马蹄'之句，谓'烧'字粗俗，红叶非火，不能烧人，可也。然而句中有眼，非一'烧'字，不能形容其红之多，犹之非一'闹'字，不能形容其杏之红耳。诗词中有理外之理，岂同时文[2]之理、讲书[3]之理乎？"也没有把那个"理外之理"讲明白。苏轼少[4]作《夜行观星》有一句："小星闹若沸"，纪昀《评点苏诗》卷二在句旁抹一道墨杠子，加批："似流星！"这表示他并未懂那句的意义，误以为它就像司空图所写："亦犹小星将坠，则芒焰骤作，且有声曳其后。"宋人常把"闹"字来形容无"声"的景色，不必少见多怪。附带一提，方氏引句出于王建《江陵即事》。

晏几道《临江仙》："风吹梅蕊闹，雨细杏花香"，毛滂《浣溪纱》："水北烟寒雪似梅，水南梅闹雪千堆"，马子严《阮郎归》："翻腾妆束闹苏堤，留春春怎知"，黄庭坚《次韵公秉、子由十六夜忆清虚》："车驰马骤灯方闹，地静人闲月自妍"，又《奉和王世弼寄上七兄先生》："寒窗穿碧疏，润础闹苍藓"，陈与义《简斋诗集》卷二二《舟抵华容县夜赋》："三更萤火闹，万里天河横"，陆游《剑南诗稿》卷七五《开岁屡作雨不成，正月二十六日夜乃得雨，明日游家圃有赋》："百草吹香蝴蝶闹，一溪涨绿鹭鸶闲"，范成大《石湖诗集》卷二《立秋后二日泛舟越来溪》之一："行入闹荷无水面，红莲沉醉白莲酣"……从这些例子来看，方中通说"闹"字"形容其杏之红"，还不够确切；应当说："形容其花之盛（繁）"。"闹"字是把事物无声的姿态说成好象有声音的波动，仿佛在视觉里获得了听觉的感受。马子严那句词可以和另一南宋人陈造也写西湖春游的一句诗对照："付与笙歌三万指，平分彩舫聒湖山"。"聒"是说"笙歌"，指嘈嘈切切、耳朵应接不暇的声响；"闹"是说"妆束"，相当于"闹妆"的"闹"，指花花绿绿、眼睛应接不暇的景象。"聒"和"闹"虽然是同义词，但在马词和陈诗里分别描写两种不同的官能感觉。宋祁、黄庭坚等诗词里"闹"字的用法，也见于后世的通俗语言，例如《儿女英雄传》三八回写一个"小媳妇子"左手举着"闹

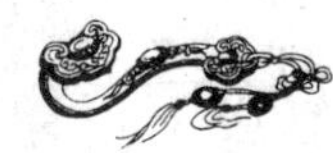

轰轰一大把子通草花儿、花蝴蝶儿"，形容"大把子花"的那"闹"字被"轰轰"两字申说得再清楚不过了，这也足以证明近代"白话"往往是理解古代"文言"最好的帮助。西方语言用"大声叫吵的"、"砰然作响的"（loud，criard，chiassoso，chillon，knall）指称太鲜明或强烈的颜色，而称暗淡的颜色为"聋聩"（la teinte sourde），不也有助于理解古汉语诗词里的"闹"字么？用心理学或语言学的术语来说，这是"通感"（synaesthesia）或"感觉挪移"的例子。

在日常经验里，视觉、听觉、触觉、嗅觉、味觉往往可以彼此打通或交通，眼、耳、舌、鼻、身各个官能的领域可以不分界限。颜色似乎会有温度，声音似乎会有形象，冷暖似乎会有重量，气味似乎会有体质。诸如此类，在普通语言里经常出现，譬如我们说"光亮"，也说"响亮"，把形容光辉的"亮"字转移到声响上去，正像拉丁语以及近代西语常说"黑暗的嗓音（vox fusca）"、"皎白的嗓音"（voce bianca），就仿佛视觉和听觉在这一点上有"通财之谊"[5]。又譬如"热闹"和"冷静"那两个成语也表示"热"和"闹"、"冷"和"静"在感觉上有通同一气之处，结成配偶，因此范成大可以离间说："已觉笙歌无暖热"，李义山《杂纂·意想》早指出："冬日着碧衣似寒，夏月见红似热"，我们也说红颜色"温暖"而绿颜色"寒冷"，"暖红"、"寒碧"已沦为诗词套语。虽然笛卡儿以为我们假如没有听觉，就不可能单凭看见的颜色去认识声音，但是他也不否认颜色和声音有类似或联系。培根的想像力比较丰富，他说：音乐的声调摇曳和光芒在水面荡漾完全相同，"那不仅是比方，而是大自然在不同事物上所印下的相同的脚迹"。这算得哲学家对通感的巧妙解释。

在各种通感现象里，最早引起注意的也许是视觉和触觉向听觉的挪移。亚里士多德的心理学著作里已说：声音有"尖锐"和"钝重"之分，那是比拟着触觉而来的，因为听、触两觉有类似处。我们的《礼记·乐记》有一节美妙的文章，把听觉和视觉通连。"故歌者，上如抗，下如队，止如槁木，倨中矩，句中钩，累累乎端如贯珠。"[6]孔颖达《礼记正义》对这节的主旨作了扼要的说明："声音感动于人，令人心想其形状如此。"《诗·关雎·序》："声成文，谓之音"；孔颖达《毛诗正义》："使五声为曲，似五色成文。"《左传》襄公二九年季札论乐，"为之歌《大雅》，曰：'曲而有直体'"；杜预《注》："论其声。"这些都是"以耳为目"了……白居易《琵琶行》有传诵的一节："大弦嘈嘈如急雨，小弦切切如私语。嘈嘈切切错杂弹，大珠小珠落玉盘。间关莺语花底滑，幽咽泉流冰下难。"它比较单纯，不如《乐记》那样描写的曲折。白居易只是把各种事物发出的声息——雨声、私语声、珠落玉盘声、鸟声、泉声——来比方"嘈嘈"、"切切"的琵琶声，并非说琵琶的大、小弦声"令人心想"这种和那种事物的"形状"。一句话，他只是把听觉联系听觉，并未把听觉沟通视觉。《乐记》的"歌者端如贯珠"，等于李商隐《拟意》的"珠串咽歌喉"，是说歌声仿佛具有珠子的形状，又圆满又光润，构成了视觉兼触觉里的印象。近代西洋钢琴教科书就常说弹出"珠子般的音调"，作家还创造了一个新词"珠子化"，来形容嗓子，或者这样描摹鸟声："一群云雀儿明快流利地叽叽呱呱，在天空里撒开了一颗颗珠子"。"大珠小珠落玉盘"是说珠玉相触那种清而软的声音，不是说"明珠走盘"那种圆转滑溜的"形状"，因为紧接着就说这些大大小小的声音并非全是利落"滑"顺，也有艰"难"涩滞的——"冰泉冷涩弦凝绝”。白居易另一首诗《和令狐仆射小饮听阮咸》“落盘珠历历”，或韦应物《五弦行》：“古刀幽磬初相触，千珠贯断落寒玉”，还是从听觉联系到听觉，把声音比方声音。白居易《小童薛阳陶吹觱篥歌》：“有时婉软无筋骨，有时顿挫生棱节。急声圆转促不断，栗栗辚辚如珠贯。缓声展引长有条，有条直直如笔描。下声乍坠石沉重，高声忽举云飘萧”，这才是“心想形状”，《乐记》的“上如抗，下如队，端如贯珠”都有了。元稹《元氏长庆集》卷二七《善歌如贯珠赋》详细阐发《乐记》那一句：“美绵绵而不绝，状累累以相成。……吟断章而离离若间，引妙啭而一一皆圆。小大虽伦，离朱视之而不见；唱和相续，师乙美之而谓连。……仿佛成像，玲珑构虚。……清而且圆，直而不散，方同累丸之重叠，岂比沉泉之撩乱。……似是而非，赋《湛露》则方惊缀冕；有声无实，歌《芳树》而空想垂珠。”元稹从“累累贯珠”联想到《诗·小雅》的“湛湛露斯”，思路就像李贺《恼公》的“歌声春草露，门掩杏花丛。”歌如珠，露如珠，（例如唐太宗《圣教序》：“仙露明珠，讵能方其朗润”；白居易《暮江吟》：“可怜九月初三夜，露似真珠月似弓”）两者都是套语陈言，李贺化腐为奇，来一下推移：“歌如珠，露如珠，所以歌如露。”逻辑思维所避忌的推移法，恰是形象思维惯用的手段。李颀《听董丈弹胡笳》：“空山百鸟散还合，万里浮云阴且晴”，也是“心想形状如此”；“鸟散还合”正像马融《长笛赋》所谓“鸿引复回”。《乐记》：“上如抗，下如队”，就是韩愈《听颖师弹琴》：“浮云柳絮无根蒂，天地阔远随飞扬。……跻攀分寸不可上，失势一落千丈强。”“抗、队”的最好描写是《老残游记》第二回王小玉说鼓书那一段：“渐渐的越唱越高，忽然拔了一个尖儿，像一线钢丝似的，抛人天际。……那知他于那极高的地方，尚能回环转折。……恍如由傲来峰西面，攀登泰山的景象，……及至翻到傲来峰顶，才见扇子崖更在傲来峰上，及至翻到扇子崖，又见南天门更在扇子崖上，愈翻愈险。……唱到极高的三四叠后，陡然一落，……如一条飞蛇在黄山三十六峰半中腰里盘旋穿插。……愈唱愈低，愈低愈细。……仿佛有一点声音从地底下发出，……忽又扬起，像放那东洋烟火，一个弹子上天，随化作千百道五色火光，纵横散乱……”这样笔歌墨舞也不外“听声类形”四字的原理罢了。

好些描写通感的词句都直接采用了日常生活里表达这种经验的习惯语言。像白居易《和皇甫郎中秋晓同登天宫阁》：“清脆秋丝管”，贾岛《客思》：“促织声尖尖似针”，或丁谓《公舍春日》：“莺声圆滑堪清耳”；“脆”、“尖”、“圆”三字形容声音，就根据日常语言而来。《儿女英雄传》第四回：“唱得好的叫小良人儿，那个嗓子真是掉在地下摔三截儿!”正是穷行极致地刻画声音的“脆”。王维《过青溪水作》：“色静深松里”或刘长卿《秋日登吴公台上寺远眺》：“寒磬满空林”和杜牧《阿房宫赋》：“歌台暖响”，把听觉上的“静”字来描写深净的水色，温度感觉上的“寒”、“暖”字来描写清远的磬声和喧繁的乐声，也和通常语言接近，“暖响”不过是“热闹”的文言。诗人对事物往往突破了一般经验的感受，有深细的体会，因此推敲出新奇的词句。

……

按逻辑思维，五官各有所司，不兼差也不越职，像《荀子·君道篇》所谓：“人之百官，如耳、目、鼻、口之不可以相借官也。”《公孙龙子·坚白论》说得更具体：“视不得其所坚，而得其所白者，无坚也。拊不得其所白，而得其所坚者，无白也。……目

不能坚，手不能白"；一句话，触觉和视觉是河水不犯井水的。陆机《演连珠》第三七则明明宣称："臣闻目无尝音之察，耳无照景之神，"《文选》卷五五刘峻注："施之异务"；然而他自己却写"哀响馥若兰"，又俨然表示："鼻有尝音之察，耳有嗅息之神"，"异务"可成"借官"，同时也表示一个人作诗和说理不妨自相矛盾，"诗词中有理外之理"。声音不但会有气味——"哀响馥"、"鸟声香"，而且会有颜色、光亮——"红声"、"笑语绿"、"鸡声白"、"鸟话红"、"声皆绿"、"鼓声暗"。"香"不但能"闹"，而且能"劲"。流云"学声"，绿阴"生静"。花色和竹声都可以有温度："热"、"欲燃"、"焦"。鸟语有时快利如"剪"，有时圆润如"丸"。五官感觉真算得有无相通，彼此相生了。只要把"镂冰丝红纷绿闹"和"裁红晕碧，巧助春情"，或把"小星闹如沸"、"明星切切如私语"对照"星如撒沙出，争头事光大"，立刻看出尽管事物的景象是相类的，而描写的方法很有差别。一个不"施之异务"，只写视觉本范围里的印象；一个"相借官"，写视觉不安本分，超越了自己的范围而领略到听觉里的印象……

通感很早在西洋诗文里出现。奇怪的是，亚里士多德的《心灵论》里虽提到通感，而他的《修辞学》里却只字不谈。古希腊诗人和戏剧家的这类词句不算少，例如荷马那句使一切翻译者搔首搁笔的诗："像知了坐在森林中一棵树上，倾泻下百合花也似的声音。"（Like unto cicalas that in a forest sit upon a tree and pour forth their lily - like voice.）十六、十七世纪欧洲的"奇崛诗派"爱用"五官感觉交换的杂拌比喻"。十九世纪前期浪漫主义诗人也经常采用这种手法，而十九世纪末叶象征主义诗人大用特用，滥用乱用，几乎使通感成为象征派诗歌的风格标志。英美现代派的一个开创者庞特鉴于流弊，警戒写诗的人别偷懒，用字得力求精确，切忌把感觉搅成混乱一团，用一个官能来表达另一个官能；然而他也声明，这并非一笔抹杀。像约翰·唐恩的诗："一阵响亮的香味迎着你父亲的鼻子叫唤"（A loud perfume... cryed/even at thy father's nose），就仿佛我们诗人的"闹香"、"香声喧"、"幽芳闹"；称浓烈的香味为"响亮"，和现代英语称缺乏味道、气息的酒为"静默"（silent），配得上对。帕斯科里的名句："碧空里一簇星星啧啧喳喳像小鸡儿似的走动"（La Chioccetta per l'aia azzurra/va col suo pigoliò di stelle），和我们诗人的"小星闹如沸"、"几个明星切切如私语"也差不多了。

……

庞特对混乱感觉的词句深有戒心，但他看到日文（就是汉文）"闻"字从"耳"，就自作主张，混鼻子于耳朵，把"闻香"解为"听香"，而大加赞赏，近来一位学者驳斥了他的穿凿附会，指出"闻香"的"闻"字正是鼻子的嗅觉。清代文字学家阮元《揅经室一集》卷一《释磬》早说过："古人鼻之所得、耳之所得，皆可借声闻以概之。"我们不能责望庞特懂得中国的"小学"，但是他大可不必付出了误解日语（也就是汉语）的代价，到远东来钩新摘异，香如有声、鼻可代耳等等在西洋语言文学里自有现成传统。不过，他那个误解也不失为所谓"好运气的错误"，因为'听香'这个词儿碰巧在中国诗文里少说也有六百多年来历，而现代口语常把嗅觉不灵敏称为鼻子是"聋"的。英国诗人布莱克曾把"眼睛的手"来形容木钝的触觉，这和"耳聋"的鼻子真是天生巧对了。

[注释]

[1] 本文发表于《文学评论》1962 年第 1 期，后收入《旧文四篇》、《七缀集》，编者有所删改。

[2] 时文：这里指八股文，明清科举流行的一种文体。

[3] 讲书：讲课。

[4] 少：年轻时候。

[5] 通财之谊：指古人好友之间钱财混有，不分你我。

[6] 上：指歌声高；抗：举起；下：指歌声低；队：通“坠”，落下；倨：微微弯曲；中：负荷、适合；矩：画方形的工具，曲尺；句：通“沟”，弯曲；钩：画圆形的工具，即圆规。全句是说：唱歌的时候，唱得高如飞扬、低若飘落，停下如枯槁的树木，委婉便合于曲尺，婉转便合于圆规，一串串旋律正如贯穿着珠玉。

钱钟书（1910—1998），中国现代著名学者、作家、文学研究家，博学多能，兼通数国外语，在文学创作和学术研究方面成绩卓越。出版有散文集《写在人生边上》、英文集《十六、十七、十八世纪英国文学里的中国》、短篇小说集《人·兽·鬼》、长篇小说《围城》，文论及诗文评论《谈艺录》、《管锥编》等。

钱钟书先生以贯通中西、古今互见为其治学方法，融汇多种学科知识，探幽入微、钩玄提要，在当代学术界自成一家，被誉为“文化昆仑”。

作品解析

“通感”一词原是西方心理学和语言学方面的一个术语，是说人的视、听、嗅、味、触五种感觉虽各司其职，有时却可以相互挪移，出现视之以耳、听之以目、嗅之以触等情形。钱先生将其联系到古诗词和比较文学里，至此，“通感”也成了一个文学理论术语，指文学艺术创作和鉴赏中各种感觉器官间的互相沟通。在通感中，“颜色似乎会有温度，声音似乎会有形象，冷暖似乎会有重量”。

本文所罗列的资料有数百例之多，有的是词，有的是句子，有的来自古文，有的来自外文，这些材料钱先生随手拈来如数家珍，并不时加以议论分析，着墨不多，但字字珠玑，充分反映了钱先生的博闻强记和渊博学识，也体现了其写作的一贯风格——旁征博引。在此文中，钱先生还常拿外文与中文进行中西比较，论证了通感在中西文学中的普遍存在，所以，本文也不失为一篇比较诗学研究的典范之作。

思考与练习

1. 梳理文中对“闹”字的分析，感受含有“闹”的诗句中所体现的感觉挪移。

2. 请判断下列句子中的通感手法是哪几种感觉的移植和贯通。

（1）唱了十数句后，渐渐的越唱越高，忽然拔了一个尖儿，象一线钢丝抛入天际……那小玉唱到极高的三四叠后，陡然一落，又极力聘其千回百折的精神，如一条飞蛇在黄山三十六峰半中腰里盘旋穿插，顷刻之间，周匝数遍。（刘鹗《老残游记》）

（2）海在我们脚下沉吟着，诗人一般。那声音仿佛是朦胧的月光和玫瑰的晨雾那样温柔；又像是情人的蜜语那样芳醇；低低的，轻轻的，像微风拂过琴弦，像落花飘在水上。（鲁彦《听潮》）

（3）我躺在那里/咀嚼着太阳的香味。（戴望舒《寄萤火虫》）

（4）而当太阳以轰响的光彩/辉煌整个天穹的时候。（艾青《吹号者》）

（5）鸿渐看唐小姐不笑的时候，脸上还依恋着笑意，像音乐停止后袅袅空中的余音。（钱钟书《围城》）

（6）天地间一片无际的、神秘的、柔软的蓝，好像有只蓝色的歌在天边飘，融入草丛飘向夜空。（韩少功《西望芳草地》）

（7）突然有钟声缓缓飘上来，很重，很古老，很悠久，很轻柔。（陈丹燕《玻璃做的夏天》）

（8）最近，在昏黄的夜晚/我曾来伫立在桥边/远处传来了歌声/它的金光/掠过水面……（尼采《威尼斯》）

（9）像知了坐在林中的一棵树上，倾泻下百合花也似的声音。（荷马）

（10）我的情人啊，你的微笑像新奇的花卉的芳香，是单纯而又费解。（泰戈尔《流萤集》）

3. 试以“大海”为对象，调动起你的各种感觉（听觉、视觉、味觉、嗅觉、触觉……）并将它们融会贯通，写一段文字。

解读《青花瓷》文字修辞

方文山

素胚勾勒出青花笔锋浓转淡
瓶身描绘的牡丹一如你初妆（譬喻）
冉冉檀香透过窗心事我了然（转化）
宣纸上走笔至此搁一半
釉色渲染仕女图韵味被私藏（转化）
而你嫣然的一笑如含苞待放（譬喻）
你的美一缕（转品）飘散去到我去不了的地方（转化）
天青色等烟雨而我在等你
炊烟袅袅升起隔江千万里（夸饰）
在瓶底书汉隶仿前朝的飘逸（转化）
就当我为遇见你伏笔（转品）
天青色等烟雨而我在等你（类迭）
月色被打捞起晕开了结局（转化）
如传世的青花瓷自顾自美丽
你眼带笑意（上下两行形成倒装、譬喻的修辞关系）
色白花青的锦鲤跃然于碗底（摹写）
临摹宋体落款时却惦记着你
你隐藏在窑烧里千年（夸饰）的秘密
极细腻犹如绣花针落地（譬喻）
帘外芭蕉惹骤雨门环惹铜绿（转化、摹写）
而我路过那江南小镇惹了你（上下两行三个句子运用了排比、类迭修辞）
在泼墨山水画里你从墨色深处被隐去（转化）

《青花瓷》修辞解释：

譬喻：以“你隐藏在窑烧里，千年的秘密，极细腻，犹如绣花针落地”为例，“你隐藏在窑烧里，千年的秘密，极细腻”为喻体，“犹如”为喻词，“绣花针落地”为喻依。若从譬喻“运用想象力，以具体而熟悉之物说明或形容抽象之物”这个原则来看，想象力将“细腻的秘密”与“绣花针落地”巧妙串联在一起，呈现出彼此微妙的关系：那段“隐藏在窑烧里，千年的秘密”是如此细腻，因而被小心呵护着，唯恐一碰就破，

就像绣花针落到地上，是那么轻盈细微，却又带点小小的危险。而“瓶身描绘的牡丹，一如你初妆”、“而你嫣然的一笑，如含苞待放”、“如传世的青花瓷自顾自美丽，你眼带笑意”等句也都是譬喻法的完全体现。

类迭：类迭不仅能使语调和谐，还可强化词句所透露出的意思。“帘外芭蕉惹骤雨，门环惹铜绿，而我路过那江南小镇惹了你”三句中连三个“惹”字就属此用法。有主动招惹之意的“惹”，让“芭蕉”与“门环”两种原本属于被动意象之物仿佛有了生气，芭蕉不再只是认命般让骤雨淋泄其身，而门环也不再被动等待铜绿染身，然后再对照下一句“而我路过那江南小镇惹了你”，整个画面更是活了起来。第三段与第四段开头的“天青色等烟雨，而我在等你”也属于类叠句。

转化：在《青花瓷》歌词中使用最多的就是转化，例如“冉冉檀香透过窗，心事我了然”、“釉色渲染仕女图，韵味被私藏”、“在瓶底书汉隶仿前朝的飘逸”、“月色被打捞起，晕开了结局”、“帘外芭蕉惹骤雨，门环惹铜绿”、“在泼墨山水画里，你从墨色深处被隐去”等句。“你的美一缕飘散，去到我去不了的地方”也属于转化，在这句词中，“美丽”被拟物化，成了能飘荡在空中的一缕雾岚，前往到一处故事主角无法到达的地方。美丽，已不复见。人与物之间的界限在此模糊暧昧，词意却也变得深刻而繁复。

排比：“帘外芭蕉惹骤雨，门环惹铜绿，而我路过那江南小镇惹了你”就是用两个以上结构相似的句法来表达性质相同的意念，显现出句子的节奏感与律动，增强词意的感染力，强化了“惹”的意象。

夸饰：“炊烟袅袅升起，隔江千万里”夸张了隔江对望炊烟的距离，对应上一句“天青色等烟雨，而我在等你”所指涉的等待，仿佛是如此无穷无尽，而且隔了千万里，显得遥不可及；另一句“你隐藏在窑烧里，千年的秘密”中的秘密被保守了千年从未让人知道，象征守密者的细腻与坚毅，能让秘密在窑中历经千年煅烧也不泄漏一字一句。

转品：简言之，就是转化某一个词原来的词性。例如“在瓶底书汉隶仿前朝的飘逸，就当我，为遇见你伏笔”中的“伏笔”原为名词，在这里做动词用。由于这样的转化，句子顿时有了动态感，进而深刻表达出前一句中的“书写”动作，以及隐含在书写动作下的心意；“你的美一缕飘散 ”的“一缕”则是数量词转化成副词，整个画面感都出来了。

倒装：“如传世的青花瓷自顾自美丽，你眼带笑意”就是个倒装句，正确的文法顺序应为“你眼带笑意，如传世的青花瓷自顾自美丽”。使用倒装法，并不太会变动句子倒装前后的意思，但是意境上就有所不同了。就拿此句为例好了，未使用倒装的句子（后者）较平铺直叙，整体感觉没有起伏，较为平板；但倒装之后，让人更有想象空间，一位美丽女子似乎就站在眼前，盈盈笑着。

摹写：所谓摹写，指的是在视觉、听觉、嗅觉、触觉上能引起感官感受的描写。譬如“色白花青的锦鲤，跃然于碗底”就在我们眼前栩栩如生地描绘出青花瓷上的锦鲤颜色，尤其在白瓷衬底之下，仿佛即将跃出碗底似的。至于“帘外芭蕉惹骤雨，门环惹铜绿”这句词是不是让你宛若看见庭院里被骤雨打弯的芭蕉摇来荡去，空气中的湿气透进了门环，让它招惹了一身铜绿色，耳边还传来淅沥雨声呢？

方文山（1969—），台湾著名词人。其文字独树一帜，充满强烈的画面感和浓郁的东方风，擅长采用词汇、语法陌生化的方法拆解语言使用的惯性，赋予文字新的意义，亦诗亦词，亦词亦诗，建构了华语后现代新词风。代表作有《兰亭序》、《菊花台》、《一直很安静》、《布拉格广场》等，出版《关于方文山的素颜韵脚诗》、《中国风：歌词里的文字游戏》等著作。

作品解析

《中国风：歌词里的文字游戏》收录了34首方文山最脍炙人口的中国风歌词，全书分为三个部分：一为关键词解释部分，解释了其歌词中出现的关键词，如“虞姬霸王”、“东风破”、“女儿红”等；二为歌词修辞学部分，将歌词创作时所使用的修辞技巧做详尽的解释；三为国学常识选择题部分，共有100个国学常识。本文选自第二部分，文章以《青花瓷》为例，介绍了几种常用的修辞手法。正如方文山在此书序中所言：“歌词不再只是歌词，还能延伸出相关含义与知识，让人吸收理解……我想从流行音乐的歌词内容导入文学的领域，可谓寓教于乐，比较不那么生硬与八股，教学上也比较灵活轻松，容易引起学生族群学习的兴趣。”让我们在美妙的流行音乐中去培养语感，让我们在轻松中去领略修辞表达的无穷魅力。

思考与练习

1. 请选择一首你熟悉的方文山诗歌或歌词作品，分析作品中修辞手法的运用。

2. 请判断下列各句所用的修辞手法。

（1）手如柔荑，肤如凝脂，领如蝤蛴，齿如瓠犀。（　　）

（2）离别后，乡愁是一棵没有年轮的树，永不老去。（　　）

（3）总有月夜，世界有一半浸在银子里，另一半浸在墨汁里。（　　）

（4）据说曹元朗在十五岁时早下定决心不结婚，一见了美小姐，十五年来的人生观像大地震时的日本房屋。（　　）

（5）雾锁山头山锁雾，天连水尾水连天。（　　）

（6）她不是笼子里的鸟，笼子里的鸟，开了笼还会飞出去。她是绣在屏风上的鸟——年深月久了，羽毛暗了，霉了，让虫给蛀了，死也死在屏风上。（　　）

（7）阳婆把胭脂抹了一河，便匆匆地落了山。（　　）

（8）客上天然居，居然天上客。(　　　　)

（9）春蚕到死丝方尽，蜡炬成灰泪始干。(　　　　)

（10）不要再斗下去了，你们化干戈为玉帛吧！(　　　　)

（11）杨柳青青江水平，闻郎江上唱歌声。东边日出西边雨，道是无晴却有晴。(　　　　)

（12）空对着，山中高士晶莹雪；终不忘，世外仙姝寂寞林。(　　　　)

（13）沉鱼落雁之容，闭月羞花之貌！(　　　　)

（14）落日撒下一河银碎。(　　　　)

（15）一盏离愁，孤灯伫立在窗口。一壶漂泊，浪迹天涯难入喉。(　　　　)

3. 根据自己的仔细观察和体验，运用各种描写手法和修辞手法，将下面的句子扩写成一段具有自己风格的话。

（1）一群下课的学生（或一群正在等班车的人）。

（2）一只蜗牛在爬。

（3）太阳照在小河上。

（4）夜空中的月亮。

校园应用文体

导 论

我们日常接触到的文体大致可分为两类：一类是文学作品，即审美文体，如诗歌、小说、散文等；另一类是我们生活中大量接触、为了处理各种公务和私人事务而写作的文章，我们称之为应用文。

应用文写作起源于人类的社会活动，是社会生产、社会分工、社会发展的产物。历史文献告诉我们，应用文是与文字结伴而产生的，自从人类发明文字之后，应用文就产生了，它是人类走向文明的重要标志之一。

应用文作为管理国家、处理事务、交流信息的一种文字载体，在我国古已有之，早在《尚书》中就有记载，秦朝李斯的《谏逐客书》、汉代刘邦的《求贤诏》和三国时期诸葛亮的《出师表》等都是我国古代优秀的应用文代表作。

今天，世界经济呈现出全球一体化的趋势，应用文的写作在知识经济时代显得日益重要和突出。美国著名的未来学家约翰·奈斯比特在风行全球的《大趋势》一书中指出："在工业社会向信息社会过渡中，有五件'最重要'的事情应该记住，而其中的一件就是，在这个文字密集的社会里，我们比以往任何时候都需要具备最基本的读写技能。"这里所说的"读写技能"，首先就是足以满足日常工作和生活所需要的写作能力，也就是应用文写作能力。这就明确地指出，在信息密集的社会中，人人都需要学会应用文写作，否则就难以满足日常工作和生活的需要。

应用文是人类在长期的社会实践活动中形成的，是人们传递信息、处理事务、交流感情的工具，有的应用文还可用来作为凭证和依据。应用文写作主要讲究的不是文采，而是规范，代表着威严和信誉。

掌握应用文写作方法，对于一个大学生而言非常重要。我国著名教育家叶圣陶曾很有见地地指出："大学毕业生不一定要能写小说、诗歌，但一定要能写工作和生活中实用的文章，而且非写得既通顺又扎实不可。"因为你所写的应用文是否规范，要受到社会各方面的评说、检验，不仅代表着你的个人形象、学识修养，也在一定程度上影响你的求职、升职等职业发展。

一、如何学习应用文写作

要学好应用文写作，应从两个方面下工夫：一是认真学习、理解、掌握应用文写作的基本理论和基础知识；二是刻苦训练，提高写作能力。

怎样提高写作能力呢？欧阳修说了一段至今仍有指导意义的话："惟勤读而多为之，自工。"这是说，只有勤读多练，才能提高写作能力，写好文章。但怎样读？如何练？这有个方法问题。一般来说，方法是解决问题的门路、途径、程序。正确的方法是

客观规律的主观应用，带有规范、准则的特性。一个人掌握了一定数量的方法，做事才能事半功倍，终身受用。因此，有了正确的方法，就能在学习中找到攀登的路径，渡过难关，并能获得意想不到的收获。

二、训练应用文写作的方法

学习应用文写作的目的，主要是为了提高写作能力，能熟练地写出工作中、生活中需要的合格的应用文。这里在总结前人经验的基础上，结合我们在写作实践中的感悟，重点介绍应用文写作训练中最基本的三种方法。

1. 摹仿

摹仿就是照着某一应用文体现成的格式、用语，学着写。在应用文写作中，文种多达几百种，每一文种有每一文种的式样和各自特有的用语。初学应用文写作者，可以按照规范的应用文文种式样，逐一进行摹仿。在训练中，不断地揣摩，不断地感悟，边揣摩，边感悟，边摹仿，自然而然地就会写了。摹仿的过程，就是写作入门的过程，就是由不会到会的提高过程。

2. 单项训练

单项训练就是对写作中的表述方式方法和写作格式中每个构成部分一项一项地进行训练。这如同打排球，先练发球，再依次练接球、扣球、救球一样，一项一项地训练，一项一项地过关。而如果哪一项训练没过关，在比赛中，就有可能出问题。应用文写作与此同理。

应用文写作单项训练，应包括表达能力的训练和文种格式规范性的训练。

（1）表达能力的训练。

表达是最基本的写作能力之一。它是指运用语言文字，抽象概括地阐明事理，简明科学地说明事物，具体形象地描绘人物，生动真挚地抒发感情。应用文写作的表达方式，主要是叙述、议论、说明。在这三种表达方式中，叙述的使用频率最高，也最难写好。清人李绂在《秋山论文》中说："文章惟叙事最难。"因为叙述不仅要交代事件的前因后果，还要交代事物的发展与变化；不仅要写明人物的事迹，还要通过事迹写出人物的思想、品质；不仅要叙明矛盾产生的根源，还要写出矛盾内在变化与外部环境的关系等。叙述的方法，除了常用的顺叙、倒叙、插叙、分叙外，还有概叙、合叙等。立论的方法有归纳法、演绎法、喻证法、类比法、对比法、例证法、引证法、分析法等。说明的方法有分类说明、定义说明、举例说明、解释说明、介绍说明、数字说明、图表说明、引用说明、描述说明、比拟说明、比喻说明、成因说明等。以上这些方法，应一个一个进行训练，逐步掌握。

（2）文种格式规范性的训练。

文种格式规范性的训练，是将文种"标题"、"主送机关"、"正文"、"结语"逐一训练。如写"请示"的正文，应按三层因果式的结构写作：一是写清请示的缘由。一般应写明请示的原因、根据、背景、目的等，以说明请示的重要性、紧迫性、合理性、合法性；二是写明请求上级批办的有关事项。关于什么事项，请示上级具体办什么、怎么办，都要写得清楚明白；三是请示结语。这是请求上级答复的结束语，如"请批示"、"请批准"、"请核示"、"请审批"等。只要在训练中真正掌握了最基本的格式，那么，无论写什么内容的请示，至少在写作格式上是规范的，其他文种写作训练与此相同或相似。

3. 综合训练

综合训练是根据写作目的需要，整体运用单项训练中掌握的方式方法而进行的写作训练。进行综合训练必须有系统性。应用文写作不同于文学写作，必须系统，避免随意。在应用文写作综合训练中，既可以按“行政公文类”、“工作事务类”、“财经类”、“司法类”、“涉外类”、“日常生活类”等系统进行写作训练，也可以按“记叙类”、“说明类”、“议论类”等系统进行写作训练。无论按内容、文体，还是按表述手法进行训练，都应采取循序渐进的方式，由易到难，分类进行训练，直至一遇到需要就能提笔写出符合文体要求的合格的应用文。

通知、通报

一、通知

(一) 通知的含义

通知适用于批转下级机关的公文，转发上级机关和不相隶属机关的公文，传达要求下级机关办理和有关单位需要周知或者共同执行的事项，任免和聘用干部等。

(二) 通知的分类

根据其内容和功用的不同，通知可分为以下六类：

1. 指示性通知

上级机关对下级机关布置任务、下达指示性措施，但由于发文机关的权力或公文内容所限，不适宜用“命令”或“指示”等行文，则往往使用指示性通知。

2. 处理文件性通知

处理文件性通知包括批转性通知、转发性通知和发布性通知。批转性通知是批准下级机关的公文后再转发给下级机关或有关单位贯彻执行时使用的公文；转发性通知是上级机关、同级机关或不相隶属机关发来的公文需要下属单位知晓或执行时使用的公文；发布性通知是将本机关的法规性文件及计划、总结、领导讲话等下发给下级机关的公文。

3. 会议通知

会议通知是以召开某次会议的有关事项为内容的通知。

【例文1】

关于召开广东省2009年
成人高等学校招生录取工作动员大会的通知

各市考试中心、招生办公室，各有关成人高校：

为做好我省2009年成人高等学校招生录取工作，经研究，定于2009年11月11日在广东省教育考试院16楼会议室召开我省2009年成人高校招生录取工作动员大会，现将有关事项通知如下：

一、会议内容

部署2009年成人高校招生录取工作。

二、会议时间

2009年11月11日上午9：30—11：30。

三、会议地点

广东省教育考试院16楼。地址：广州市中山大道西69号。

四、与会人员

本省部、省属院校及广州地区成人高等学校招生负责人以及各地级市负责成人招生工作的负责人。

五、其他

与会人员交通费自理。11 月 11 日中午全体与会人员用餐地点在华师粤海酒店二楼大厅。各市招生办需要安排食宿的可与省教育考试院联系。

六、联系方式

联系电话：××××，传真：××××。

附件：广东省 2009 年成人高校招生录取工作会议回执

广东省招生办公室

二〇〇九年十一月六日

【点评】这是一则会议通知。正文先简单交代会议目的、会议名称等，再通过文中承启语后的六条事项部分周到、详细地介绍了会议的内容、具体的时间、地点、与会人员、联系方式及其他相关问题，值得借鉴。

4. 任免通知

任免通知用于上级机关任免下级机关的领导人，或公布上级机关的有关任免事项。

5. 事项性通知

事项性通知是上级机关就某一具体活动、某项具体事务进行安排布置，或同级机关及不相隶属的单位之间就某一项具体工作的进行或某一具体问题的解决，要求双方配合或协助办理，具有行政约束力的通知。

6. 知照性通知

知照性通知是向有关单位告知某件事情、交代有关事项、不需要办理或执行时使用的通知，如调整机构、变更机构名称等。

【例文 2】

××公司关于成立客户服务中心的通知

公司各科室：

为增进与客户的联络，进一步做好客户服务工作，适应公司日益发展的新形势，经公司研究决定，在原客户联络室的基础上成立客户服务中心，主任由张远同志兼任。

二〇一一年十月十六日

【点评】这是一则知照性通知。通知正文篇段合一，依次写了目的、依据和事项，文字简练，明白晓畅。

（三）通知的特点

（1）广泛性。在所有公文中，通知的应用范围最广，使用频率最高。布置工作、告知一般事项、转发批转公文、任免干部等都可使用通知，且不受发文机关级别高低的限制。

（2）执行性。通知多用于下行文，通知的事项一般都要求下级机关予以办理或执行。

（3）时效性。通知的事项一般都有一定的时间限制，不容拖延。

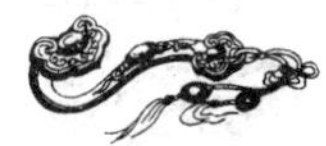

（四）通知的基本格式和写法

1. 标题

通知的标题有四种组成方式：

（1）发文机关+事由+文种，如《××大学关于2009年国庆节放假时间的通知》；

（2）事由+文种；

（3）发文机关+文种；

（4）文种。

批转性通知标题需注明“批转”文字字样；转发性通知标题需注明“转发”文字字样。若被批转、转发的公文标题中已有多个“关于”和“的通知”，或者被批转、转发的公文标题已较长，在撰写通知标题时，应简写。简写方法为：保留末次发布（批转或转发）文件机关和始发文件机关，只保留一个“关于”和一个“的通知”字样。如：“××县人民政府关于转发《××市人民政府关于转发〈××省人民政府关于转发国务院关于加强土地调控有关问题的通知〉的通知》”，可简化为“××县人民政府转发国务院关于加强土地调控有关问题的通知”。省、地区等曾转发过等情况可在正文中交代清楚。

2. 主送机关

通知一般都有主送机关，即该通知的承办执行或相应知晓的主要受文机关。

3. 正文

通知的正文主要包括缘由、事项、要求三部分。不同种类的通知正文的写法也有所不同。

（1）指示性通知。一般先写发文缘由、背景、依据；指示事项要充分体现政策性、权威性、原则性；结尾多提出贯彻执行要求，可以单独列段加以表述，可以与通知事项糅合在一起，也可以将执行要求作为通知事项的最后一条内容。

（2）处理文件性通知。其共同点是均为“合成文”，即由批语和被发送的文件两部分组成。批语的内容主要有如下三个方面：① 说明批转、转发、发布或印发文件的目的、理由；② 对受文单位提出贯彻执行的具体要求；③ 根据具体情况做出补充性的规定。

（3）会议通知。应写明开会原因、目的、会议名称、主要议题、到会人员、会议及报到时间、地点、需要的材料等，通常采用条文式写法，要求内容周密、语言清楚、表述准确。

（4）任免通知。写法相对简单、单一，主要写任免依据、任免人员的姓名、职务、期限等。

（5）事项性通知。与指示性通知正文结构类似，开头部分说明发文目的等；第二部分通知事项，将具体内容一一列出、阐述清楚；结尾部分多提出贯彻执行要求，可用“请遵照执行”、“请认真贯彻执行”、“请研究贯彻”等习惯用语，也可省略。

（6）知照性通知。由缘由和具体事项两部分组成，简要写清楚行文依据、目的和事项即可。

4. 落款

写明发文机关（如标题上已写明，此处可从略）和成文日期，并加盖印章。

二、通报

（一）通报的含义

通报是一种适用于表彰先进，批评错误，传达重要精神或者情况的公文。

（二）通报的分类

根据通报的作用和适用范围，可将通报分为三类：

1. 表彰性通报

表彰性通报主要用于在一定范围内表扬好人好事，目的在于表彰先进，树立学习榜样。

【例文 1】

××市人民政府关于表彰××市体育局的通报

各区、县级市人民政府，市政府各部门、各直属机构：

在第 28 届奥运会上，我市 11 名体育健儿不畏强手、顽强拼搏，3 人获得 2 项金牌，2 人获得 1 项银牌，奖牌、金牌总数列全省第一和全国省会城市第一，为国家、我省和我市体育事业作出了重要贡献。这是我市体育健儿自 1984 年洛杉矶奥运会取得 1 枚金牌之后，20 年来又一次历史性突破。

我市体育健儿在第 28 届奥运会上所取得的优异成绩，是在市委、市政府的正确领导和全市人民的关心支持下，广大体育工作者长期共同努力的结果。市体育局以科学发展观为指导，坚持群众体育、竞技体育、体育产业全面协调发展，为我市体育健儿备战奥运会做了大量卓有成效的工作，为国家、我省和我市体育事业的发展发挥了重要作用，获得了省体育局授予的“体育突出贡献奖”。为此，市人民政府决定，对市体育局予以通报表彰。

希望我市广大体育工作者按照市委、市政府创建全国一流体育城市的要求，奋发进取，扎实工作，在 2005 年全国十运会、2008 年北京奥运会和 2010 年广州亚运会上再创辉煌，进一步推进我市体育事业的发展，为国争光。

二〇〇五年四月五日

【点评】这是一则表彰性通报。正文第一段首先叙述先进事迹，即该市体育健儿在第 28 届奥运会上取得的优异成绩；第二段根据先进事迹给出中肯的评价和表彰决定；第三段提出希望与号召。结构合理、规范。

2. 批评性通报

批评性通报主要用于在一定范围内批评错误，纠正不良倾向，目的在于教育、启发人们，防止再犯类似错误。

【例文 2】

××市卫生局关于医生张×滥用麻醉药品造成医疗事故的通报

各区县、各乡镇医疗卫生单位：

2002 年 7 月 5 日晚 7 时 25 分，××县××镇××村农民李×因下腹部疼痛，被送到×镇卫生院

治疗。该院夜班医生张×以“腹痛待诊”处理，为病人开了阿托品、安定等解痛镇静药，肌肉注射杜冷丁10毫克。7月6日下午5时许，该病员因腹痛加剧，再次到该卫生院治疗，医生刘××诊断为“急性阑尾炎穿孔，伴腹膜炎”，急转市第二人民医院治疗，于当晚7时施行阑尾切除手术。手术过程中，发现阑尾端部穿孔糜烂，腹腔脓液弥漫。切除了坏死的阑尾，清除了腹腔脓液约300毫升，安装了腹腔引流管条。经过积极治疗，输血300毫升，病人才脱离危险，但身心受到了严重的损害。

急性阑尾炎是一种常见的外科急腹症，诊断并不困难。××镇卫生院张×工作马虎，处理草率，在没有明确诊断以前，滥用麻醉剂杜冷丁，掩盖了临床症状，延误了病人的治疗时间，造成了较为严重的医疗事故。这种对人民生命财产极不负责任的做法是错误的。为了教育张×本人，经卫生局研究，决定给张×行政记过处分，扣发全年奖金，并在全市范围内通报批评。

各单位要从这次医疗事故中吸取教训，加强对职工的思想教育，增强职工的责任感，以对人民高度负责的精神，端正服务态度，提高服务质量。同时，要加强对麻醉药品的管理，认真执行××省卫生厅《关于严格控制麻醉药品使用范围的规定》，严禁滥用麻醉药品。今后如发现违反规定者，要首先追究单位领导的责任。

二〇〇二年七月二十五日

【点评】这是一则批评性通报。正文第一段简练而明确地陈述了整个事件的原委，交代了时间、地点、人物，以及事故的起因、经过、结果；第二段对当事人的错误进行了分析评价，同时做出了处理；第三段对症下药，提出要求，防止此类事故再次发生。全文层次分明，语言明晰，分析评价到位，行文思路清晰。

3. 情况通报

情况通报用于向有关方面知照应该掌握和了解的信息、动态，起到交流情况、沟通信息的作用。

（三）通报的特点

（1）真实性。通报的内容必须客观、真实，对事实要认真核实，做到准确无误，没有水分。

（2）典型性。通报的人和事都要具备一定的典型性，能够反映、揭示事物的本质规律。

（3）教育性。通报的目的，不仅是告晓，而且要让人们从中学习先进或警戒错误、吸取教训。

（4）时效性。通报是针对当前工作中出现的新情况、新问题而发的，因此，好的通报都是抓住时机及时发出的，以发挥最大作用。

（四）通报的基本格式和写法

通报由标题、主送机关、正文、落款组成。

1. 标题

标题由发文机关名称、事由和文种组成，如《国务院关于一份国务院文件周转情况的通报》，也可省略机关名称或事由，还有的通报标题只有文种名称。

2. 主送机关

除普发性通报外，其他通报应该标明主送机关。

3. 正文

通报正文的结构通常由开头、主体和结尾三部分组成。开头说明通报缘由；主体说明通报决定；结尾提出通报的希望和要求。不同类别的通报，其内容和写法有所不同：

（1）表彰性通报：① 叙述先进事迹，包括时间、地点、人物，以及事件的起因、经过、结果；② 对上述事件进行分析、评议，指出其典型意义，或概括其主要经验，并提出表彰决定；③ 提出希望或发出号召。

（2）批评性通报：① 通报缘由，即将事故或错误事实的经过、时间、地点等交代清楚；② 对事故进行分析、评议，重点分析事故发生的原因，指出事故的性质及其危害，并提出处分决定；③ 写明防止此类事故的措施。要对症下药，提出告诫。

（3）情况性通报：① 叙述情况；② 分析情况，阐明意义；③ 针对情况提出指导性意见或整改性措施。

4. 落款

写明发文机关（如标题上已写明，此处可从略）和成文日期，并加盖印章。

思考与练习

一、判断题

1. 判断下列事项是否可以用通知行文。

（1）××市统计局将召开年终统计工作会议，需告知各县、区统计部门事先做好准备。(　　)

（2）××省人民政府办公厅转发《国务院办公厅关于促进房地产市场平稳健康发展的通知》。(　　)

（3）××公司拟向所属部门安排“五一”放假的有关事宜。(　　)

2. 判断下列事项是否可以用通报行文。

（1）××县政府拟向市政府汇报该县遭受地震的情况。(　　)

（2）××校拟批评×年级×班××同学考试舞弊的错误。(　　)

二、改错题

指出下面两篇公文的毛病，并加以修改。

××县卫生局关于召开卫生工作会议的通知

县属各镇（乡）、局（行）、厂矿：

为总结经验，进一步做好我县的卫生工作，县卫生局决定在本月中旬召开卫生工作会议，现将有关事项通知如下：

1. 参加会议人员为各单位主管卫生工作的主要负责人；
2. 参加会议人员应认真准备有关卫生工作情况及今后工作打算的材料，以便在会上汇报和交流；
3. 参加会议人员应于6月15日到县政府报到；
4. 会议结束后，将布置今年下半年的工作安排，请及时传达。

以上通知，希遵照执行。

××县卫生局

二〇〇一年六月一日

关于××市民政事业费管理使用问题的通报

××市任意挪用、占用和滥用民政事业费的问题，是非常严峻的。民政事业费是体现党和国家对广大优抚、救济对象生活疾苦的关怀，任何人挪用、侵占和占用民政事业费必须限期如数追回，为了严明党纪国法，对挪用、占用民政事业费的有关人员，要按党纪政绩严肃处理，杜绝××市问题再度发生。

××省人民政府

2003年9月6日

三、写作题

1. 假期已近，××大学面临师生放假之事。请你以××大学校长办公室的名义，制作一份规范公文，将放假的有关事宜告知全校师生。

2. 请你代所在学校的团委写一份表彰性通报，表扬你校某个共青团员的先进事迹。

请示、申请书

一、请示

（一）请示的含义

请示是适用于向上级机关请求指示、批准并要求回复的一种上行文。

（二）请示的分类

根据内容和写作意图不同，请示可分为三类：

1. 请求指示的请示

它是下级机关在工作中遇到新情况、新问题，在有关的方针、政策、规章以及上级的指示中找不到相应的处理依据，或对上级机关某个文件的理解存在疑问、对某一问题因本机关意见分歧、无法统一执行时使用的一种公文。

2. 请求批准的请示

这种多数是单位要求增设机构、增加编制，上项目、列计划，要资金、要购置设备等而向上级机关请示而使用的一种公文。

【例文】

××市人民政府关于建立××市体育学校的请示

××省人民政府：

我市体育事业在省委、省政府的关怀下，有了一定发展，在开展群众性体育活动，提高运动技术水平方面取得了一些成绩。但是，近年来我市运动技术水平与兄弟地、市相比有下降趋势。其原因之一是我市体育师资严重缺乏。全市有中小学 5 636 所，有体育教师 1 600 人，其中学过体育专业的只有 286 人，这种状况已影响到基础训练。此外，我市重点业余体校毕业生的出路问题不能解决，不仅造成了体育人才的大量外流，而且严重影响了体校的招生，使重点业余体校日渐失去生机与活力。这些问题的存在，对全面提高我市的教育质量，为国家培养和输送优秀人才，产生了十分不利的影响。

鉴于上述情况，我们认为，我市急需建立一所以培养体育师资和优秀运动员为目标的体育学校，因此，拟将市重点业余体校改办成中等专业性质的体育学校。具体办学意见如下：

一、学校名称（略）

二、学制及课程设置（略）

三、招生对象及规模（略）

四、场地设施（略）

五、师资（略）

六、经费（略）

以上意见妥否，请批示。

××市人民政府

二〇〇一年六月十四日

【点评】这是一则请求批准的请示。正文第一段先写了请示的背景及原因，理由充分，态度明朗；继而提出请求批准的具体事项；结尾以请求语作结。文中的“拟”等用语准确、得体，值得借鉴。

3. 请求批转的请示

某职能部门在自己的职权范围内制定了相关的办法和措施，却不能直接要求平级机关和不相隶属机关照办，可用请求批转的请示的方式要求上级机关批转给有关部门执行。

（三）请示的特点

（1）行文内容的请求性。请示往往是针对工作中的问题向上级机关请求指示、批准等，具有请求的性质。

（2）行文目的的求复性。请示的目的是请求上级批准，解决具体问题，要求上级作出明确答复。上级机关收到下级机关的请示，不管同意与否，在一定时间内都应该给予明确答复。

（3）行文时机的超前性。请示必须在事前行文，等上级机关作了批复之后才能付诸实施。

（4）请求事项的单一性。在一份请示中，只能就一项工作、一个问题向上级提出请示的要求，切忌在一份请示中就若干事项请求上级予以指示或批准。

（四）请示的基本格式和写法

请示由标题、主送机关、正文、落款组成。

1. 标题

请示标题由发文机关、事由和文种构成，如《××市人民政府关于建立××市体育学校的请示》，也可省略发文机关，如《关于购买办公用品的请示》。标题中不能将“请示”写成“报告”或“请示报告”，也尽可能不要出现“申请”、“请求”类词语。

2. 主送机关

请示的主送机关只能写一个，即直接的上级主管机关。

3. 正文

正文一般由请示缘由、请示事项和结束语三部分组成。先提出请示事项的理由、背景及依据，然后写明请求上级机关予以指示、批准的具体事项，要具体、明确，符合法律法规，结束时明确提出请求答复的要求，一般用“以上请示，请批复”、“以上意见当否，请批示”、“以上请示，请审批”等句子。

4. 落款

写明发文机关（如标题上已写明，此处可从略）和成文日期，并加盖印章。

二、申请书

（一）申请书的含义

申请书是个人或集体向组织、机关、企事业单位或社会团体表述愿望、提出请求时使用的一种专用书信。

（二）申请书的分类

按作者分类，可分为个人申请书和单位、集体公务申请书；按内容分类，则可分为入团、入党、困难补助、调换工作、承包、贷款申请书等。

【例文】

入党申请书

敬爱的党组织：

您好！

我是一名平凡的大学生，但我有着不平凡的人生理想。在我心中，中国共产党是一个先进和光荣的政治组织，而且随着年龄的增长，我越来越坚信，中国共产党全心全意为人民服务的宗旨，是我最根本的人生目标。为建设更加美好的社会贡献自己的力量，并在此过程中展现自己的人生价值、完善自我是我内心深处的愿望。所以，我再一次恳请加入中国共产党。

中国共产党为人民服务的宗旨，以及其作为全国人民利益忠实代表和中国社会主义事业领导核心的性质，从根本上解释了其光荣的历史和繁荣的现在，也预言了其必然灿烂的未来。在生活中，只要一提到党员，人们就会想到先进。记得去年回家时，我告诉只上到小学二年级的母亲我从党校毕业的消息时，她特别欣慰，对我说我有个能力特别强的长辈，可就是请求入党一直都未能如愿。在母亲心中，她的儿子才二十多岁就已从党校毕业（也就是他马上就要成为一名共产党员了），这证明儿子很优秀。后来我对那位已经退休的长辈说起这件事时，他也对我大大地表扬了一番。是的，尽管我们也常看到一些党员腐败分子，但是毋庸置疑，在人民的心中，党员几乎成了积极分子的代名词。在人民需要帮助的时候首先想到的就是中国共产党党员。

在200×年刚进入大学的时候，我向党组织递交了第一份入党申请书。我是一个追求上进、不甘落后的人，童年到高中时代的生活经历让我坚信中国共产党是一个先进集体和光荣组织，因此，早在中学时代我就盼望着能早日入党。我来自一个普通而艰难的农村家庭，从小就不得不帮着母亲支撑整个家庭。关于过去值得一提的就是我从小学到大学的学费中相当一部分来自学校和社会的资助，直到今天，每年我还要从湖北省尊师重教联合会领取助学金。贫困让我比一般人更深刻地体会到，没有社会的温暖就没有我今天丰富多彩的大学生活，甚至没有合家的幸福欢乐。同时，贫困也锻炼了我，提高了我的能力，也让我思想上更加成熟。在家里、在社会上，我学会了解决和处理同龄人不曾面对的困难和问题；在学校，也许是因为我更懂得来之不易的学习机会，从小学高年级起一直到高中我的成绩都比较突出，并且多次担任过班干部和学生干部的职务。这些宝贵的经历让我体会到作为人应该自强不息、力争上游，同时也让我有机会跟同龄人和大人们打交道，体会到为他人着想和维护整个社会利益的重要意义。生活和周围的人们告诉我：人生的意义，正如张海迪所言，在于奉献而不是索取。中国共产党正是这样一个为全体人民谋福利的政党，所以我向往加入中国共产党。

现在看来，上面的思想并不算成熟。在大学这个大熔炉里，我的思想在经历恐慌和冲击之后有了新的提高。我觉得一个人独善其身并不够，还应该积极地用自己的言行去影响他人。一个优秀的人懂

得要最大限度地发挥自身的潜力，不仅在自己的岗位上兢兢业业，对周围的人关心爱护，还要切实、灵活地去带动大家都来关心国家、集体和他人的利益。这一点对我很有挑战性，而一个共产党员所肩负的责任正是这样，既要乐于为他人服务，又要领导人们都来关心大家。我想，身为一个共产党员我就有机会向更多的优秀分子学习，取他人之长补自己之短，在维护集体利益、坚持原则的同时做到与周围的人融洽相处；身为一个共产党员我会时时告诉自己要更加严格要求自己，更进一步地增强自己的社会责任意识和克服困难的决心。

请党组织在实践中考验我！

此致

敬礼！

申请人：×××

××××年××月××日

【点评】这是一则在校大学生写的入党申请书。正文首先表明自己的入党愿望，并联系自己的实际谈对党的认识、自己的入党动机；接着写个人在政治、思想、学习等方面的主要表现；最后说明个人今后的努力方向；结尾表达请党组织考察的心情和愿望。申请书写得朴实、真挚。

（三）申请书的特点

（1）请求性。申请顾名思义是申述自己的理由、有所请求的意思，所以申请书是一种请求满足要求的公用文书。

（2）书信体格式。申请书是一种专用书信，因此，必须按照书信的格式来行文。

（四）申请书的基本格式和写法

申请书由标题、称谓、正文、结尾和落款五部分组成。

1. 标题

申请书的标题有两种写法：第一种是直接写“申请书”；第二种是在“申请书”前加上内容，如“入党申请书”、“调换工作申请书”等。一般采用第二种。

2. 称谓

顶格写明接受申请书的单位、组织或有关领导。

3. 正文

正文部分是申请书的主体，首先提出要求，其次说明理由。理由要写得客观、充分，事项要写得清楚、简洁。

4. 结尾

一般使用惯用语“特此申请”、“恳请领导帮助解决”、“希望领导研究批准”等，也可用“此致”、“敬礼”等礼貌用语。

5. 落款

个人申请要写清申请者姓名，单位申请写明单位名称并加盖公章，注明日期。

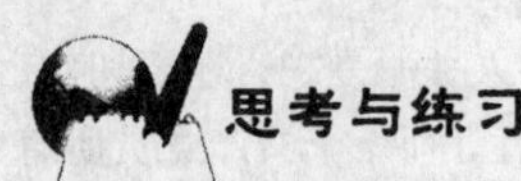
思考与练习

一、判断题

1. 请示可以一文一事，也可以一文多事。(　　)

2. 关于购买办公用品的请示报告。(　　)

3. 写入党申请书时，不要夸夸其谈，要联系自己的实际情况谈对党的认识和入党动机。(　　)

二、改错题

指出下文的毛病并加以修改。

请示

因工作需要，我县急需购买小轿车一辆，请批准调拨经费 8 万元。

另：我县尚缺专业对口技术人员 2 名，请在制定明年人员编制时一并考虑。

上述意见与要求如无不妥，请批复。

此致

敬礼!

××县人民政府
××县财政局
2000 年 6 月

三、写作题

1. 小王是太和中学新来的校长秘书，该中学隶属白云区教育局，上任伊始，该中学校长要求他向广州市人民政府打报告，希望拨一笔经费给该校实验室，小王接到任务后立即向市政府写了一份报告。请分析小王公文撰写过程中的主要错误，并代写一则符合要求的公文。

2. 根据自己的实际情况，写一份规范的入党申请书。

计划、总结

一、计划

（一）计划的含义

计划是机关、团体、企事业单位乃至公民个人，对今后一定时期的工作、活动进行事先安排，提出目标、措施与步骤的一种事务文书。

（二）计划的分类

根据不同的分类标准，计划可分为多种类型。

（1）按内容涉及面大小的不同，可分为综合性计划、专题性计划。

（2）按内容性质的不同，可分为生产计划、教学计划、销售计划、学习计划等。

（3）按适用范围的不同，可分为国家计划、单位计划、部门计划、个人计划等。

（4）按适用时间长短的不同，可分为长期计划、中期计划、短期计划三类，具体还有年度计划、季度计划、月度计划等。

（5）按形式不同，可分为条文式计划、表格式计划、条文与表格结合式计划。

【例文1】

职工法制教育方案

一、指导思想

以邓小平民主法制理论和科学发展观为指导，以《宪法》为核心，坚持学用结合的原则，把普法教育同依法治理工作结合起来，为创造良好的法制环境，提高干部职工的法律意识和法律素质，增强学法、守法、用法、护法的自觉性。

二、工作目标

在干部职工中开展宣传学习《国家安全法》、《四川省保护和奖励见义勇为条例》、《平昌县举报犯罪行为奖励办法》和省人民政府颁布的城乡综合整治活动等法律法规及规章制度，不断增强法制观念和法制意识，把法制宣传教育和政治思想教育、职业道德教育等有机结合起来，加强对干部职工的法制教育。

三、组织机构

成立活动领导小组：

组　长：××

副组长：××

成　员：××　××　××

四、活动时间

2009年3月，活动分三个阶段：

1. 3月10日至15日为动员阶段。

2. 3月16日至25日为宣传、学习和落实阶段。

3. 3月26日至31日为总结阶段。

五、活动形式

以本次职工法制教育的主要法规为内容，以自学为主，利用每周五下午的学习时间开展集中辅导。具体时间安排如下：3月13日下午由全体干部职工及下属的企业参加，召开综治和平安建设及国家安全宣传教育月活动动员会；3月20日、27日利用两个下午开展学习和知识问题等活动；4月3日下午为总结。

六、具体要求

1. 高度重视，加强领导。(略)

2. 突出重点，注重实效。(略)

3. 创新形式，丰富载体。(略)

4. 统筹安排，确保活动收到实效。(略)

××集团有限公司

××××年××月××日

【点评】这是一则条文式计划，属于专题性计划。正文分条表述了方案的“指导思想”、“工作目标”、“具体要求”等六个方面的内容。计划的“三要素”，即目标、措施、要求，已体现其中，考虑周密，操作性也较强。

【例文2】

“五四”青年节庆祝活动安排表

序号	活动内容	时　间	地　点	负责单位	主持人	备　注
1	篮球比赛	5月1日 8：00开始	篮球馆	团委体育部	体育部长	
2	读书报告会	5月2日 14：30开始	图书馆	团委学习部	学习部长	报告人：××大学××教授
3	文艺联欢会	5月3日 17：30开始	工会活动中心	团委宣传部	宣传部长	邀请鲜花艺术团参加
4	电影专场	5月4日 17：30开始	文化广场	影视俱乐部	俱乐部主席	
5	青年书画展	5月5日 8：00—21：00	工会活动中心	书画协会	协会会长	部分市青年书画家作品参展

××××团委

××××年四月二十五日

【点评】这是一则表格式计划。按时间顺序排列，将各项活动一一列出，简洁清晰。

(三) 计划的特点

(1) 预见性。计划的预见性是其他应用文体所不具有的，但这种预见并不是盲目的，要以上级部门的规定和指示为指导，结合本单位实际条件，对今后发展趋势做出科学预测。

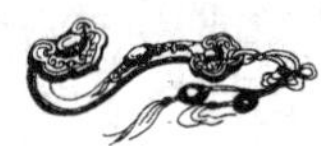

（2）针对性。有针对性的计划才是有意义、有价值的。制订计划要在党和国家的方针政策、上级部门的工作安排和指示精神的指导下，针对本单位的工作任务、主客观条件和相应能力而定。

（3）可行性。计划必须具体明确、切实可行。目标过高、措施无力实施，这个计划就是空中楼阁；目标过低、措施方法无创见性，虽然容易实现，却无法起到指导、激励作用。计划的步骤、措施、要求、时限不但要写得具体、细致，还要便于检查督促、对照落实。

（4）指导性。制订计划是为了克服工作中的盲目性。计划一旦成文，就对实践起控制和约束作用。

（四）计划的基本格式和写法

计划由标题、正文、落款三部分组成。

1. 标题

标题一般由单位名称、时限、内容和文种四个要素组成，如《××大学××学院2009—2010学年第一学期教学计划》，也可省略个别要素，如《2009年工作计划》、《××大学教师安居工程工作计划》、《科研工作计划》等，也有只用文种做标题的，不过这种写法因太不正规不值得提倡。如果计划尚处于征求意见、讨论、修改等阶段，应依据实际情况在标题的后面或下面用圆括号加注“草案”、“初稿”、“讨论稿”或“征求意见稿”等。

2. 正文

正文通常包括前言、主体和结尾三部分内容。

（1）前言。前言应简明扼要地交代计划制订的背景、依据、目的、意义、指导思想及本单位的基本情况等。不同的计划对上述内容有所侧重。

（2）主体。主体部分是计划最重要的内容，也是篇幅最长的一部分。一般包括目标、措施、要求。目标要具体明确，说清要“做什么”；措施包括组织分工、进程安排等，讲明要“如何做”；最后说明质量、数量、时间上的要求，也就是提出要“做得怎样”。

（3）结尾。结尾部分可以展望实现计划的情景给人以鼓舞，可以提出希望、发出号召、明确执行要求等，也可以在主体之后就结束全文，不写专门的结尾部分。

3. 落款

落款要写明计划的制订者（如标题上已写明，此处可从略）和成文时间。

二、总结

（一）总结的含义

总结是对已经做过的工作进行回顾、检查、分析和研究，从中总结经验教训，获得规律性的认识，以指导今后工作的一种文书。

（二）总结的分类

（1）按范围分类，分为单位总结、行业总结、地区总结等。

（2）按性质分类，分为工作总结、教学总结、科研总结、项目总结等。

（3）按时间分类，分为月份总结、半年总结、年度总结、时期总结等。

（4）按内容分类，分为全面总结、专题总结等。

（三）总结的特点

（1）自我性。总结是对自身社会实践的回顾，它以自身工作实践为材料，采用的是第一人称写法，其中的成绩、做法、经验和教训等，都有自指性的特征。

（2）回顾性。总结是回顾过去，对前一阶段的工作进行检验，但目的还是为了做好下一阶段的工作。

（3）客观性。总结是以自身的实践活动为依据的，所列举的事例和数据必须完全可靠，任何夸大、缩小、随意杜撰、歪曲事实的做法都会使总结失去应有的价值。

（4）经验性。总结必须按照实践是检验真理的唯一标准的原则，正确反映客观事物的本来面目，找出正反两方面的经验，得出规律性认识，这样才能达到总结的目的。

（四）总结的基本格式和写法

总结一般由标题和正文组成。

1. 标题

标题分为计划式和通讯式两种。计划式标题可以写为包含单位、时间、内容、文种的完整式，如《××厂2009年上半年工作总结》，也可省略部分要素，如《××年工会工作总结》、《创先争优活动总结》；通讯式标题分为单式和双式，单式如《实行优化组合，调动职工积极性》，双式则包括主标题和副标题两部分，如《把德才兼备的年轻人推上领导岗位——××市2008年人事工作总结》。

2. 正文

正文一般由前言、主体和结尾三部分组成。

（1）前言。前言的写法大致可分为简况式、提问式、对比式、成绩式、经验式等几种类型。

简况式：武钢是新中国成立之后建设起来的大型钢铁联合企业，20世纪70年代从国外引进了1.7米轧机系统。1989年末，已拥有固定资金原值66亿元，净值42亿元，职工12万人。30多年来，生产建设一直在向前发展，特别是自党的十一届三中全会以来的十多年里，企业面貌发生了深刻的变化，走出了一条坚持社会主义方向的质量效益型发展道路。

提问式：一要改革，二要发展，这是当前成人教育面临的两大问题。怎样改革？如何发展？两者是什么关系？对这些问题我们必须认真思考，给予正确的回答。

对比式：我校是一所普通初级中学，学生入学时基础比较差。如2004年入学的新生，语文、数学两科部分总分都在150分以下，一半以上学生两科总分不到90分。这给教学工作带来很大困难。为了迅速扭转这种局面，我们狠抓教学管理，大力调动广大教师积极性，教学质量有了明显提高。上述学生共344人，经过三年的教育培养，2008年毕业时，3/4以上的学生考上了重点高中。

成绩式：根据国务院××××年5月23日在大兴安岭召开现场办公会议的决定，

国务院大兴安岭恢复生产、重建家园领导小组于5月29日开始工作。经过调查、研究、规划、设计和制订方案，恢复重建工程于6月上旬开始施工。至10月8日，共完成房屋建筑面积55万平方米（已验收48万平方米），其中住宅已完成并验收37万平方米。预计到10月中旬可完成房屋58万平方米，其中住宅43万平方米，比原定计划超额完成3万平方米。被火灾烧毁的生产设施，包括大型贮木场、铁路专用线、公路桥梁、动力线路和通讯线路等，已全部恢复、重建。

经验式：一年多来，我们按照教育规律办教育，走村校一体、教科劳一体的办学道路，使学校发生了可喜的变化，为改革农村教育摸索出一条新路。

（2）主体。主体主要包括成绩和做法、经验和教训、今后打算等，这部分内容篇幅长、内容多，要特别注意层次分明、条理清楚。常见的写作结构有以下三种：

第一，纵式结构。写作时，把总结所包括的时间划分为几个阶段，按时间顺序分别叙述每个阶段的成绩、做法和经验、体会。这种写法的好处是事物发展或社会活动的全过程清楚明白。

第二，横式结构。写作时，按事实性质和规律的不同，分门别类地依次展开内容，使各层之间呈现相互并列的态势。这种写法的优点是各层次的内容鲜明集中。

第三，纵横式结构。这种方式既考虑到时间的先后顺序，又注意内容的逻辑联系。写作时，多数是先采用纵式结构，写事物发展的各个阶段的情况或问题，然后用横式结构总结经验或教训。

主体部分的外部形式，则有贯通式、小标题式、序数式三种。贯通式适用于篇幅短小、内容单纯的总结，无需外部标志来显示层次；小标题式将主体部分分为若干层次，每层加一个概括核心内容的小标题，重心突出，条理清楚；序数式也将主体分为若干层次，各层用“一、二、三……”的序号排列，层次一目了然。

（3）结尾。结尾是正文的收束，应在总结经验教训的基础上，提出今后的方向、任务和措施，表明决心，展望前景。这段内容要与开头相照应，篇幅不应过长。有些总结在主体部分已将这些内容表达过了，就不必再写结尾。

【例文】

2009—2010学年个人工作总结

广东技术师范学院天河学院文秘081班　曾欣

光阴荏苒，入学的情景仍恍若昨日触手可及，大学二年级暑假就要拉开序幕了，回顾这一学年的青葱岁月，既有挑灯苦读的艰辛时光，也有击节放歌的激扬往昔。作为班干部，同时又是院长办公室的一名见习工作人员，我收获了比其他同学更多的人生感悟，现总结如下：

一、勤奋开拓，高标准完成内务管理任务

在院长办公室，我的日常工作是协助领导办公室、会议室的内务管理，虽然都是琐碎的事务，但我从内心认识到，平凡中所折射出的真谛是：我在书写自己的人生道路，为走出象牙塔接受社会考验而砥砺练翼；同时也是在体会“职责”概念的沉重内涵。我严格按211高校工作人员的高标准要求自己，用心去做好每一件平凡的事情，向学院各部门和来访的客人展现本科大学应有的外在形象和院长办公室工作人员应有的职业素养。在老师和同学们的帮助下，我的工作得到大家的好评，我体会到劳动带来的快乐，并增强了我继续做好工作的信心。

二、团结协作，严格要求做好会务保障

由于学院正为迎来2012年教育部本科评估做各项准备工作，院长办公室与其他部门同样面临着许多艰巨的工作，办会成为我们经常性的工作。一年来，我们负责了全院近40次各种类型会议的会务工作。如协助举办2009年“庆国庆、迎新生”晚会、校运会、院本部硕士学位评审会议、“藏汉一家，青粤携手，万里同心，共建家园”汇演等会务工作。我与院长办公室的老师和其他同学一道，团结协作，认真筹备会议，系统思考，耐心分析，从会议室的环境、鲜花的摆放、会议所需的茶水到投影音响、车辆的调配等各个环节都认真准备，尽量没有疏忽之处，使每次会议的会务保障都达到了学院的要求。尤其是5月20日来自青海玉树震区的树土风歌舞团来校演出，接到的任务时间很短，会务的要求很高，但我们院办的全体人员迅速制订方案，精诚合作，高效地完成了会务准备工作，显示了“训练有素、行动迅速、高效工作”的团队建设风貌，作为其中的一名参与者我也收获着不一般的欣慰。

三、扎实工作，高水平完成后勤服务

院长办公室具有“参与政务、处理事务、做好服务”的基本职责，面对那些报刊分发、资料整理、数据统计、财务报账等看似简单，但具有一定工作量的工作，我从不计较，任劳任怨，经过一年的工作，没有发生过一次工作失误，实现了从学习到懂到精，到老师和领导信任并放手自己负责的过程，高水平完成后勤服务工作的过程，其实是取得他人信任、总结工作经验的过程。

四、业精于勤，谱写青春无悔之歌

幸运的是，我的学习、生活和工作都在良好的环境中，团结向上的班集体、和谐温馨的宿舍、严肃活泼的院长办公室，使我能比较轻松地实现学习和工作两不误，各科的成绩都在85分以上，参加华南农业大学自学考试顺利通过了7科，被评为优秀班干部，还光荣地加入了党组织。我努力使自己过得充实而有意义，谱写出了一首青春无悔的欢歌。

诚然，在学习工作期间，我虽然严格要求自己，以严谨、踏实的态度对待每一节课、每一次作业和每一项工作任务，但仍存在一些问题，主要是在学习和工作发生冲突的时候，难以规划好时间，难以处理好学习与工作的关系；在解决难题的时候，缺乏拼搏精神和对事物的敏感性，造成时间和精力的浪费；缺乏参加体育运动和文娱活动，与其他同学的联系不多，大学的生活不够丰富。

“路漫漫其修远兮，吾将上下而求索”。在今后的学习工作中，我要努力提升自己的创新能力，不断完善自己，树立更高的价值标准，更严格要求自己，更严守组织纪律。在处理难题的过程中，要学习思考，善于创新，增加破解难题的方法。与其他同学一起，发挥团队合作效力，力求更快、更高、更强地完成学习和工作任务，为自己的人生积淀智慧，为明天的振翼高飞而不懈努力。我相信在良好的学习环境和工作气氛的影响下，我的付出，必能让我飞得更高、飞得更远。

【点评】该文能较全面地总结出一位大二学生的见习工作、学习、生活情况，尤其是对见习工作的总结能从烦琐、平凡中找出规律，从肤浅的感性认识上升到系统深刻的理论层面，能发挥出总结“认识成绩与不足”及“团结同事、推动工作”的作用。通过总结来找出经验与教训，思索今后的努力方向，成为以后工作学习的宝贵财富。其中对规律的总结贴切、工整，文章层次分明、形式美观，思想健康、语言流畅，富有内涵。但文章表述的学生腔痕迹仍存在，内容不够全面，对学习生活的总结偏少，若能增加一至两条对学习、生活规律的提炼，将是一篇很完整的好文章。

思考与练习

一、判断题

1. 计划的目标不能留有余地，制订了就要坚决执行。（　　）

2. 计划的实质是对理想、目标的具体化。（　　）

3. 计划虽不是正式公文，但一经机关会议通过和批准，就具有正式文件的效能，在它所管辖的范围内，就具有权威性和约束力。（　　）

4. 综合总结是对某一阶段各项工作的全面回顾、分析和评价。（　　）

5. 专题经验总结的内容一般不包括存在的问题或教训。（　　）

6. 总结的结构方法有横式结构、纵式结构等，但两者在一篇总结中不能同时出现。（　　）

二、改错题：请修改以下标题

1. ××省经济和社会发展五年计划

2. ××大学二○○六年教学工作规划

3. ××公司关于第一季度销售计划

4. ××大学 2009 年上半年总结

5. 学生管理总结—2009 年

6. 团支部工作总结（××大学）

三、写作题

1. 用条文式写一份新学期学习计划。

要求：结合个人实际；突出重点、主次分明；目标明确、步骤具体。

2. 请你以宿舍长的身份，写一份宿舍管理工作总结。

要求：真实反映本宿舍管理的工作实际，提炼出规律性的工作内容；字数在 1000 字左右。

启事、条据

一、启事

（一）启事的含义

启事是机关、团体、企业或个人利用电视电台、广播、书刊、互联网、公共场合等各种传播媒介公开说明并希望公众予以协助办理、帮助、参与的文字材料，具有传递信息的作用。

（二）启事的种类

按照具体内容，启事可分为以下三类：

1. 征召启事

征召启事包括招生、招聘、征稿、征订、招领等启事。

【例文 1】

四川电视台卫星节目栏目片头美术设计征稿启事

四川电视台卫星节目正处于前期试运行阶段，近期将正式播出。正式播出的四川电视台卫星节目是一套崭新的综合性节目体系，每天滚动播出 18 个小时。为了构成一流的节目形象，特面向社会征集下列栏目的片头美术设计：

1. 《四川新闻》，要求在运动中体现出气势，新颖、庄重、大方，有四川特色。
2. 《TV 少年宫》，要求朝气蓬勃、天真活泼、生动明快，适合少儿心理和情趣。
3. 《经济广角》，要求新颖活泼，充分体现当代经济生活的丰富多样性。
4. 《综艺大看台》，要求具有文化、艺术、体育综合栏目的大视角，多姿多彩，富于变化和动感。
5. 《星空剧场》、《银河剧院》，要求典雅华丽，充分体现影视剧栏目和卫星传输大剧场的特点。

以上每个栏目片头时间长度约 10 秒，设计稿应包括文字创意、图案设计和图案运动变化说明。可提供全部或单片头设计。对投稿单位或个人将赠予纪念品，中选稿件除在节目正式播出的一段时间内注明作者外，还将给予酬谢。来稿请寄：四川电视台卫星节目组张元收，邮编：610015。征稿截止日期为 2009 年 2 月 3 日。

【点评】这是一则征召启事，由标题、正文两部分组成，省略了落款。标题由主办单位、事由和文种三个部分共同构成；正文首先写明征稿的缘由、目的，便于读者充分认识并积极参与此次征稿活动，接下来根据不同栏目分条列出征稿的具体要求，最后在文末注明评选稿件的具体方法和奖励情况等，并对投递稿件的具体方法及截稿时间进行了交代。由于在标题中已经显示了主办单位，故此文省略了落款。全文结构完整，内容明确。

2. 寻找启事

寻找启事包括寻人、寻物等启事。

【例文2】

寻人启事

王光桃，女，36岁，于2009年3月3日走失，身高1.58米，走失时身穿绿色羽绒服、黑色裤子、棕色皮鞋。家人非常着急，母亲病重，盼望速归。如见本人者，请速与焦先生联系，必有重谢。

联系人电话：××××××

【点评】这是一则寻人启事。行文诚恳有礼，详细交代了人物的外貌、衣着特征及走失时间，并写明了联系电话，但未交代人物走失的地点，信息不足。

3. 告知启事

告知启事包括遗失、竞赛、开业、更名和作废等启事。

【例文3】

富尔马纤姿娇瘦身美容中心开业启事

女士们：

富尔马纤姿娇瘦身美容中心定于2008年3月8日开业。本中心在本市首家推出风靡日本、欧洲的全电脑减肥、丰胸方法，不吃药、不打针，无任何副作用，并可局部减肥。

当日包卡有礼品赠送，并免费洗面、减肥、丰胸，热情欢迎广大顾客惠顾。

地址：××市××路××号

电话：××××××

富尔马纤姿娇瘦身美容中心

2008年3月5日

【点评】这是一则开业启事。正文首先写明开业的具体时间；其次说明了开业的具体经营范围、服务项目等，并介绍了优惠服务项目；最后盛情邀请顾客惠顾，并清楚地表明了开业的地点和联系方式。信息完整，起到了很好的宣传作用。

（三）启事的特点

（1）公开性。“启”即“说明”，故启事具有典型的公开性。

（2）广泛性。启事内容、用途广泛，凡是需要公众知道、求人协助办理的一般事项均可用启事，单位、个人、公事、私事都可以使用。

（3）灵活性。启事内容灵活多样，无严格格式要求，其传播方式也不拘一格。

（4）实用性。启事不宜长篇大论，以实用为原则。

（四）启事的格式和写法

启事由标题、正文和落款三部分组成。

1. 标题

启事标题的写法灵活，可直接表明文种，也可写清启事的内容，如“更换商标启事”、“征稿启事”等，甚至可以省略文种，只标明事项，如“招生”、“寻人”等。

2. 正文

启事正文的写法同样比较灵活，其篇幅和具体结构则视启事的内容而定。事项必须写得清晰明白，复杂的启事可分条列项进行说明，结尾往往写明告启人的要求、希望或某种承诺，也可省略结尾。

3. 落款

落款包括署名和日期，写在正文右下方，有时也可以省略。

二、条据

（一）条据的含义

条据是人们在日常工作和学习中处理临时性事务而使用的各种非正式凭证，是最常见、最简单的应用文。

（二）条据的类型

根据其作用，条据可分为说明性条据和凭证性条据两类。

1. 说明性条据

说明性条据指为说明事实、陈述或交代事情而传递信息、道明原委的条据，包括请假条、留言条等。

【例文 1】

××小姐：

我们单位定于明天上午邀请瑜伽大师张洪做健康瑜伽报告。现托小王带入场券一张，欢迎你来听听。

×××即日

【点评】 这是一则留言条，又称便条，像书信一样，分为称呼、正文、落款三个部分，省略标题，正文三言两语，把事说清即可，语言风格也相对随意。

【例文 2】

请假条

尊敬的老师：

您好！我是 2006 级电子商务专业 1 班的学生，因为奶奶急病需要赶回家中探望，特向您请假三天，请假时间为 2009 年 3 月 8 日至 2009 年 3 月 10 日。请假期间有效联系方式：××××××。

本人保证往返途中的个人人身和财产安全，在不耽误学习课程和任何集体活动的前提下，恳请您批准，谢谢！

张钦

2009 年 3 月 7 日

【点评】 这则请假条清晰地交代了请假的缘由、起止时间、请假期间的联系方式，并做出了自己的承诺，以“恳请”及“谢谢”的祝颂语结尾以示尊敬和礼貌，正文结束后署名、注明日期。内容完整，言辞恳切，实用性很强。

2. 凭证性条据

凭证性条据指为证明某一事实或契约而出具的条据，如借条、领条、收条、欠条、发条等。

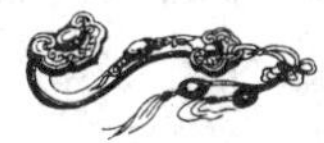

【例文3】

今借到

后勤处全新扫帚伍把、拖把贰个、塑料卫生桶叁只，两天后归还。

文秘08级1班
经手人：王盛
2009年5月10日

【点评】这是一则个人以单位名义写的借据。语言简洁、明确，标题以“今借到”表明条据类型，正文言简意赅地表明从哪里借的、借的什么、数量多少、新旧程度如何，并注明归还时间，充分体现了条据的便利性和凭证性。正文结束后，经手人签名，并署上日期。

【例文4】

今收到

管理系营销072班班长王清芳送来全班同学共同捐赠的“关爱留守儿童”活动经费伍佰圆整。

××职业学院白鸽志愿者协会（盖章）
经手人：王国锐
2008年3月1日

【点评】收条要求将所收到的物品、钱款的具体数目以及物品的大小规格式样等一一说明，同时还要写清是从哪里收的。此则收条将这些内容一一写明，钱款数目采用了大写，落款处不仅有单位名称，还有经手人签名，并注明了日期，是一则言简意赅、结构内容完整的收条。

（三）条据的特点

条据最大的一个特点就是其便利性，满足人们在日常工作和学习中处理临时性事务的需求，最常见、最实用，写和看都很便利。语言的准确、明确、简洁是条据写作最大的要求，千万不要闪烁其词、有歧义，尤其是经济性质的凭证性条据，关系到当事人的切身利益，因此一定要写得准确、严密、完备。

（四）条据的格式和写法

条据由标题、正文和落款三部分组成。

1. 标题

条据标题简单，居于正文上正中，只需简单标明条据的性质，如“请假条”、“借条”、“发条”等，也可省略。

2. 正文

条据正文需写明事由或事实，若涉及金额必须大写，以防涂改，数字前不留空白，写对方单位名称要用全称，物品描述要清楚，包括名称、规格、数量等。

3. 落款

落款在条据的右下方，写明所在单位的名称和经手人姓名（盖章）以及写条据时的年、月、日，一般的借条、收条，只由借或收的人签名就可以，但如果涉及重要物品，则需双方签字。

思考与练习

一、选择题

1. 下列条据类事务文不属于“条”的是（　　）。

A. 留言条　　B. 欠条　　C. 请假条　　D. 便条

2. 华兴超市缺两名年轻的女营业员，准备拟一则“启事”，其标题应该是(　　)。

A. “应聘启事”　B. “招聘启事”　C. “应招启事”　D. “应征启事”

二、改错题

招聘启事

因工作需要，我社急需招聘业余编辑一名，须文秘专业学生，性别不限，男女均可，懂电脑操作者优先。有意者请与文学社外联部张泽文同学联系。

此致

敬礼

粤北学院从思文学社

2008 年 6 月 20 日

三、写作题

1. 请依照下列提示写一则遗失启事，要求格式正确、语句简明通顺。

（1）遗失物品：文件夹；（2）遗失时间：2009 年 3 月 19 日上午；（3）遗失地点：广州天河公园烧烤场；（4）物品特征：自定，至少写出三个特征。

2. “十一”快到了，海河职业学院决定在全校发起一次“歌颂祖国”的征文活动，请你以该校学生会的名义写一份《“歌颂祖国”征文启事》。要写清楚这次征文活动的目的、要求、做法，格式要正确，字数在 150 左右。

演讲稿

一、演讲稿的含义

演讲稿，也叫演讲辞、演说辞，是演讲者为了在公共场合演讲而事先写的书面材料。演讲稿是进行演讲的依据，可以帮助演讲者整理演讲思路、规范演讲语言、提示演讲内容，从而提高演讲水平，使演讲更精彩，更能打动听众。

二、演讲稿的分类

（1）按照演讲的内容、性质划分，有政治演讲稿、学术演讲稿、社会生活演讲稿等。

（2）按照演讲稿使用场合划分，有比赛演讲稿、竞聘演讲稿、事迹报告稿、典礼发言稿、开幕词、闭幕词、欢迎词、欢送词、论辩词等。

（3）按照演讲稿的表达方式划分，有以叙述为主的演讲稿、以议论为主的演讲稿和以抒情为主的演讲稿等。

三、演讲稿的特点

（1）针对性。演讲稿应根据不同的听众，有针对性地写作，包括确定主题、选择材料、拟定题目等。

（2）口语化。演讲稿的语言是要口头表达出来的，因此不能过于书面化，要适合口语表达的特点。

（3）现场性。演讲稿在写作时要有预见性地与现场的情形相结合。

（4）鼓动性。它是演讲稿最典型的特点，在写作时应力求达到鼓动他人的效果。

四、演讲稿的基本格式和写法

演讲稿的结构可分为标题、称谓、开头、主体和结尾五部分。

（一）标题

标题的写作形式很多，常见的有以下几种：

（1）概括式。用标题概括演讲的基本内容，把演讲内容的核心简明地提示出来。如：《人总是要有点精神的》、《没有金钱并非“万万不能”》。

（2）设问式。即通过设问，提示演讲所涉及的内容，而演讲内容则是对标题设问的回答。如：《人生的价值何在》、《我们应该怎样爱孩子》。

（3）鼓动式。常用祈使句点明演讲目的，号召听众行动起来。如：《天下兴亡，匹夫有责》、《有志者事竟成》。

（4）象征式。即运用比喻或象征等修辞手法，把抽象的哲理或某种特殊意义具体化、形象化，从而深入浅出地揭示主题。如：《扬起生命的风帆》、《托起新世纪的彩虹》。

（5）抒情式。即抒发情感，以情感人，具有浓烈的感情色彩。如：《我爱长城，我爱中华》、《党啊，亲爱的妈妈》。

（二）称谓

称谓，即对听众的称呼，如“各位老师、同学们”、“女士们、先生们”等。

（三）开头

演讲的开头又叫开场白，是演讲者在演讲开头时的引言。开场白对演讲有双重作用，一是揭示演讲的主题，诱发听众的浓厚兴趣，赢得听众的好感；二是为整个演讲创造一个适宜的气氛，为全篇演讲定下基调。所以，出色的演讲者，总是以他特有的风度、洪亮的声音、新奇的内容、精妙的语言，一开头就力图抓住所有听众的心。

根据演讲的规律和实践经验的总结，演讲稿开头的类型主要有以下几种：

1. 开门见山式

即在开头直接说明演讲主题。1941 年李卜克内西《在德国国会上反对军事拨款的声明》开头就说：“我投票反对这项提案，理由如下。”

2. 提问式

一上台便向听众提出一个或几个问题，引起听众的思考，以此引出演讲主题。听众带着问题听讲，将大大增加他们对演讲内容认识的深度和广度。如题为《讲真话》的演讲稿：“同志们，首先请允许我冒昧地提个问题：在座的各位都讲真话吗……”；著名演讲家曲啸在题为《人生·理想·追求》演讲稿中的开头：“一个人应该怎样对待自己青春的时光呢？我想在这里同大家谈谈我的情况。”

应该注意：提出的问题应紧紧围绕中心、富有趣味、发人深省，如果过于平淡，反而会弄巧成拙，失去这种开场白的优势。

3. 名人名言式

格言、谚语、诗词名句、名人名言等，具有思想深邃和语言优美的特点，具有广泛的群众基础，若能适当运用作为开头以增强演讲的说服力，可以收到较好的效果。如《走自己的路》演讲稿的开头：“路漫漫其修远兮，吾将上下而求索。”

应该注意：在引用名言时，要让听众有回味、咀嚼的余地。哲理性要强，但不要太深奥莫测，甚至晦涩难懂，应当注意语言的通俗性。

4. 新闻式

以一条引人注目的新闻开头，来引起全场听众的高度注意。如演讲稿《文明古国的悲哀》的开头为：“据一家国家级的报纸报道：在国外，几乎所有国家的公共场所都专门贴有用中文写的告示牌——请不要随地吐痰和乱扔果皮、纸屑。朋友们，这并非是一件正常的小事，而是对号称文明古国的子孙们的一种讽刺。”

这种新闻式开头要求，新闻首先必须真实可靠，切不可故弄玄虚，否则会引起听众的反感；其次内容要新，不能是过时的“旧闻”。

5. 现场引入式

从现场活动说起，引出演讲主题。灵机应变的、机智巧妙的、信手拈来的现场引入式开头，可以缩短演讲者与听众的距离，增强演讲的形象性和感染力。

一次，一名女性演讲者在观众的掌声中款款走上讲台，一不小心，在台边摔倒，观众大惊。演讲者站起后，不慌不忙地走到话筒前，开口说的第一句是：“谢谢大家，我刚才是被大家的掌声所倾倒了。”话音未落，掌声雷动。

除以上几种外，演讲稿的开头形式还有很多，有背景介绍式、设置情景式、幽默式、赞扬式以及综合式等。但无论用何种方式开头，都要在内容上力求有新意，能给人耳目一新之感；在形式上力求巧趣、别致、新奇，能像磁铁般吸引住听众的注意力。

同时，开头要避免使用谦虚过度的谦词。“我水平有限，有许多不对的地方”、“我没有准备好”、“我在这里班门弄斧，请各位原谅”等这类语言，容易使听众产生逆反心理，引起听众的反感。同时，也要避免自我吹嘘式的开头，这也会造成听众的反感。

（四）主体

演讲活动涉及的范围很广，所以演讲稿主体的结构形式有很多，难以一概而论，这里介绍几种常见的结构形式。

1. 并列式

即把演讲内容分成并列的几个部分，如演讲稿《书——开启人类智慧大门的金钥匙》主体部分分为“藏书，我比较求多”、“读书，我比较求博”、“写书，我比较求精”、“用书，我比较求活”四个并列的层次充分论证了主题。

2. 递进式

即几个层次之间是一种层层递进、层层深化的关系，如演讲稿《美好的生活从少生开始》开头提出观点“美好的生活从少生开始”，主体部分先举例批驳“我国地大物博，物产丰富，犯得着计划生育”的错误观点；然后分析“控制人口增长，有利于经济发展”；再提出要“晚婚晚育”、“少生优育”。先提出问题，再分析问题，然后提出解决问题的措施，层层深化地论证了观点。

3. 时间顺序式

即按照时间先后安排内容，夹叙夹议。如温家宝总理2003年12月10日在美国哈佛大学的演讲《把目光投向中国》主体部分由“昨天的中国，是一个古老并创造了灿烂文明的大国”、“今天的中国，是一个改革开放与和平崛起的大国”、“明天的中国，是一个热爱和平和充满希望的大国”三部分构成，按照时间顺序向美国大学生介绍了中国的历史、现状和未来。

（五）结尾

拿破仑说过：“兵家成败决定在于最后五分钟。”同理，演讲的成败在一定程度上也取决于演讲的结尾。这是因为，如果演讲的开头和高潮都很精彩，再加上一个出人意料、耐人寻味的好结尾，那么，就如同锦上添花，会给听众带来一种精神上的愉快和满足。相反，如果演讲者设计和安排的结尾没有新意而贫乏无力，没有激起波澜而陈旧庸俗、索然无味，那就会使听众深感遗憾，失望而去。因此，演讲的结尾要比开头和主体部分要求更高，内容要更有深度，语言要更有力度，方法要更巧妙，效果要更耐人寻味。可见，演讲的结尾是走向成功的最后一步，在整个演讲中起着不可忽视的重要作用。

演讲稿的结尾有以下几种常见形式：

1. 总结全文式

即以总结归纳的方式结尾。这种结尾用极其精练的语言，对演讲内容和思想观点作一个高度概括性的总结，以起到突出中心、强化主题、首尾呼应、画龙点睛的作用。如演讲稿《永照华夏的太阳》的结尾：

我们是从哥白尼日心说中认识太阳的，我们又是从历史的迁徙中认识中国共产党的。八十年过去了，八十年斗转星移、日月变迁。太阳的辐射仍依托马列主义的热核放出它巨大的能量，从而去凝聚着属于它普照的民族和人民。月亮离不开地球，地球离不开太阳，人民离不开党。祖国的未来，中华的腾飞，需要中国共产党的领导，党就是永照华夏的太阳，也就是我们心中的太阳。

这个结尾高屋建瓴、总揽全篇，巧妙地从自然界的太阳与华夏儿女心中的太阳的对比中，总结归纳出了“地球离不开太阳，人民离不开党”的结论，字里行间流露出对太阳的希望与向往，对共产党的歌颂与赞扬，给听众留下了深刻的印象。

2. 鼓动听众式

即在结尾提出希望或号召，以饱满的激情鼓动听众。如演讲稿《一位纪委书记的“小家”和“大家”》的结尾：

同志们，朋友们，我们正处在一个伟大变革的黄金时代，经济的发展，国家的富强，民族的振兴，需要全体人民的艰苦奋斗，特别是共产党人的模范带头作用。如果每一个共产党员都能正确处理好“小家”和“大家”的关系，严格地按党性原则要求自己，用党的纪律约束自己，用党旗下那神圣的誓言激励自己，那么我们党的形象将会更加光彩照人，我们党将会更加坚强伟大！

这种结尾的方式是演讲者用深刻的认识和独到的见解向听众提希望、发号召，能使听众精神为之一振，具有动人情、促人行的作用。

3. 抒情式

即以抒情怀、发感慨的方式结尾。演讲本身是一种思想和激情的燃烧，用抒情怀、发感慨的诗情画意的语言结尾，最易激起听众心中感情的浪花。如演讲稿《奉献之歌》的结尾：

啊！奉献，这支朴实的歌，这支壮烈的歌，这支深远的歌，这支永远属于母亲——我们的祖国的歌，让我们每一个中华儿女都来唱这支歌吧！

这个结尾，感慨万千、诗意浓浓、情真意切、情理俱在，给听众以极大的鼓舞和力量。

4. 表态式

即在结尾进一步表明自己的态度和决心。这种结尾感情饱满、态度鲜明、激情奔放，有助于坚定听众的信念，增加演讲的感召力。如演讲稿《无愧于伟大的时代》的结尾：

同学们，让我们高举起“五四”的火炬，弘扬民主与科学的精神，把爱国之情，报国之志化为效国之行，用我们的热血和汗水、青春和智慧，甚至是生命，向我们的先辈和后代，向我们的祖国和民族呐喊：我们将无愧于伟大的时代，无愧为中华民族炎黄子孙！我们将无愧为跨世纪的中国人！谢谢！

这种结尾言简意赅、语言真切，充分表达了演讲者鲜明的立场和坚定的决心，从而有力地鼓舞着广大听众朝着这一目标奋进。

5. 名言式

即用哲理名言、警句作结尾。这种结尾方式，是通过引用名言、警句、谚语、格言、诗句等作为结尾，这样不仅使语言表达得精炼、生动、富有节奏和韵律，而且还可以使演讲的内容丰富充实，具有启发性和感染力，同时还可以给人一种生动活泼、别开生面之感。如演讲稿《谈毅力》的结尾：

毅力是攀登智慧高峰的手杖；毅力是漂越苦海的舟楫；毅力是理想的春雨催出的鲜花。朋友，或许你正在向成功努力，那么，运用你的毅力吧。这法宝可以推动你不断地前进，可以扶持你度过一切苦难。记住：顽强的毅力可以征服世界上任何一座高峰！(狄更斯语)

用名言式结尾，能给演讲者的思想提供有力的证明，增加演讲的可信度，显得更加优美、含蓄、睿智、大气，具有较强的说服力和鼓舞作用。

【例文】

带着责任和梦想飞翔

清华大学航空专业　谢军虎

歌德曾说：我们之所以永远双手向上，并非一定要摘到那最美丽的星辰，只是为了保持一种向上的姿势。

尊敬的各位领导、老师，亲爱的同学们：

大家好！我是来自航空六班的谢军虎，今天我演讲的题目是《带着责任和梦想飞翔》。

十年前，我们稚气未脱，在书桌刻下“为中华崛起而读书”；

十年后，我们朝气蓬勃，在心底铭记“航空报国，强军富民”！

十年前的彼时，有我们美好的梦想；

十年后的此刻，有我们峥嵘的辉煌！

2004年8月，一批“航空定向生”走进了清华，风雨90余年的清华园里，历史上第一次出现了航空定向生的身影。

三年前，作为航空定向生，我们怀揣梦想，来到清华，组成了清华大学航空六班这个集体。行走在青春洋溢的清华学子中，航空定向生无疑是一道亮丽的风景：坚定而匆匆的步履，自豪的神情，自信的微笑。我们是一群与普通同学一样的清华人，有着一样的梦想、一样的情怀。然而，选择了军事工业，选择了航空报国，也就是选择了比同龄人更多的付出、更大的责任。我曾对父母说过，今天我选择清华，选择远离故土，到一个崭新的世界，去追寻自己的梦。或许我会遇到很多困难，但是有一

天——总有一天我会回来，坚定地告诉你们，我已经成长为祖国航空工业战线上的一名战士，我将要把我的青春、我的热血、我的全部生命都献给我的祖国，今生今世，矢志不渝！

三年后的今天，未谙世事的懵懂少年已经成长为满怀报国之志的热血青年。圆梦清华，我们难忘荷塘边的书声琅琅。站在人生新的起航线上，我们微笑依然，坚定如初。当初我们从五湖四海走来，现在却即将奔赴全国各地。地处“三线”的航空企业、工厂、研究所都将有我们奋斗的身影。那里，没有大都市的喧嚣，却有我们甘愿寂寞的坚守。秉持“修身、兴企、报国、富天下”的人生理想，响应“入主流，立大志，上大舞台，成大事业”的就业号召，我们既然坚定地选择了航空事业这个舞台，就必将踏踏实实地走下去。

在航空六班这个集体，我们有太多的故事可以诉说。稳居航天航空学院年级前茅的杨宇同学，放弃了在清华读研的机会，选择了到成都飞机设计研究所读研和工作；连续三年获得学校重要奖学金，学习成绩和社会工作同样出色的姜曦灼，奔赴沈阳，追逐自己航空发动机总工的梦想；高鹏，三年持续不断的努力，赢得全班同学的认可，素质测评排名第一，却回到成都，投身成都飞机工业集团公司，实现“忠孝两全”的夙愿；汪建翔，放弃了本校读研的机会，选择了南京机电液压工程研究中心，在航空体系，那里不是主机所，但他对自己立下军令状：哪怕拧螺丝钉，也要做到极致……“一枝独放不是春，万紫千红春满园”，航空六班这些闪耀的灵魂，构筑了这个集体的优秀和奉献。而唯有集体的奉献，才能推动一项事业的进步！

一年又一年，多少年轻的定向生带着梦想、带着骄傲走进清华园；一年又一年，清华驯服了那些躁动不安的青春的灵魂，把他们打磨成军工事业的栋梁，撑起了中国崛起的希望。亲爱的同学们，我们处在这样一个时代，有这样一个机会，有这样一份责任。责任就是对自己所负使命的忠诚与坚守，它来源于对祖国深刻的了解和对人民深沉的爱，正如温总理所说：“什么能使你们的心灵永远明亮而不致后悔呢？那就是你们的理想、信念，把自己的一生献给人民——这就像一盏明灯，永远在你们心里点燃，而且照亮你前进的方向，永不退缩。”

“十年砥砺，大器承乾坤；呕心铸剑，肝胆照昆仑。”我想，作为清华的定向生，我们需要有仰望星空的勇气，同样也需要有俯视大地的踏实。我们年轻，恰同学少年，风华正茂，更要挥洒汗水，放飞理想，播撒绮梦，兑现诺言，“且持梦笔书奇景，日破云涛万里红”。

伟大的事业需要伟大的精神，伟大的精神推动伟大的事业不断前进。吴大观、钱学森等前辈的先进事迹，极大地激发了航空人航空报国的豪情壮志。作为清华大学的航空定向生，我们必须肩负起振兴祖国航空工业的历史使命，以航空工业发展为己任，坚定理想信念，永葆进取激情，永葆创新锐气，就一定能够把我国发展成为航空工业强国。

我知道，没有哪一个人能够单独完成历史的使命，但是茫茫大漠，一棵树站起来，是一座丰碑；巍巍青山，千万棵树站起来，是一道长城；悠悠河岸，所有树站起来，是一条蛟龙！今天我们已经站在这年轻的战场，明朝将要走向那挑战的远方，梦在前方，路在脚下，把握现在，成就未来！

最后我用一首《出征》来结束我今天的演讲：“久怀拳拳报国志，十载寒窗今扬帆。挥斥方遒书生意，高屋富贾若等闲。兴国强兵巨龙腾，魑魅魍魉肝胆寒。旌旗飘扬八千里，映我丹心一万年。”

【点评】此文为谢军虎同学在2009年度清华大学“激情定向，壮志报国”演讲比赛中的演讲稿，获得了第二名的好成绩。在此文中他引经据典、论证充分，情感真挚、饱满。尤其难能可贵的是他能从自身实际行动出发，而不讲空话、套话，非常具有说服力。

思考与练习

一、谈谈你对以下开场白的看法。

1. 我水平有限，有许多不对的地方。

2. 我在这里班门弄斧，请各位原谅。

3. 同志们，这几天实在太忙，始终抽不出时间，加上身体欠安，恐怕讲不好，请大家原谅。

二、谈谈你对以下结束语的看法。

1. 郭沫若在《科学的春天》中是这样结尾的："春天刚刚过去，清明即将来临。'日出江花红似火，春来江水绿如蓝'。这是革命的春天，这是人民的春天，这是科学的春天！让我们张开双臂，热烈拥抱这个科学的春天吧！"

2. 美国独立战争前夕，斐特瑞克·亨利在弗吉尼亚议会上发表演说，最后他激动地说："在这场斗争中，我不知道别人会如何行事，至于我，不自由，毋宁死！"听了他的演讲，议员们群情激愤，立刻站起来高喊"拿起武器！"从此以后，这句充满激情的、富有鼓动性的话，竟成为一句激励人们斗志的战斗口号。

三、写作题

1. 请你写一则主题为"时间与人生"的演讲稿，要求使用提问式或名人名言式开头。

2. 请你为"你为明天准备了什么"演讲比赛写一篇演讲稿。

策划书

一、策划书的含义

策划书是目标规划的文字书，是实现目标的指路灯。撰写策划书就是用现有的知识开发想象力，以在可以得到资源的现实中尽可能最快地达到目标。

二、策划书的分类

根据内容，策划书一般分为商业策划书、创业策划书、广告策划书、活动策划书、营销策划书、项目策划书、婚礼策划书等。

三、策划书的写作要求

因为要做出详细的预案，所以策划书的写作需要全面、细致、周全的考虑，不可有半点疏忽与遗漏。这对策划书的制作者提出了相当高的要求。在制作策划书时，必须对所策划的对象有详尽的掌握，对所策划的活动紧紧围绕其预期的目标进行细化、分解，能够统筹安排所涉及的各个环节和可能碰到的各种不确定因素。

但是在策划书中，为了让评审者或执行者能够准确地把握其精髓，策划内容必须简单明了且具体。如在活动方案的策划中，不能用一些似是而非的表达方式，如“如果”、“可能”、“大概”、“也许”之类，而应该在对行动方案的描述中，采用肯定式的、尽可能精确的表达方式。在对策划效果预测的描述中，既不能好高骛远，做出不切实际的估计，也不能过于谨慎，把目标设定得过低，而应该实事求是。因为策划书是对未执行的活动或行动的预期，因此，必须充分考虑到各种因素的制约。在不同的情况下，可以考虑准备第二方案甚至第三方案。这样，就使以后的决策者和执行者在面临新情况、新问题时有选择的余地。

另外，策划书的写作还需注意要突出重点，不要面面俱到。在策划书中，事无巨细地罗列细节有时会造成淹没主旨的不良后果。这会使审查者和执行者产生不知所云的印象，从而使策划书缺乏执行力。一份优秀的策划书一定不可贪心，应该浓缩具体的构想，一切与主题无关的都应毫不犹豫地删除。

四、策划书的格式与写法

（一）标题

尽可能具体地写出策划名称，如“×年×月××大学××活动策划书”，置于页面

中央，也可以写出正标题后将此作为副标题写在下面。

（二）活动背景

这部分内容应根据策划书的特点，在基本情况简介、主要执行对象、近期状况、组织部门、活动开展原因、社会影响以及相关目的动机各项中选择重点进行阐述。

（三）活动目的、意义和目标

应用简洁明了的语言将目的要点表述清楚，在陈述目的要点时，该活动的核心构成或策划的独到之处及由此产生的意义（经济效益、社会利益、媒体效应等）都应该明确写出，活动目标要具体化，并要有重要性、可行性、时效性。

（四）资源需要

列出所需人力资源、物力资源，包括使用的地方，如教室或需使用活动中心都详细列出。可以列为已有资源和需要资源两部分。

（五）活动开展

这是策划的正文部分，表现方式应简洁明了，但内容方面又要力求详尽。正文部分不仅局限于用文字表述，也可适当加入统计图表等；对策划的各工作项目，应按照时间的先后顺序排列，也可以绘制实施时间表；人员的组织配置、活动对象、相应权责及时间地点也应在这部分加以说明，执行的应变程序也应加以考虑。

若是校园活动，会场布置、接待室、嘉宾座次、赞助方式、合同协议、媒体支持、校园宣传、广告制作、主持、领导讲话、司仪、会场服务、电子背景、灯光、音响、摄像、信息联络、技术支持、秩序维持、衣着、指挥中心、现场气氛调节、接送车辆、活动后清理人员、合影、餐饮招待、后续联络等方面都是应该考虑到的。

（六）经费预算

活动的各项费用在根据实际情况进行具体、周密的计算后，用清晰明了的形式列出。

（七）活动中应注意的问题及细节

内外环境的变化，不可避免地会给方案的执行带来一些不确定性因素，因此，当环境变化时是否有应变措施、损失的概率是多少、造成的损失多大等也应在策划中加以说明。

（八）活动负责人及主要参与者

注明组织者、参与者姓名、嘉宾、单位（如果是小组策划应注明小组名称、负责人）。

【例文】

庆祝国庆活动策划书

为庆祝新中国成立六十周年，进一步培养大学生的爱国主义热情，更好地弘扬国学传统文化，呼唤人文精神，加强自身修养，从而营造活泼开放的校园文化，经研究决定，在学院内开展以“传承国学，创新未来”为主题的活动，现将有关事宜通知如下：

一、活动目的

21 世纪的新青年是推动科学发展的主要力量。弘扬国学传统、呼唤人文精神、加强素质教育是当前校园文化建设的重要内容。通过本次活动，意在促进传统文化和现代科学发展的有机结合，使五千年的华夏文明内化为学生的人格、情操、气质、修养和职业道德，从而成为促进科学发展的重要因素，推动建设校园文化“人文观”。

二、活动主题

传承国学，创新未来

三、活动时间

2009 年 11 月 15 日—2009 年 11 月 23 日

四、组织机构

主办单位：××管理学院科学发展观学习小组

承办单位：××管理学院学生会办公室

五、活动对象

××管理学院 2009 级各班

六、参赛规则

（分网络部分和现场部分）

（一）网络部分（预赛）

1. 比赛形式：由办公室负责选取试题，制作电子试卷，最终发布到科学发展观学习小组博客 blog. sina. com. cn/wbglxy 上，2009 级各班级在规定的时间内把答案发送到指定电子邮箱。

2. 比赛时间：2009 年 11 月 18 日 17：00—18：00。

3. 比赛结果：最终选取 5 个班级晋级决赛，每班选派 3 个学生，代表班级参加现场竞赛。

（二）现场部分（决赛）

1. 活动时间：2009 年 11 月 23 日 18：30。

2. 活动地点：多媒体 E311（待定）。

3. 活动形式：

（1）参加此次决赛的各班级共 5 支代表队，每支代表队应于 11 月 19 日前将参赛人员的名单上报到××管理学院学生会办公室。

（2）竞赛的题型分为必答题、转答题、风险题三种。

（3）必答题每队必须回答 3 题，每题为 10 分，答对加 10 分，答错不得分，由参赛人员依座次轮流作答，队员不得提示，每题答题时间为 30 秒。

（4）转答题每队为 3 题，由各队轮流坐庄，指定其他参赛队员答题，队员可以互相补充答案。每题为 20 分，答对加 20 分，答错减 20 分，每题答题时间为 60 秒。

（5）风险题每队为 1 题，在所有风险题中选择一题回答，题目分值为 30 分、40 分、50 分，选择时只报题号即可，答对得相应分值，答错扣相应分值，每题答题时间为 60 秒。

（6）为求公正，各参赛队伍在比赛现场以抽签的形式决定座次，答题的顺序按抽签的结果进行。各类题目用信封装好并封口，待抽签后，主持人宣布比赛正式开始时才可以拆开。

4. 比赛纪律：

（1）回答必答题及风险题时，只有在主持人宣布“请回答”或“开始”时才可以起立回答，否则视为无效；

（2）选手回答问题必须起立，答完题应说“答题完毕”，不可再作补充；

（3）各参赛队伍必须服从评委及主持人的一切评判和指挥，严禁在现场发生争执以及出现影响比赛正常进行的行为，否则将对违纪参赛队伍进行考核并取消比赛资格和成绩；

(4) 比赛时，除参赛队队员之间可以代替队员回答和给予提示外，其他人员不准作任何提示，一经发现将取消该题的答题成绩，并对相关人员予以警告，勒令离场；

(5) 如出现参赛队伍比分相同的情况，则采取加赛的形式，决出优胜者。准备加赛题10题，在最终比分相同时供排名使用，加赛题每题20分，答对加20分，答错则给对方加20分。

七、奖项评选

本次比赛共评选冠军、亚军、季军各一名，并颁发荣誉证书及相关奖品。获奖班级及相关信息将在《声音》杂志和科学发展观学习小组博客上发表、公布。

各小组、团支部、有关部门要高度重视，各班主任要做好辅助工作，提高认识，统一思想，积极动员，精心组织，制订出切实可行的方案，务求各项工作取得实效，使这项活动取得圆满成功，为祖国六十华诞献礼！同时借这次竞赛的机会，把学国学活动深入持久地开展下去，在学院营造“传承国学，创新未来”的文明新风尚。

【点评】此策划书结构完整，条理清晰，活动目的明确，主题高雅，比赛规则清楚可行，是一份高水平的策划书。

思考与练习

一、判断题

1. 策划书即工作计划书，应按计划的方法进行写作。(　　)

2. 策划书分为商业策划书、广告策划书、活动策划书三类。(　　)

3. 为使策划书得到充分的表达，应将策划书写得周到全面，尽可能罗列所有细节。(　　)

4. 策划书应作出经费预算，活动的各项费用在根据实际情况进行具体、周密的计算后，用清晰明了的形式列出。(　　)

二、思考题

什么是策划书？策划书有哪些写作要求？

三、写作题

请你以系学生会的名义，写一份迎接新生文娱晚会的活动策划书。

简历、求职信

一、简历

（一）简历的含义

简历是将自己个人信息经过分析整理并清晰简要地表述出来以明示自己的经历、经验、技能、成果的书面资料。

（二）简历的分类

从格式上来分，简历大致可以分为以下几类：

1. 时序型格式

时序型格式是以渐进的顺序罗列求职者曾就职的职位，从最近的职位开始，然后再回溯。许多职业指导和招聘专家认为时序型格式是简历格式的首要选择，因为这种格式能够演示出持续和向上的职业成长全过程。它是通过强调工作经历实现这一点的。区分时序型格式与其他类型格式的一个重要特点就是在罗列出的每一项职位下，要说明工作责任、该职位所需要的技能以及最关键的、突出的成就。关注的焦点在于时间、工作持续期、成长与进步以及成就。

2. 功能型格式

功能型格式是在简历的一开始就强调技能、能力、资信、资质以及成就，但并不是把这些内容与某个特定雇主联系在一起。职务、在职时间和工作经历不作为重点，以便突出强化个人的资质。这种类型的格式关注的焦点完全在于求职者所做的事情，而不在于这些事情是在什么时候和什么地方做的。

功能型格式的问题在于一些招聘人员不喜欢它。人们似乎默认这种类型的格式是为那些存在问题的求职者所用的：频繁跳槽者、大龄工人、改变职业者、有就业记录空白或者存在学术性技能缺陷的人以及经验不足者。一些招聘人员认为，如果求职者没有以时序方式列出他的工作经历，那么其中必有原因，而且这种原因值得深究。

3. 综合型格式

这种格式提供了最佳选择——首先扼要地介绍求职者的市场价值（功能型格式），随即列出求职者的工作经历（时序型格式）。这种强有力的表达方式首先迎合了招聘的准则和要求——推销资产、重要的资信和资质，并且通过专门凸现能够满足潜在行业和雇主需要的工作经历来加以支持。而随后的工作经历部分则提供了曾就职的每项职位的准确信息，直接支持了功能部分的内容。

这种综合型格式很受招聘机构的欢迎。事实上，它既强化了时序型格式的功能，又避免了使用功能型格式而招致的怀疑。当功能部分信息充实，有雇主感兴趣的材料而且

工作经历部分的内容又能够强有力地作为佐证加以支持时，尤为如此。

4. 履历型格式

履历型格式的使用者绝大多数是专业技术人员或者那些应聘的职位仅仅需要罗列出能够表现求职者价值的资信。如医生就是使用履历型格式的典型职业。在履历型格式中无需其他，只要罗列出求职者的资信情况，如就读的医学院、住院实习情况、实习期、专业组织成员资格、就职的医院、公开演讲场合以及发表的著作。换句话说，资信说明一切。

5. 图谱型格式

图谱型格式是一种与传统格式截然不同的简历格式。传统的简历写作只需要运用左脑，思路限定于理性、分析、逻辑以及传统的方式。而使用图谱型格式还需要开动右脑（大脑的这一半富于创意、想象力和激情），简历也就更加充满活力。

（三）简历的写作要求

简历的写作需要注意以下几点：

（1）有针对性。要针对职位进行写作，不要模糊个性和长处，如有必要可分别制作针对不同职位的求职简历。

（2）突出优势。要通过突出自己的优势来推销自己，最好把最能展示自己优势的内容放在首页，以求醒目。

（3）客观真实。简历所列内容务必实事求是，不能注水，任何虚假的内容都不要怀着侥幸心理写入简历。

（4）简洁表述。避免使用第一人称，要采用简洁的无主句式表达，尽量使用行为动词，少用形容词等修饰性语言。

（5）格式恰当。不要把求职简历写成烦琐保守的自传书信体或者封闭表格式，宜按内容采用清晰有序的板块列项式。

在简历的写作中要特别避免以下一些错误：

（1）打字或者语法错误。简历的文字需要完全合乎文法，避免出现歧义，避免出现文字上的硬伤。

（2）缺乏细节描述。招聘经理需要详细知道求职者以前都做了些什么，在这个行业有多熟练。有如下两种表述：

①曾在一家餐厅工作；②曾在一家餐厅工作，雇用并培训、督导超过 20 名员工，取得了两百万美元的年销售额。

两者都表述了同样的经历，但是充满重要细节的②却更能吸引招聘经理的眼球。

（3）简历万能化。万能简历遭遇到的大部分结果将是被招聘经理扔进废纸篓，每一个招聘人员都希望求职者专门为他们准备一份简历。

（4）关注责任而不是成绩。只描述所经历职位的职责，而不描述所取得的成绩或不足，使人难以相信在求职者任职期间所作的贡献和所反映的能力。

（5）过长或者太短。过长者容易使招聘经理失去耐心，太短者则容易被认为求职的态度不认真，对目标职位的愿望不强。

（6）求职目标设定粗糙。不容易帮助招聘经理实现岗位匹配，或难以为其设计职位生涯。

(7) 缺乏吸引人的动词。平淡无奇的文章容易使招聘经理产生思维疲劳，或认为能力平庸。

(8) 落掉重要的信息。求职者可能会不愿提起，如曾经在学校里挣到外快的工作。有时候很可能一笔带过这样的经历，但招聘经理却对求职者从这些小事中学到的技能（如工作伦理、时间管理等）非常感兴趣。

(9) 视觉上太花哨或拥挤。如果简历挤得太满，并且用了五种以上的字体，招聘经理一看就会头疼，结局可想而知。

(10) 联系方式错误。如电话号码不完整、未有区号等，以致无法联系。

（四）简历的基本格式及写法

简历基本的结构内容至少应当包括以下三大项：

(1) 个人自然信息，如姓名、地址、邮编、电话、电子信箱等内容。这项内容放在简历第一页的上部，以方便联系。

(2) 接受教育情况。把最高的学历或学位放在最前面，然后依次往前排列。

(3) 工作资历经验。可采取由近及远的顺序安排，也可采取将与所申请职位最相关的内容置前的顺序排列。

上述三大项内容是必须具备的，其他内容如求职意向、知识储备、具体技能、获得荣誉等均可酌情写入简历。

【例文】

黄于佳（Huang Yujia）

北京市海淀区苏州街121号

+861508 - ××× - 0207

求职意向：大型企业人力资源经理

职业总结：

◆3年大型企业人力资源管理工作经验

◆系统掌握现代企业人力资源管理模式

◆在绩效、培训和薪酬管理方面积累了丰富的实践经验

◆国家高级人力资源管理师证书

◆大学英语六级证书

工作经验：

2006.10—至今　北京慧科发展有限公司人力资源主管

◆建立并不断完善公司人力资源管理体系和人事制度

◆制定人力资源工作标准，规范公司招聘、培训和绩效考核流程

2005.7—2006.8 北京云邦工程有限公司人事助理

◆从招聘基础工作做起，对招聘的各个环节都能熟练操作，并提升了沟通能力

◆为公司员工办理各项社会保险和商业保险，熟练掌握社会保险的缴费流程

教育背景：

2002.9—2005.7　北京林业大学　人力资源管理专业　硕士学位

1998.9—2002.7　湖南大学　社会保障专业　学士学位

【点评】本简历简单而具体地展现了求职者最重要的个人信息，以倒叙的方式展示个人的职业经验和受教育水平，重点突出，适应招聘单位因面对大量求职简历精力有限而只关注与所招聘岗位相符的最重要信息的社会现实。

二、求职信

（一）求职信的含义

求职信是求职者写给招聘单位的信函。它与普通的信函没有多少区别，但与朋友间来往的信函又有所不同，也不同于公事公办的公文函。

（二）求职信目的和重要性

求职信是无业、待业或停薪留职者写给用人单位的信，目的是让对方了解自己，相信自己，录用自己，它是一种私人对公并有求于公的信函。

求职信的好与坏，直接影响求职者获取面试的机会。故在正式动笔之前，必须先了解求职信的目的及其重要性，才能撰写出一封漂亮兼具说服力的求职信。求职信起到毛遂自荐的作用，好的求职信可以拉近求职者与人事主管（负责人）之间的距离，多获得一些面试机会。

需要注意的是，它只是一封求职者自荐的推销信，以引起雇主的注意。求职信的用处只是争取一个面试机会，并不能够替求职者立刻找到工作。

（三）求职信的写作要求

1. 态度真诚，摆正位置

写求职信时，首先应该想公司要我来干什么。换句话说，就是不应该写自己需要什么，获得该职位对自己有什么好处，而应该写自己能为公司做些什么。有了这样的态度，才能摆正自己的位置。另外，态度要诚实，言出肺腑，恭敬而不奉承，自信而不自大，切忌自吹自擂、炫耀浮夸，同时虚弱怯懦、缺乏自信也是不可取的。

2. 整洁美观，言简意赅

求职信文字的整洁美观很容易引起用人单位对求职者的好感，相反，如果字迹潦草、龙飞凤舞，则会给用人单位留下不好的印象。现在有很大一部分毕业生的求职信都是用电脑打印出来的，这样显得工整，看起来不费力。但如果求职者的字写得很漂亮，不妨用手工书写，这样能给人以亲切感，同时也向用人单位展示了你的特长。不管是手写还是打印，都应言简意赅。

一般而言，求职信以一页 A4 的纸张为宜。太短则显得没诚意，情况也说不清楚，自然难以引起注意；太长怕招聘经理没有耐性，且可能会引起反感。所以，在写求职信时措辞应反复推敲，以保证用词得当、内容简练完美。

3. 突出个性，有的放矢

求职信的重要目的是吸引用人单位的注意。求职者在开头应尽量避免客套话、空话，要以一句简朴的“您好”开始，直接切入主题。如“从××广告中得知贵单位招聘人才的信息”，这能使招聘经理感到广告起了作用，广告费没白花，心情就会愉快。再如“请接受一名家乡籍在外求学的学子对您的问候!”就会一下子拉近与用人单位的距离。

求职信的核心部分就是有针对性地说清自己胜任该职位工作的条件，所以，在动笔之前要着眼于现实，对应聘单位情况有所了解，以事实与成绩恰如其分、有针对性地介绍和突出自己的特长。求职信要与应聘单位一一对应。目前有许多毕业生制作一份求职信在不同的行业、不同的单位求职，这就失去了针对性。应该根据不同的职业要求对求职信略作修改，在能力、特长方面显示出与该职业的适应性。如应聘三资企业，最好中英文都有，既可自荐又可显示求职者的外语水平。

4. 以情动人，以诚取信

语言有情，不仅有助于交流思想、传递信息，更能打动对方。因此，求职信中应该注意情感因素，让招聘经理看了求职信后会产生好感。如求职单位在求职者的家乡，则可以充分表达为建设家乡而贡献自己聪明才智的志向；如求职单位在贫困地区，就要充分表达为改变贫困地区面貌而奋斗的决心。总之，要设法引起对方的共鸣。

（四）求职信的格式和写法

求职信属于书信范畴，所以其基本格式应当符合书信的一般要求，主要包括称呼、正文、结尾、署名、日期等内容。

1. 称呼

求职信的称呼往往比一般书信的称呼正规一些，在实际书写时要区别对待：如果写给国家机关、事业单位的人事处领导，用“尊敬的××处长（科长）”称呼；如果求职三资企业，则用“尊敬的××董事长（总经理）先生”；如果写给其他类型的企业厂长，则可以称之为“尊敬的××厂长（经理）”；如果写给大学校长或人事处，则称之为“尊敬的××校长（老师）”等。

2. 正文

这是求职信的中心部分，其形式多种多样，一般要求说明求职信息的来源、应聘岗位、本人基本情况、工作成绩等内容。

(1) 说明求职者基本情况和求职信息的来源。

在第一段里，可以简单地叙述一下求职者写求职信的理由，并扼要说明是怎样知道招聘信息的，何时注意到该公司。例如：“从学校公布的招聘信息中获悉，贵公司需招聘一位营销人员，为此，我特向你们申请这一职位。”

(2) 说明应聘岗位和能胜任本岗位工作的各种能力。

第二或第三自然段，应阐明求职者对该单位或职位感兴趣的原因，以及其有价值的背景情况和满足招聘要求的能力。这些内容要有说服力，说明求职者怎样适合这个职位，更重要的是表明“你能给公司什么，如果公司录用你，你能为公司做出什么贡献”。这部分的写作与个人简历是相辅相成的，要说明求职者的个人能力，但又不能把简历内容全写进去，只选最能代表自己长处、技能和业绩的项目，同时注意不要单纯写自己的长处和技能，而是要着重说明这些长处和技能能给该公司带来什么益处。在写业绩的时候，注意不要使用模糊的词语，如“比较”、“较好”、“还可以”等，最好用数据或事实来说明。

3. 结尾

要写出求职者对招聘单位的希望，委婉地提出面试的要求，因此，在这一段里最好说明“何时”、“何地”、“怎样与你联系”，最后简短地对招聘单位表示敬意，如“祝贵公司兴旺发达”、“顺候安康”、“深表谢意”等，也可以用“此致敬礼”之类的通用词。

4. 署名

应注意与信首的“称呼”相一致，一般都在署名前加上一些“您诚恳的××”、“您信赖的××”、“您忠实的××”之类的词语，也可以写成“您的学生××”，还可以什么都不写，直接签上自己的姓名。

5. 日期

一般写在署名右下方，并写上年、月、日。

【例文1】

求职信

尊敬的×××处长：

您好！

首先感谢您在百忙之中亲阅我的求职信！我一直在关注贵单位的信息，近日终于从学校招聘专栏中得知贵单位今年的招聘计划，因而我写了这封求职信。

我是××大学科技英语专业××级学生，将于××××年××月圆满完成各项学业，并获大学本科文凭和文学学士学位。

四年的大学生活使我在德、智、体各方面取得了很大的发展与进步。大学期间，我主修科技英语，在英语的听、说、读、写以及翻译等方面取得了优异成绩，并于××××年和××××年分别一次性通过了英语专业四级和专业八级考试。同时，在医学、德语、计算机等非专业课程方面，我也能够严格要求，从各方面充实提高自己。

针对21世纪对人才的要求，我能够与实践相结合，从各方面锻炼自己适应社会的能力。大学期间，我曾做过很多家教，替医药公司翻译过医学资料和产品介绍，还做过厂家的宣传员和促销员。

除了具有扎实的专业知识和较强的工作能力以外，我同样知道工作态度的重要性。××××年暑假期间，作为大学生志愿者，我参加了慈善机构——国际计划组织的“国际计划夏令营”活动，照顾来西安的贫困山区儿童。在此期间，我的认真与负责赢得了孩子们的一致认可与赞同。

大学生活丰富多彩，但我更愿意以我的才智、朝气、热情以及认真负责的工作态度得到贵单位的青睐。若我有幸成为贵单位的一员，我将会十分珍惜这次机会，竭尽全力为贵单位的灿烂明天贡献自己的才智与汗水。

为了便于您对我有一个全面的了解，随信附上个人简历及各种证明材料。

切盼回复！祝工作顺利，万事如意！

自荐人：×××

××××年××月

【点评】这是一篇值得推荐的文章，从下笔即表明了对该公司的强烈关注，明确扼要地介绍了自己的学历、大学生活的品质培养、社会实践，虽然没有很丰富的工作经验，但已显示可迅速适应岗位要求的自信，文章大方得体，真切自然。

【例文 2】

致米兰大公书

［意］达·芬奇

显贵的大公阁下，我对那些冒充作战器械发明家的人所进行的试验作了观察和思考，发现他们发明的东西与平常使用的并无两样，故此斗胆求见阁下，以便面陈机密，但对他人不抱任何成见。

一、我能建造轻便、坚固、搬运便利的桥梁，可用来追逐和击败敌军，也可用以抵御敌军的炮火和进攻。这种桥梁装卸非常方便。我也能焚毁、破坏敌军的桥梁。

二、在围攻城池之际，我能从战壕中切断水源，还能制造浮桥、云梯和其他类似设备。

三、一个地势太高，或坚不可摧，因而无法用炮火轰击的据点，只要它的地基不是用石头筑的，我能摧毁它的每一个碉堡。

四、我还能制造一种既轻便又易于搬运的大炮，可用来投小石块，犹似下冰雹一般，其中喷出的烟雾会使敌军惊慌失措，因而遭受沉重损失，并造成巨大混乱。

五、我能在任何指定地点挖掘地道，无论是直的或弯的，不出半点声响，必要时可以在战壕和河流下面挖。

六、我能制造装有大炮的铁甲车，可用来冲破敌军最密集的队伍，从而打开一条向敌军步兵进攻的安全通道。

七、在必要情况下，我能建造既美观又实用的大炮、迫击炮和其他轻便军械，不同于通常所使用者。

八、不能使用大炮时，我能代之以弹弓、投石机、陷阱和其他效果显著的器械，不同于通常所用者——总之，必要时我能提供不胜枚举的进攻和防御器械。

九、倘若在海上作战，我能建造多种极其适宜于进攻和防守的器械，也能制造可以抵御最重型火炮炮火的兵船以及各种火药和武器。

十、在太平年代，我能营造公共建筑和民用房屋，还能疏导水源，自信技术决不次于他人，而且保君满意。

此外，我还善于用大理石、黄铜或陶土雕塑；在绘画方面，我也决不逊色于当今任何一位画家。

我还愿意应承雕塑铜马的任务，它将为您已故的父亲和声名显赫的斯福乐尔扎家族增添不朽的光彩和永恒的荣誉。

如果有人认为上述任何一项办不到或不切实际的话，我愿随时在阁下花园里或您指定的其他任何地点实地试验。谨此无限谦恭之忱，向阁下候安。

达·芬奇

×年×月×日

【点评】本文中达·芬奇表达了自信而非自负的人格，分条列项地表述了其超强的技术本领，全文简明扼要，不亢不卑，不论文章还是个人品质都值得学习。

思考与练习

一、判断题

1. 求职信属于非正式的信函，它必须能够在双方之间建立融洽的氛围。所以，要用热情洋溢、精力充沛和令人振奋的语言来感染对方。(　　)

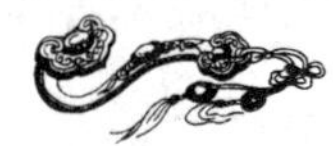

2. 为充分表达求职愿望，应尽量把求职信写得详细具体，越长越好。(　　)

3. 个人简历等同于求职信，撰写目的一样，都是要引起招聘人员的注意，争取面试机会，所以作为求职资料递交时，两者取其一即可，不必同时递交。(　　)

4. 求职信是针对特定的个人来写的，而简历却是针对特定的工作职位来写的；简历主要叙述求职者的客观情况，而求职信主要表述求职者的主观愿望。(　　)

二、思考题

你觉得求职简历和求职信在功能上有什么区别?

三、写作题

1. 结合你个人的学习计划和学校的教学要求，以毕业生的身份制作一份简历。

2. 请练习撰写一封求职信。

毕业论文

一、毕业论文的含义

毕业论文，泛指专科毕业论文、本科毕业论文（学士学位毕业论文）、硕士研究生毕业论文（硕士学位毕业论文）、博士研究生毕业论文（博士学位毕业论文）等，即需要在学业完成前写作并提交的论文，是教学或科研活动的重要组成部分。

二、毕业论文的写作要求

通常来说，内容客观、公正，论证翔实、严密等是毕业论文写作中的基本原则。总体来说，毕业论文在写作时应符合以下要求：

（一）立论客观，具有独创性

文章的基本观点必须来自具体材料的分析，所提出的问题在本专业学科领域内有一定的理论意义或实际意义，并通过独立研究，提出了自己的认知和看法。

（二）论据翔实，具有确证性

论文能够做到旁征博引，多方佐证，所用论据自己持何看法，有主证和旁证。论文中所用的材料应做到言必有据，准确可靠，精确无误。

（三）论证严密，具有逻辑性

作者提出问题、分析问题和解决问题，要符合客观事物的发展规律，全篇论文形成一个有机的整体，使判断与推理言之有序。

（四）体式明确，标注规范

论文必须以论点的形成构成全文的结构格局，以多方论证的内容组成文章丰满的整体，以较深的理论分析辉映全篇。此外，论文的整体结构和标注要求规范得体。

（五）语言准确，表达简明

论文最基本的要求是读者能看懂。因此，要求文章想得清、说得明，想得深、说得透，做到深入浅出、言简意赅。

三、毕业论文各组成部分及写法

（一）目录

目录按章、节、条三级标题编写，要求标题层次清晰。目录中的标题要与正文中标题一致。目录中应包括绪论、论文主体、结论、致谢、参考文献、附录等。

（二）标题

毕业论文的标题一般分为总标题、副标题两种。总标题是文章总体内容的体现。常见的写法有：

（1）揭示课题的实质。这种形式的标题，往往就是文章的中心论点，具有高度的明确性，便于读者把握全文内容的核心，如《关于经济体制的模式问题》、《县级行政机构改革之我见》等。

（2）提问式。这类标题因其观点含蓄，容易激起读者的注意，如《家庭联产承包制就是单干吗》、《商品经济等同于资本主义经济吗》等。

（3）交代内容范围。这类标题对文章内容的范围做出限定，拟定这种标题一方面是由于文章的主要论点难以用一句简短的话加以归纳，另一方面也是为了交代文章内容的范围以求引起共鸣，如《试论我国农村的双层经营体制》、《战后西方贸易自由化剖析》等。

（4）用判定句式。这类标题给予全文内容的限定，可伸可缩，具有很大的灵活性。文章研究对象是具体的，面较小，但引申的思想又须有很强的概括性，面较宽，如《从乡镇企业的兴起看中国农村的希望之光》、《从“劳动创造了美”看美的本质》等。

（5）用形象化的语句。如《激励人心的治理体制》、《科技史上的曙光》、《普照之光的理论》等。

有的论文还可以加副标题，如一些商榷性的论文，一般都会在总标题下方添上“与××商榷”之类的副标题；有时为了强调论文所研究的某个侧重面，也会加副标题，如《如何看待现阶段劳动报酬的差别——也谈按劳分配中的资产阶级权利》、《开发蛋白质资源，提高蛋白质利用效率——探讨解决吃饭问题的一种发展战略》等。

（三）内容摘要

内容摘要是正文的附属部分，一般放置在论文的篇首。内容摘要是全文内容的缩影，作者通过它勾画出全文的整体面目、提出主要论点、揭示论文的研究成果、简要叙述全文的框架结构。因此，内容摘要要求写得简明而又全面。

内容摘要可分为报道性摘要和指示性摘要。报道性摘要主要介绍研究的主要方法与成果以及成果分析等，对文章内容的提示较全面；指示性摘要，只简要地叙述研究的成果（数据、看法、意见、结论等），对研究手段、方法、过程等均不涉及。毕业论文一般使用指示性摘要。

（四）关键词

关键词是标示文献关键主题内容，但未经规范处理的主题词。它是为了文献标引工作，从论文中选取出来，用以表示全文主要内容信息的单词或术语。一篇论文可选取3～8个词作为关键词。

（五）正文

一般来说，毕业论文主题的内容应包括以下三个方面：

（1）事实根据（通过本人实际考察所得到的语言、文化、文学、教育、社会、思想等事例或现象）。提出的事实根据要客观、真实，必要时要注明出处；

（2）前人的相关论述（包括前人的考察方法、考察过程、所得结论等）。理论分析中，应将他人的意见、观点与本人的意见、观点明确区分。无论是直接引用还是间接引用他人的成果，都应该注明出处；

（3）本人的分析、论述和结论等。做到使事实根据、前人的成果和本人的分析论述有机地结合，注意其间的逻辑关系。

（六）结论

结论应是毕业论文最终的、总体的结论，换句话说，结论应是整篇论文的结局，是整篇论文的归宿，而不是某一局部问题或某一分支问题的结论，也不是正文中各段小结的简单重复。结论应当体现作者更深层次的认识，并且是从全篇论文的全部材料出发，经过推理、判断、归纳等逻辑分析过程而得出的新的学术总观念、总见解。结论可采用"结论"等字样，要求精练、准确地阐述自己的创造性工作或新的见解及其意义和作用，还可提出需要进一步讨论的问题和建议。结论应该准确、完整、明确、精练。

该部分的写作内容一般应当包括以下几个方面：①本文研究结果说明了什么问题；②对前人有关的看法做了哪些修正、补充、发展、证实或否定；③本文研究的不足之处或遗留未予解决的问题，以及解决这些问题可能的关键点和方向。

（七）致谢

致谢语可以放在正文后，体现对国家科学基金、资助研究工作的奖学金基金、协助完成研究工作和提供便利条件的组织或个人，在研究工作中提出建议和提供帮助的人，给予转载和引用权的资料、图片、文献、研究思想和设想的所有者等的感谢。在毕业论文中，主要是向导师以及对论文工作有直接贡献及帮助的人士和单位致谢。

（八）参考文献

毕业论文的撰写应本着严谨、求实的科学态度，凡有引用他人成果之处，均应按论文中所出现的先后次序列于参考文献中，并且只列出正文中以标注形式引用或参考的有关著作和论文。

（九）附录

对于一些不宜放入正文中但作为毕业论文又是不可缺少的部分，或有重要参考价值的内容，可编入毕业论文附录中，如问卷调查原件、数据、图表及其说明等。

思考与练习

一、判断题

1. 论文应强调立论客观，具有独创性；论据翔实，具有确证性；论证严密，具有逻辑性。（　　）

2. 毕业论文强调科学性，语言使用强调准确，表达要简明。（　　）

3. 毕业论文的关键词以说明论文中心思想为主，越多越好。（　　）

4. 毕业论文的参考文献不必列出。（　　）

二、思考题

你如何看待论文写作中的“参考文献”部分?

三、写作题

请在自己所学专业领域选取一个论题，写一篇论文，字数为6000字左右，要求体现论文目录、标题、内容摘要、关键词、正文、结论、致谢、参考文献、附录等全部组成部分。

文学鉴赏篇

上古神话选读

在远古的神话时代，从开天辟地到消除灾难，再到追求更高的生存境界，人类童年阶段的精神世界里，英雄绝对是不可缺的角色。他们被无限地崇拜，又被寄予至高无上的精神期待。在他们的奋斗中，宇宙终于完成了从“混沌初开”到“秩序规则”的悲壮而伟大的演进。

女娲补天

《淮南子》

往古之时，四极[1]废，九州[2]裂，天不兼覆，地不周载[3]。火爁炎[4]而不灭，水浩洋[5]而不息。猛兽食颛民[6]，鸷鸟[7]攫老弱。

于是女娲炼五色石以补苍天，断鳌足以立四极，杀黑龙以济冀州[8]，积芦灰以止淫水[9]。

苍天补，四极正；淫水涸，冀州平；狡虫[10]死，颛民生。

【注释】

[1] 四极：天的四方极远之处，传说天的四方有支撑的柱子。

[2] 九州：古称中国为赤县神州，神州之内有九州，之外又有九州，故九州在文中泛指大地。

[3] 天不二句：天不能全面普遍地覆盖大地，地不能周全普遍地承载万物。

[4] 爁炎（làn yán）：火势蔓延的样子。

[5] 浩洋：水势浩大的样子。

[6] 颛（zhuān）民：颛为善良之意，故颛民为善良的百姓。

[7] 鸷（zhì）鸟：猛禽。

[8] 冀州：泛指中国。

[9] 芦：芦苇。止：堵塞。淫水：洪水。

[10] 狡虫：凶猛的鸟兽，即上文所提到的猛兽、鸷鸟。

共工怒触不周山[1]

《淮南子》

昔者共工与颛顼[2]争为帝，怒而触不周山，天柱折，地维[3]绝。天倾西北，故日月星辰移焉；地不满东南，故水潦尘埃归焉[4]。

【注释】

[1] 共工：传说中的部落首领。不周山：传说中的一座大山。

[2] 颛顼（zhuān xū）：传说中的五帝之一，黄帝轩辕氏之孙。

[3] 维：绳子。

[4] 水潦：积水，此处泛指江河。归：归向。

夸父[1]逐日

《山海经》

夸父与日逐走，入日[2]。渴，欲得饮，饮于河、渭[3]，河、渭不足，北饮大泽[4]。未至，道渴而死。弃其杖，化为邓林[5]。

【注释】

[1] 夸父：神话中的巨人，善奔跑，传说是大地之神后土的孙子。

[2] 入日：接近太阳、赶上太阳。

[3] 河：黄河。渭：渭水。

[4] 大泽：神话中的大湖。

[5] 邓林：桃林。

刑天舞干戚

《山海经》

刑天[1]与帝至此争神[2]，帝断其首，葬之常羊之山[3]。乃以乳为目，以脐为口，操干戚[4]以舞。

【注释】

[1] 天：这里指头。刑天：断首之意，以特征命名。

[2] 帝：天帝。争神：在神威方面进行抗争。

[3] 常羊之山：常羊山，传说中的西方地名。

[4] 干：盾。戚：类似斧的兵器。

神话产生于人类童年阶段，是人类通过想象和推理对自身及自然界作出的解释，包括创世神话、始祖神话、灾难神话、英雄神话等，中国上古神话无专著，散见于各文献中，主要存在于《山海经》、《楚辞》、《淮南子》中，如“女娲补天”、“后羿射日”、“共工怒触不周山”等中国古代神话就出自于《淮南子》，“嫦娥化蟾”、“精卫填海”、“刑天舞干戚”等神话则在《山海经》中得以流传。

作品鉴赏

《女娲补天》选自《淮南子·览冥训》，从天崩地裂、补天救世、功名永传三个方面简述了女娲补天的过程，语言凝练，情节完整。

《共工怒触不周山》选自《淮南子·天文训》，一个“怒”字传神地传达了种种信息，共工“怒”而“触”，“触”而“天柱折，地维绝”，字里行间透露出共工的不甘、神勇以及与颛顼争斗的激烈程度。这则神话反映了远古时期原始部落间的激烈斗争，并从神话角度解释了天倾西北、河向东南流这一自然现象的原因。

《夸父逐日》选自《山海经·海外北经》，简练讲述了夸父与太阳竞跑，最终道渴而死的故事。结尾部分夸父遗下的手杖化为桃林的情书丰富了《夸父逐日》这一神话的内涵，表现了一种勇敢追求、死而后已、甘为人类造福的精神。

《刑天舞干戚》选自《山海经·海外西经》，凝练的语言塑造了中国上古神话中最具反抗精神、善于战斗的刑天的形象。

扩展阅读

赫克托尔的告别

他的妆合丰厚的妻子安德罗玛刻、

厄厄提翁的女儿在那里迎面跑来，
……怀中抱着那娇嫩的孩子、一个奶娃，
是赫克托尔的宠儿，像一颗晶莹的星星，
……赫克托尔默默地望着孩子笑一笑，
安德罗玛刻却站在他的身边流泪，
她把手放在他手里，唤他的名字对他说：
“不幸的人，你的勇武会害了你，
你也不可怜你的婴儿和将作寡妇的
苦命的我，因为阿开俄斯人很快
会一齐向你进攻，杀死你。我失去了你，
不如下到坟土；你一旦遭了厄运，
我就得不到一点安慰，只剩下痛苦。
我既没有父亲，也没有尊贵的母亲，
我父亲是死在那神样的阿喀琉斯手下，
他在洗劫我们的人烟稠密的都市、
那城高门大的忒柏时，杀死了厄厄提翁，
他心里却尊重他，没有剥夺他的铜甲，
容他穿着那精制的戎装火化成灰，
还给他垒了个坟墓，众山林女神，
那持盾的宙斯的女儿在坟周围栽上了榆树。
我家里还有七个弟兄，他们在同一天
进入了冥府，在蹒跚的牛群和雪白的羊群中，
死在那神样的、捷足的阿喀琉斯手下的。
……
所以，赫克托尔，你成了我的尊贵的母亲、
父亲、亲兄弟，又是我的强大的丈夫。
你得可怜可怜我，待在这座望楼上，
别让你的儿子变孤儿，妻子成寡妇。
……”
那头戴闪亮帽盔的强大的赫克托尔对她说：
“夫人，这一切我也很关心，但是我羞于见
特洛亚人和穿拖地长袍的妇女，
要是我像个胆怯的人逃避战争。
我的心也不容我逃避，我一向习惯于
勇敢杀敌，同特洛亚人并肩打头阵，
为父亲和我自己赢得莫大的荣誉。
可是我的心和灵魂也清清楚楚地知道，
有朝一日，这神圣的特洛亚和普里阿摩斯，

还有普里阿摩斯的挥舞好矛的人民
将要灭亡，但特洛亚人日后的苦难，
还有赫卡柏、普里阿摩斯王，我的弟兄——
那许多英勇的战士将在敌人手下
倒在尘埃里，他们的苦难我不太关心，
只是关心你的苦难，你将流着泪
被一个身披铜甲的阿开俄斯人带走，
强行夺去你的自由自在的生活。
你将住在阿耳戈斯，在别人的指使下织布，
从墨塞伊斯或许佩瑞亚圣泉取水，
你处在强大的压力下，那些事不愿意做。
有人看见你伤心落泪，他就会说：
‘这就是赫克托尔的妻子，伊利昂被围的时候，
他在驯马的特洛亚人中最英勇善战。’
人家会这样说：没有了那样的丈夫
使你免遭奴役，你还有新的痛苦。
但愿我在听见你被俘呼救的声音以前，
早已被人杀死，葬身于一堆黄土。”

显赫的赫克托尔这样说，他把手伸向孩子，
孩子惊呼，躲进腰带束得很好的
保姆的怀抱，他怕看父亲的威武形象，
害怕那顶铜帽和插着马鬃的头盔，
在他看见那鬃毛在盔顶可畏地摇动时。
他的父亲和尊贵的母亲莞尔而笑，
那显赫的赫克托尔立刻从头上脱下帽盔，
放在地上，那盔顶依然闪闪发光。
……
他的妻子朝家走去，
频频回头顾盼，流下一滴滴眼泪。
她很快就回到杀敌英雄赫克托尔居住的
舒适宫室，在里面遇见许多女仆，
引起大家哭泣。她们就是这样
在厅堂里面哀悼人还活着的赫克托尔，
认为他再也不能躲避阿开俄斯人的
力量和毒手，从战斗中回到家里来。

（节选自荷马《伊利亚特》第六卷，标题系编者自拟）

神不会告诉你的秘密

我来告诉你一个秘密，
神不会告诉你的秘密。
神嫉妒我们，
他们嫉妒我们是凡人，
因为任何时刻都有可能成为生命的终点，
世间事物因为死亡而变得美丽。
你不可能比“此刻”更美，
我们再不会重回“此刻”。

（节选自电影《特洛伊》台词，标题系编者自拟）

思考与讨论

1. 女娲是上古神话中中华民族的始祖，你还知道其他哪些关于女娲的神话？
2. 中西神话在塑造神话形象方面有何不同？
3. 很多中国文学作品都是以上古神话作为素材的，请列举一二。

知识链接

《伊利亚特》简介

《伊利亚特》是古希腊行吟盲诗人荷马所作的叙事性史诗，取材于特洛伊战争的传说，主要记叙希腊人围攻特洛伊城的故事，从希腊联军围攻特洛伊九年零十个月后的一场内讧写起，以特洛伊王子赫克托尔的葬礼结束。这部史诗成功塑造了许多栩栩如生、性格鲜明的英雄形象，如赫克托尔、奥德修斯、阿伽门农、阿喀琉斯等。亦人亦神的阿喀琉斯为荣誉而战，成为希腊联军的主将，与特洛伊英勇神武的大王子赫克托尔多次交手。最终，捷足的阿喀琉斯在愤怒之下杀死了赫克托尔，而希腊联军利用奥德修的木马计，将伏兵送进特洛伊城里应外合，攻陷了特洛伊。

金苹果之争

在古希腊神话中，传说阿喀琉斯父母结婚的时候，没有邀请不和女神厄里斯，于是她愤怒地来到席间扔下了一个“不和的金苹果”，写着“赠给最美的女子”，引起了婚礼上三个女神赫拉、雅典娜和阿佛洛狄忒的争夺。宙斯让她们找特洛伊王子帕里斯进行评判，三位女神分别许以他好处。赫拉许他成为最伟大的君王，可获得无数的财富，雅典娜许他成为最勇敢的战士，可获得至高无上的军功，阿佛洛狄忒许他得到世间最美丽的女子的爱。年轻的帕里斯在富贵、荣誉和美女之间选择了后者，将金苹果判给了爱神阿佛洛狄忒。为此，赫拉和雅典娜将对帕里斯的怀恨连带给了特洛伊人。阿佛洛狄忒为了履行诺言，帮助帕里斯拐走了斯巴达国王美丽的王后——倾国倾城的海伦，从而引发了历时 10 年的特洛伊战争。不和女神丢下的那个金苹果，不仅成了天上 3 位女神不和的根源，也成了人间两个民族之间战争的起因。

阿喀琉斯之踵

在特洛伊战争中，希腊联军中最英武的战士要算是阿喀琉斯了，他是阿尔戈英雄柏琉斯和仙女忒提斯的儿子，长相英俊，动作迅猛。据说阿喀琉斯出生后，他的母亲曾将儿子倒提着浸泡在提克斯冥河之中，小英雄身体被冥河河水浸泡过的地方刀枪不入，而脚后跟由于被母亲提在手中没有被河水浸泡过，便埋下了祸根，成为其致命的弱点。在木马屠城的战役中，特洛伊王子向阿喀琉斯施放冷箭，正中英雄的脚后跟。后来，人们就用“阿喀琉斯之踵”形容令人致命的弱点。

如果没有《诗经》，关于古代诗歌的线索就将失落于民间，我们也许要等到汉末才能在文字中领会中华遥远而古老的歌谣了。千百年前的三百零五首诗歌，我们已聆听不到她最原始的旋律，但我们依然能通过古朴的纸张所记载的文字去体会那个时代的美丽。下面，让我们走近古老的韵调《诗经》。

汉 广

《诗经》

南有乔木，不可休思[1]；汉有游女[2]，不可求思。汉之广矣，不可泳思；江之永[3]矣，不可方[4]思。

翘翘错薪[5]，言刈其楚[6]；之子于归，言秣[7]其马。汉之广矣，不可泳思；江之永矣，不可方思。

翘翘错薪，言刈其蒌[8]；之子于归，言秣其驹。汉之广矣，不可泳思；江之永矣，不可方思。

【注释】

[1] 休：休息。思：语气助词，无实义。

[2] 汉：汉水。游女：在汉水岸上出游的女子。

[3] 永：水流很长。

[4] 方：渡河的木排，这里指乘筏渡河。

[5] 翘翘（qiáo）：树枝挺出的样子。错薪：杂乱的柴草。

[6] 楚：灌木的名称，即荆条。

[7] 秣（mò）：喂牲口。

[8] 蒌（lóu）：草名，即蒌蒿

《诗经》是我国第一部现实主义诗歌总集，反映了我国从西周初年至春秋中叶广阔的古代生活，是我国文学宝库中的瑰宝。《诗经》最早被称为《诗》或《诗三百》，共有305篇作品，后因汉代学者将之奉为经典，遂被称为《诗经》，成为“四书五经”之一。全书由“风”、“雅”、“颂”三个部分组成，“风”来自社会各阶层，其内容丰富多彩，多反映民间劳动、婚恋、风俗、怨怒等多方面的社会生活和人们的精神风貌，被称为“周代社会的百科全书”；“雅”主要是朝会乐歌；“颂”主要是统治者用于祭祀的乐歌。

《诗经》是诗与音乐的结合，具有鲜明的韵律和节奏感，语言质朴真挚，读起来朗朗上口、便于传诵，在形式上多为四言，杂以多言，擅用叠音词，较多运用章节复沓和赋、比、兴的表现手法，是我国文学的光辉起点。

作品鉴赏

《汉广》选自《诗经·周南》，全诗咏唱了一位男子追求汉水边意中人而不得的失落心情。即一位砍柴的樵夫，路遇一位即将嫁为人妇的女子，明知这是不能如愿以偿的单相思，便以一首山歌唱出了内心的失望和痛苦。

本诗有多种解读的可能性，诗中“游女”为谁，只字未交代，也没有正面赞颂游女的美丽，只是由乔木“不可休思”作为起兴反复咏叹游女不可得的遗憾，“不可休”、“不可求”、“不可泳”、“不可方”，四个“不可”将可遇不可求的无望情境渲染得淋漓尽致，并且一唱三叹，使全诗弥漫着浓浓的感伤情调。无论主人公如何思慕，无奈汉水阻隔，游女不可得，此乃人生企慕之常境，辛酸而浪漫。单相思的心境固然可以理解，但如果换个角度，把自己所欣赏的异性对象当作审美对象，摆脱功利的目的和眼光，以欣赏的态度对待她或他，不也是一种选择吗?

扩展阅读

蒹　葭（jiān jiā）

蒹葭苍苍，白露为霜。所谓伊人，在水一方。
溯洄（sù huí，逆流）从之，道阻且长；溯游（sù yóu，顺流）从之，宛在水中央。
蒹葭凄凄，白露未晞（xī，干）。所谓伊人，在水之湄。
溯洄从之，道阻且跻（jī）；溯游从之，宛在水中坻（chí，水中高地）。
蒹葭采采，白露未已。所谓伊人，在水之涘（sì，水边）。
溯洄从之，道阻且右；溯游从之，宛在水中沚（zhǐ，水中陆地）。

（选自《诗经·秦风》）

关雎

关关雎鸠（jū jiū），在河之洲。窈窕淑女，君子好逑（hǎo qiú）。
参差荇（xìng）菜，左右流之（顺水流采摘）。窈窕淑女，寤寐求之。
求之不得，寤寐思服。悠哉悠哉，辗转反侧。
参差荇菜，左右采之。窈窕淑女，琴瑟友之。
参差荇菜，左右芼（mào 选择，采摘）之。窈窕淑女，钟鼓乐（yuè）之。

（选自《诗经·周南》

思考与讨论

1. 鉴赏这首诗歌中的名句“汉之广矣，不可泳思；江之永矣，不可方思”。
2. 如何理解这首诗歌中的“游女”形象？
3. 谈谈《诗经》在中国文学史上的地位和影响。

知识链接

《诗经》中的“赋”、“比”、“兴”

《诗经》开创了“赋”、“比”、“兴”的写作方法，并形成了“哀而不伤，乐而不淫”的抒情风格。

“赋”作为一种表现手法，主要是铺写出具体事情或事物；“比”分为比喻和比拟，其特点是以彼物写此物，所描写的事物并不是诗人真正要歌咏的对象，而是借用打比方的方法来表达某种思想感情；“兴”即起兴，在一首诗的开头或某一章的开头，不直接说出要写的内容而先言他物。有些诗中的“兴”能起到渲染气氛的作用，有些诗中的“兴”没有这种作用，与下文也没有什么联系，只是起到一种提示作用，帮我们完成从日常生活到诗歌欣赏的过度。以上三种写作方法在后来中国文学的创作中得到了普遍运用，产生了生动的艺术效果。

“哀而不伤，乐而不淫”是孔子对《关雎》的评价，意思是说：《关雎》这首诗的基调，快乐却不是没有节制，悲哀却不至于过于悲伤。在孔子看来，文艺所表现的情感不但要具备道德上的纯洁性和崇高性，而且要受到理智的节制，讲究适度、平和，不能过于放纵、任其泛滥。诗歌、音乐不失中和之美可以说是儒家诗教的重要命题，而以“和”为要旨的中庸之道也是中国人历来的民族性格，过犹不及，恰好合适便是奇和完美。

乐府诗歌选读

在汉朝推崇汉赋的同时，汉乐府从《诗经》时代走来，延续了《诗经》源自民间的淳朴特色，与吹嘘的赋相比，它们显然是汉代社会最真实的声音。无论是娓娓道来的长篇铺陈还是简练热烈的洒脱抒情，无论是情境的铺陈还是情绪的宣泄，我们都能从长长短短、直白而真挚的诗句中体会到那个颇富生命力的质朴时代。

艳歌行[1]

汉乐府

翩翩堂前燕，冬藏夏来见。兄弟两三人，流宕在他县。故衣谁当补？新衣谁当绽[2]？赖得贤主人，览取为吾绽。夫婿从门来，斜柯西北眄[3]。“语卿且勿眄，水清石自见。[4]”石见何累累，远行不如归！

【注释】

[1]《艳歌行》的“艳”与情色之艳无关，“艳”如曲中“趋”、“乱”一样，都是正曲的辅助部分，“艳”在曲之前，“趋”与“乱”在曲之后。

[2] 绽：有两种说法，缝补旧衣或裁制新衣，此处为联类偏举。

[3] 柯：倚靠。眄（miǎn）：斜眼看人。

[4] 此句素有争议，存在女主人对丈夫说和男子对丈夫解释两种说法。

上邪[1]

汉乐府

上邪！我欲与君相知，长命[2]无绝衰。山无陵[3]，江水为竭，冬雷震震，夏雨雪[4]，天地合[5]，乃敢与君绝！

【注释】

[1] 上邪（yé）：犹言“天啊”。邪，音义同“耶”，语气词。

[2] 命：古与“令”字通，使。

[3] 陵：大土山。

[4] 雨雪：降雪。雨，名词活用作动词。

[5] 天地合：天与地合而为一。

> 乐府是汉武帝时正式设立的管理音乐的宫廷官署机构，后来由这一机构收集并制谱的诗歌就被称为乐府诗，乐府诗是两汉文学中最具价值的文学样式，主要保存在宋郭茂倩所编纂的《乐府诗集》中。
>
> 汉代乐府内容广泛，继承和发扬了《诗经》的现实主义传统，如班固所言：“皆感于哀乐，缘事而发”，与《诗经》相比，汉乐府诗更具有故事性和戏剧性。汉乐府民歌有少数作品沿用《诗经》古老的四言体，但更多的是五言、七言和杂言体，是后世五言、七言诗的先声，如《陌上桑》就是非常完整的长篇五言的代表。

作品鉴赏

《艳歌行·翩翩堂前燕》是一篇动人的游子吟，写流宕他乡的游子的凄苦。为了生存，游子不得不远走他乡，幸得遇见善良的女主人，却又遭到其夫的冷眼，游子之凄苦，自非一两语可言尽。本诗独独撷取一件小事来表现，寥寥几句，游子的心情在微妙的人物神态和对话中体现得淋漓尽致，唤起了多少现代游子怀乡的情思以及无法归家的落寞，充分体现了古典诗歌通过简短、精练的语言叙事表意的优势。

《上邪》写的是一名心直口快的北方女子对爱情无所顾忌的誓言。与中国大多数诗歌倾向描写少女初恋时的羞涩情态不同，它语言质朴、不假雕琢，却有惊心动魄的感染力。诗中主人公对着上天发誓，连举了五种绝不可能出现的自然现象——山无陵、江水竭、冬雷震震、夏雨雪、天地合来表明爱对方一直要到世界末日，充分体现了汉乐府民歌感情激烈且直白的特色。全诗以短句为主，一句一顿，气势如虹，与少女吐露爱情时的心潮起伏恰恰吻合。

扩展阅读

乡愁

（席慕容）

故乡的歌是一支清远的笛，
总在有月亮的晚上响起。
故乡的面貌却是一种模糊的怅惘，
仿佛雾里的挥手别离。
离别后，
乡愁是一棵没有年轮的树，永不老去。

（选自席慕容《七里香·卷八：隐痛》）

有所思

有所思，乃在大海南。何用问遗君？双珠玳瑁（dài mào）簪，用玉绍缭之。闻君有他心，拉杂摧烧之。摧烧之，当风扬其灰。从今以往，勿复相思！相思与君绝！鸡鸣狗吠，兄嫂当知之。妃呼豨！秋风肃肃晨风飔（sī，凉），东方须臾高知之。

（选自《汉铙歌十八曲》）

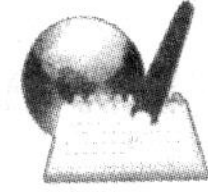

思考与讨论

1. 《艳歌行》是如何体现乐府诗歌“感于哀乐，缘事而发”的特点的？
2. 《上邪》的句式有何特点？这种语言形式的特点对于情感的抒发有何帮助？
3. 比较《汉广》与《上邪》在艺术风格方面的异同。

知识链接

流行歌词的传统与现代

各个时代音乐的流行元素是不同的，但流行歌曲在表现千姿百态的生活、表达形形色色的情绪与心态的特质方面从古到今都是一样的，所以古今歌词的内容具有内涵蕴藉上的一致性。中国的古典诗词向来入乐，讲究韵律，音乐感极强，语言上也极富韵致，在遣词造句、行文起势、叙事抒情方面大都颇有讲究，承载着千百年来中国人含蓄婉转、迂回曲折但往往动人不止的情感表达方式，这种种特质逐渐成为当今诸多流行歌曲创作人无法抵挡的诱惑。近年来流行歌曲的歌词创作开始越来越多地吸收古典诗词的元素，从主题营造到意境铺陈、语言运用，古典诗词都为现代流行音乐的创作者提供了取之不尽的素材和思路，使得流行音乐通而不俗，品味也有了较大的提高。

从下面两首流行歌曲中，你是否能够体会到歌词作者孜孜以求的古典诗词境界？

《东风破》（方文山）：

“一盏离愁，孤单伫立在窗口，我在门后，假装你人还没走，旧地如重游，月圆更寂寞，夜半清醒的烛火，不忍苛责我。一壶漂泊，浪迹天涯难入喉，你走之后，酒暖回忆思念瘦，水向东流，时间怎么偷，花开就一次成熟，我却错过。谁在用琵琶弹奏一曲东风破，岁月在墙上剥落，看见小时候，犹记得那年我们都还很年幼，而如今琴声幽幽，我的等候你没听过。谁在用琵琶弹奏一曲东风破，枫叶将故事染色，结局我看透，篱笆外的古道，我牵着你走过，荒烟漫草的年头，就连分手都很沉默。”

《辛弃疾》（羽泉）：

“醉里挑灯看剑，梦回吹角连营，弓如霹雳惊弦，风流总被雨打风吹而去。怎见气吞万里如虎，一笑人间万事，春风不染白发，怎忘寒冬冰秋，醉里且贪欢笑，廉颇未老乐悠悠，何处望神州。不尽长江滚滚流，千古兴亡多少事，金戈铁马战不休，天下谁英雄，赢得功名在身后，蓦然回首数风流，非皇非帝非君非诸侯。”

在汉乐府民歌的哺育下，由文人参与的作品逐渐崭露头角，呈现出一种全新的气象。精英文人精妙的语言第一次集中体现在东汉末年出现的《古诗十九首》中。这十九首作品篇篇长于抒情，格调极高，蕴藉极深，其间所体现的平凡中见出不平凡的韵致，不是后人随意雕琢所能达到的。

行行重行行[1]

《古诗十九首》

行行重行行，与君生别离。
相去万余里，各在天一涯。
道路阻且长，会面安可知？
胡马[2]依北风，越鸟[3]巢南枝。
相去日已远，衣带日已缓[4]。
浮云蔽白日[5]，游子不顾返。
思君令人老，岁月忽已晚。
弃捐勿复道，努力加餐饭。

【注释】

[1] 行行重行行：行了又行，走个不停。
[2] 胡马：意指北方的马，古时称北方少数民族为胡。
[3] 越鸟：南方的鸟。越，指南方百越。
[4] 缓：宽松。衣带日已缓：表示人因为相思一天比一天瘦。
[5] 浮云蔽白日：想象游子在外被人所惑。

《古诗十九首》为组诗名，共十九首，作者不可考，并非一时一人之作，产生的年代约在东汉顺帝末到献帝前。梁代萧统因其各篇风格相近，收入《文选》，题名为《古诗十九首》。这些诗歌在艺术上达到了五言诗的最高成就，被称为“五言之冠冕”。

《古诗十九首》是乐府古诗文人化的显著标志，它语言整齐，长于抒情，善于运用比兴手法使诗意含蓄蕴藉，常抒发更深层次的人生思考，如由自然之物引起生命短暂的感慨、由人生苦短生发出及时行乐的态度等。

作品鉴赏

《行行重行行》是《古诗十九首》中的第一首，是一首思夫诗，抒发了一个女子对远行在外的丈夫的深切思念。

开头两句运用叠词烘托丈夫行而不止与妻子远送时依依惜别的心情，一个“生”字写出了两个人被活活拆开的撕心裂肺的痛苦；接下来两句则以相会无期、生离犹如死别的感受来抒写别离之苦；别离势必会带来思念，中间六句写闺妇的深切思念和哀怨之情：鸟兽尚且依恋家乡反衬出游子不知依恋故土，而妇人却因思念日渐消瘦；“浮云蔽白日”则暗喻游子之心为他人所蒙蔽，“衣带日已缓”与“游子不顾返”形成对比，流露出思妇无比的哀怨情绪。思念与哀怨，既相互矛盾，又相反相成，将思妇内心的苦楚描写得淋漓尽致；结尾四句由“思君”之辞承上启下，一个“令”字道破思念、哀怨导致人之将老、欢少悲长的因果关系，提升了全诗的格调。在生命短促、欢少悲长的感叹中，引发出“弃捐勿复道，努力加餐饭”的最朴质的呼喊。

扩展阅读

涉江采芙蓉

（无名氏）

涉江采芙蓉，兰泽多芳草。
采之欲遗谁？所思在远道。
还顾望旧乡，长路漫浩浩。
同心而离居，忧伤以终老。

（选自萧统《文选》卷二十九）

古埃及佚名诗

把忧愁抛到九霄云外，
能够快乐尽量快乐，
人生难活百岁，
何不今朝有酒今朝醉？
有药物，洒在头上；
有丝麻，穿在身上；
有金银，戴在手上。

（选自《法老古城的现代生活》）

思考与讨论

1.《行行重行行》中抒发了哪些思想感情？
2.“胡马依北风，越鸟巢南枝”运用了什么修辞和写作手法？
3.“努力加餐饭”这一意象在哪些诗词中也曾有所体现？

知识链接

古体诗与近体诗

古典诗歌的诗体从格律上看，大致可分为近体诗和古体诗两类。近体诗又叫今体诗，有一定的格律，在唐代开始出现；古体诗一般又叫古风、古诗，是近体诗形成前除楚辞外的各种诗歌体裁。

古体诗相对近体诗而言，形式比较自由，不受格律的束缚，不拘对仗、平仄，押韵较宽，篇幅长短不限，句子有四言、五言、六言、七言体和杂言体。从诗句的字数看，古体诗有所谓四言诗、五言诗和七言诗。唐代以后，四言诗很少见，所以通常只分五言、七言两类。

近体诗包括律诗和绝句。律诗发源于南朝，要求诗句字数整齐划一，通常每首八句，或五言、或六言、或七言，简称五律、六律、七律，其中六律较少见；如果超过八句，即十句以上的，则称排律或长律。以八句完篇的律诗，每两句成一联，共四联，习惯上称第一联为首联、第二联为颔联、第三联为颈联、第四联为尾联，第二、三两联（即颔联、颈联）的上下句必须是对偶句。律诗要求全首通押一韵，限平声韵；第二、四、六、八句押韵，首句可押可不押。律诗每句中用字平仄相间。

绝句又称截句、断句、绝诗，每首四句，通常有五言、七言两种，简称五绝、七绝，也偶有六绝。绝句源于汉及魏晋南北朝歌谣，灵活轻便，适于表现转瞬即逝的意念和感受，广为诗人所采用，创作之繁荣超过其他，被视作唐人乐府。

被称为“史家之绝唱，无韵之离骚”的《史记》不仅成功地展现了风起云涌的历史变化过程，更刻画了一个个性格各异、栩栩如生的人物形象，其中汉初风云人物韩信就是一个典型代表。易中天先生这样评价他：韩信，一代名将，旷世功臣。他在困境中挣扎，在草莽中崛起，在战斗中奋进，在胜利中沉沦。他在最能够背叛刘邦的时候忠贞不贰，却在最不可能反叛时涉嫌谋反。

淮阴侯列传（节选）

司马迁

淮阴侯韩信者，淮阴人也。始为布衣[1]时，贫，无行[2]，不得推择[3]为吏；又不能治生商贾[4]。常从人寄食饮，人多厌之者。常数从其下乡南昌亭长寄食，数月，亭长妻患之，乃晨炊蓐食[5]。食时信往，不为具食。信亦知其意，怒，竟绝去。

信钓于城下，诸母漂[6]，有一母见信饥，饭信，竟[7]漂数十日。信喜，谓漂母曰：“吾必有以重报母。”母怒曰：“大丈夫不能自食，吾哀王孙[8]而进食，岂望报乎？”

淮阴屠[9]中少年有侮信者，曰：“若虽长大，好带刀剑，中情[10]怯耳。”众辱[11]之曰：“信能[12]死，刺我；不能死，出我袴[13]下。”于是信孰视之，俛出袴下，蒲伏[14]。一市人皆笑信，以为怯。

及项梁渡淮，信杖剑从之，居戏下[15]，无所知名。项梁败，又属项羽，羽以为郎中。数以策干[16]项羽，羽不用。汉王之入蜀，信亡楚归汉，未得知名，为连敖。坐法[17]当斩，其辈十三人皆已斩，次至信，信乃仰视，适见滕公，曰：“上[18]不欲就天下乎？何为斩壮士！”滕公奇其言，壮其貌，释而不斩。与语，大说[19]之。言于上，上拜以为治粟都尉，上未之奇也。

信数与萧何语，何奇之。至南郑，诸将行[20]道亡者数十人，信度[21]何等已数言上，上不我用，即亡。何闻信亡，不及以闻，自追之。人有言上曰：“丞相何亡。”上大怒，如失左右手。居一二日，何来谒[22]上，上且怒且喜，骂何曰：“若亡，何也？”何曰：“臣不敢亡也，臣追亡者。”上曰：“若所追者谁？”何曰：“韩信也。”上复骂曰：“诸将亡者以十数，公无所追；追信，诈也。”何曰：“诸将易得耳。至如信者，国士[23]无双。王必欲长王汉中，无所事信；必欲争天下，非信无所与计事者。顾王策[24]安所决耳。”王曰：“吾亦欲东耳，安能郁郁久居此乎？”何曰：“王计必欲东，能用信，信即留；不能用，信终亡耳。”王曰：“吾为公以为将。”何曰：“虽为将，信必不留。”王曰：“以为大将。”何曰：“幸甚。”于是王欲召信拜之。何曰：“王素慢[25]无礼，今拜大将，如呼小儿耳，此乃信所以去也。王必欲拜之，择良日，斋戒[26]，设坛场[27]，具礼，乃可耳。”王许之。诸将皆喜，人人各自以为得大将。至拜大将，乃韩信也，一军皆惊。

……

信至国[28]，召所从食漂母，赐千金。及下乡南昌亭长，赐百钱，曰："公，小人也，为德不卒。"召辱己之少年令出胯下者以为楚中尉。告诸将相曰："此壮士也。方辱我时，我宁不能杀之邪？杀之无名[29]，故忍而就于此。"

项王亡将锺离眛家在伊庐，素与信善。项王死后，亡归信。汉王怨眛，闻其在楚，诏楚捕眛。信初之国，行[30]县邑，陈兵出入。汉六年，人有上书告楚王信反。高帝以陈平计，天子巡狩会诸侯[31]，南方有云梦，发使告诸侯会陈："吾将游云梦。"实欲袭信，信弗知。高祖且至楚，信欲发兵反，自度无罪，欲谒上，恐见禽。人或说信曰："斩眛谒上，上必喜，无患。"信见眛计事，眛曰："汉所以不击取楚，以眛在公所。若欲捕我以自媚于汉，吾今日死，公亦随手亡矣。"乃骂信曰："公非长者！"卒自刭。信持其首，谒高祖于陈。上令武士缚信，载后车。信曰："果若人言，'狡兔死，良狗烹；高鸟尽，良弓藏；敌国破，谋臣亡。'天下已定，我固当烹！"上曰："人告公反。"遂械系信。至洛阳，赦信罪，以为淮阴侯。

信知汉王畏恶其能，常称病不朝从[32]。信由此日夜怨望，居常鞅鞅[33]，羞与绛、灌等列。信尝过樊将军哙，哙跪拜送迎，言称臣，曰："大王乃肯临臣！"信出门，笑曰："生乃与哙等为伍！"上常从容与信言诸将能不[34]，各有差。上问曰："如我能将几何？"信曰："陛下不过能将十万。"上曰："于君何如？"曰："臣多多而益善耳。"上笑曰："多多益善，何为为我禽？"信曰："陛下不能将兵，而善将将，此乃信之所以为陛下禽也。且陛下所谓天授，非人力也。"

陈豨拜为钜鹿守，辞于淮阴侯。淮阴侯挈其手，辟左右[35]与之步于庭，仰天叹曰："子可与言乎？欲与子有言也。"豨曰："唯将军令之。"淮阴侯曰："公之所居，天下精兵处也；而公，陛下之信幸臣[36]也。人言公之畔[37]，陛下必不信；再至，陛下乃疑矣；三至，必怒而自将。吾为公从中起[38]，天下可图也。"陈豨素知其能也，信之，曰："谨奉教！"汉十年，陈豨果反。上自将而往，信病不从。阴使人至豨所，曰："弟[39]举兵，吾从此助公。"信乃谋与家臣夜诈诏赦诸官徒奴[40]，欲发以袭吕后、太子。部署已定，待豨报。其舍人得罪于信，信囚，欲杀之。舍人弟上变[41]，告信欲反状于吕后。吕后欲召，恐其党[42]不就，乃与萧相国谋，诈令人从上所来，言豨已得死，列侯群臣皆贺。相国绐[43]信曰："虽疾，强入贺。"信入，吕后使武士缚信，斩之长乐锺室。信方斩，曰："吾悔不用蒯通之计，乃为儿女子[44]所诈，岂非天哉！"遂夷[45]信三族。

……

太史公曰：吾如淮阴，淮阴人为余言，韩信虽为布衣时，其志与众异。其母死，贫无以葬，然乃行营[46]高敞地，令其旁可置万家。余视其母冢[47]，良然。假令韩信学道谦让，不伐己功，不矜其能[48]，则庶几[49]哉！于汉家，勋可以比周、召、太公之徒，后世血食[50]矣。不务出此，而天下已集[51]，乃谋畔逆，夷灭宗族，不亦宜乎！

【注释】

[1] 布衣：古代平民穿麻布衣服，故以"布衣"指代平民。

［2］无行：品行不好。

［3］推择：推举选用。

［4］治生商贾：以做生意维持生计。

［5］晨炊蓐（rù）食：提前做好早饭，端到室内床上吃掉。蓐，草席。

［6］漂：在水里冲洗丝棉之类。

［7］竟：到底、完毕。

［8］王孙：公子、少年，对年轻人的敬称。

［9］屠：以宰杀牲畜为业的人。

［10］中情：内心。

［11］众辱：当众污辱。

［12］能：敢。

［13］袴：通“胯”，两腿间。

［14］蒲伏：同“匍匐”，跪在地上爬行。

［15］戏（huī）：同“麾”，军中指挥作战的旗子。

［16］干：求取。

［17］坐法：因犯法而获罪。

［18］上：皇上，实指汉王刘邦。此时刘邦尚未一统天下，不该称“上”，应改为“王”。以下多处如此。

［19］说：通“悦”，喜欢、高兴。

［20］行（háng）：等、辈。一说行（xíng），走（在半途）。

［21］度：揣测、估计。

［22］谒：进见、拜见。

［23］国士：国内杰出的人物。

［24］顾：但。策：指“长王汉中”和“争天下”两种策略。

［25］素慢：一向傲慢。

［26］斋戒：古人在祭祀等大典前，先行沐浴、更衣、独宿、素餐以清心洁身，表示敬重。

［27］坛场：拜将场所。

［28］国：都城，指下邳。

［29］无名：没有意义。

［30］行：巡视、巡察。

［31］巡狩会诸侯：天子数年到各诸侯国巡行视察一次，所到之处，各国诸侯要到指定地点朝见天子。

［32］不朝从：不朝见、不从行。

［33］鞅鞅：通“怏怏”，不满意、不服气、郁闷失意的样子。

［34］不：相当于“否”。

［35］辟左右：使周围的人离去。

［36］信幸臣：亲信，宠幸的臣子。

[37] 畔：通“叛”。

[38] 从中起：从京城起事为内应。

[39] 弟：但、只管。又写作“第”。

[40] 诸官徒奴：各官府服役的罪犯和奴隶。

[41] 上变：上书皇帝告发非常之事。

[42] 党：通“倘”，或者、万一。

[43] 绐：欺骗。

[44] 儿女子：妇女小孩子。

[45] 夷：诛灭。

[46] 行营：四处寻找、谋求。

[47] 冢：坟墓。

[48] 不伐己功二句：语本《老子》“功成名遂身退，天之道”、“不自伐，故有功；不自矜、故长”。伐与矜，都有夸耀自满的意思。

[49] 庶几：差不多。

[50] 血食：受享祭。古代祭祀时宰杀牲畜做祭品，所以叫血食。

[51] 集：通“辑”，安定。

司马迁（前145—前90），字子长，西汉著名的史学家、思想家、文学家，家族世代为史官，因李陵事件遭遇宫刑，后耗尽毕生心血写出《史记》。

《史记》是中国历史上第一部纪传体通史，始称《太史公记》、《太史记》，书中记事始于传说中的黄帝，下限到汉武帝时期，前后跨越三千多年历史。全书共一百三十篇，有十二本纪、十表、八书、三十世家、七十列传。“本纪”记述帝王的言行政绩，“世家”记述子孙世袭的王侯封国史迹，“列传”记述一般历史人物，“表”用表格来简列世系、人物和史事，“书”则记述制度发展，涉及礼乐制度、天文兵律等诸方面内容。该书在史学上和文学上具有重要地位，被鲁迅先生称为“史家之绝唱，无韵之离骚”。

作品鉴赏

本文写韩信年少贫困，后拜将封侯、佐汉灭楚，直至见疑被杀，完整地展现了韩信功勋卓著而又矛盾的一生，选文根据原文有所删减。

司马迁写《史记·淮阴侯列传》包含了两个主旨：一方面，对韩信佐汉灭楚的历

史功勋持肯定态度，对其功隆震主、见疑上当，最终被罗列罪名惨遭杀害的结局，表现了无限惋惜和同情。同时，对刘邦、吕后等人的猜忌残忍，则隐约地表现了愤慨和厌恶，并借韩信之口揭示了“狡兔死，良狗烹”这一封建社会常见的历史规律；另一方面，司马迁也看到，韩信一开始并无反意，虽从主观动机而言确是实情，但韩信矜才自负，不仅羞与绛、灌为伍，连刘邦本人亦不在其眼里，这些也是他致死的原因。司马迁这种从正反两方面看问题的辩证观点，正是一种“良史”态度，也是《史记》中写人物的惯用笔墨。

本文主要运用第三人称进行客观叙述，详略得当，主次分明。文中一些看似着墨不多或者一笔带过的“小事”叙述，譬如开篇时的三件小事、韩信的回乡报恩以及他与樊哙的对话，实际上恰恰是从另一个侧面反映了韩信的性格，在整篇人物传记中起到了画龙点睛的作用。除此之外，本文的几处心理描写也极为出色，如在“多多益善”故事的描述中，刘邦君临天下、志得意满的骄矜心理和韩信内心所感悟到的命运弄人的无可奈何都被刻画得细致入微。同时，文中还采用了铺垫、烘托、对比手法，通过一系列与韩信相关的人物来突出主人公的形象，这些人物既有帝王将相，又有市井小民。如写萧何的追亡、力荐、诈信，漂母的饭信及吕后的杀信，正所谓“生死一知己，存亡两妇人”，这些烘托更增添了作品的悲剧色彩和感染力量。

扩展阅读

易中天的语言艺术

易中天做客央视《百家讲坛》主讲“汉代风云人物”系列讲座，独辟蹊径，“妙说”历史，巧妙地运用“俗不可耐”的语言，表演声情并茂，平平常常一段历史被他演绎得像评书一样绘声绘色，又像电影剪辑一样精练流畅。

例如我们选文的第四自然段，易中天先生是如此演绎的：韩信终于成为一个英雄是遇到了一个时势，就是时势造英雄。秦朝末年，天下大乱，陈胜、吴广揭竿而起，四面八方的英雄豪杰在陈胜、吴广的带动下，全部站出来，和暴秦进行斗争。这个时候韩信的家乡同样发生了起义，项羽的叔叔项梁拉起来了一支义军，于是韩信“仗剑从之”，就是拎着他的宝剑参军了，参军以后先跟着项梁，后来又跟着项羽，但是项羽不重视他。这个时候韩信的情况司马迁用四个字进行概括——“无所知名”，这个时候他还没有什么名气，在项羽那儿他觉得没有发展前途，于是投奔刘邦，刘邦让他当什么呢？当个连敖，连敖就是接待员、公关先生，韩信这个人长得比较体面，是一个帅哥，做做接待工作还是不错的，这个时候的状态也是四个字——“未得知名”。那么有一次韩信和几个同事都犯了军法，依法当斩，一个个拉出来杀头，轮到韩信了，把韩信叫出来，要杀他，韩信这时候一抬头看见了一个人，这个人叫做夏侯婴，夏侯婴是什么人？夏侯婴是刘邦的哥们儿，从小就跟刘邦一起的，跟刘邦一起起义，后来当了刘邦的太仆。太仆

这个东西翻译过来就是车夫，给刘邦驾马车的，但是你要知道，当时的这个制度，这个皇帝的太仆是部长，是部长级的官员，那么刘邦当然现在不是皇帝，他是一个诸侯王，这个太仆少说也是副部级了。韩信看见夏侯婴了，就大喊一声说，我们大王不是想得天下吗？为什么要杀英雄好汉？夏侯婴说，咦！怎么还有这样的人啊？过来。司马迁用了六个字——“壮其貌，奇其行”。一看，呀！一表人才，跟他谈谈话，头头是道，不杀了，向萧何推荐，发现一个人才，又给他换了一个位置，叫做治粟都尉，相当于司务长。所以韩信参加工作以后，也是郁郁不得志，先做侍卫官，再做接待员，再做司务长，都是不能施展自己的才华。

思考与讨论

1. 分析韩信的性格特点。
2. 讨论韩信悲剧命运的原因。
3. 说说《淮阴侯列传》的艺术成就。

知识链接

与韩信有关的俗语

【背水一战】韩信攻赵，在井陉口背水列阵，大败赵军。比喻面临绝境，为求得出路作最后一次努力。

【成也萧何，败也萧何】韩信之所以被拜为大将军，实为萧何所荐，而其后被吕后设计杀死，也实为萧何所谋。比喻事情的成败都出于同一个人。

【明修栈道，暗度陈仓】所谓明修栈道，即派人公开修复褒斜栈道，把三秦王的注意力引向秦岭东段；所谓暗度陈仓，即远远地绕开已经烧毁的褒斜栈道，西出故道，以迂为直，突袭陈仓，复归咸阳。后以“明修栈道，暗度陈仓”指正面迷惑敌人，而从侧翼进行突然袭击。

【四面楚歌】垓下之战中，汉军四面皆唱楚歌，项羽以为汉王已经得楚，大惊，率领百骑逃走，兵败垓下。比喻陷入四面受敌、孤立无援的境地。

【逐鹿中原】韩信谋士蒯通在韩信被杀后自我辩驳：秦王朝丢失了梅花鹿，全天下的人都来追逐，才高腿快之人最终得到了它。“逐鹿中原”现在比喻争夺天下。

【解衣推食】刘邦当时对韩信恩信有加，甚至将自己的衣服脱给他穿，将自己的食物推给他吃。这里形容对别人极为关怀，慷慨赠人衣食。

【钟室之祸】楚汉相争，韩信屡建奇功。刘邦称帝后，韩信功高震主，被斩于长乐宫悬钟之室。后以“钟室之祸”指功臣遭忌被杀。

【推陈出新】韩信初投刘邦，负责管理粮仓，很多粮食因天气潮湿而霉变，他命令士卒在每个粮仓前后各开一扇门，粮食只准从前门进、后门出，这样先运进粮仓的粮食就会被先运出去，周而复始就不会有粮食因长期堆积而变坏，称之为“推陈出新”。后来则形容摒弃旧有的方法或观念，启用新的有效的方法。

【韩信点兵】相传韩信每次集合部队，只要求部下先后按1~3、1~5、1~7的顺序报数，然后再报告一下各队每次报数的余数，他就知道到了多少人。他的这种巧妙算法，人们称为鬼谷算，也叫隔墙算，或称为韩信点兵，外国人还称它为“中国剩余定理”。

《世说新语》二则

“这是最好的日子，也是最坏的日子；这是智慧的时代，也是愚蠢的时代；这是信仰的时期，也是怀疑的时期；这是光明的季节，也是黑暗的季节；这是希望的春天，也是绝望的冬天。人人面前好像样样都有，但又像一无所有；人人似乎立刻便要上天堂，但也有可能很快就要入地狱！”也许狄更斯的这段话最适合来形容《世说新语》所描绘的那个时代！

石崇王恺（汰侈门）

刘义庆

石崇与王恺争豪，并穷绮丽，以饰舆服[1]。武帝，恺之甥也，每助恺。尝以一珊瑚树高二尺许赐恺，枝柯扶疏[2]，世罕其比。恺以示崇，崇视讫，以铁如意[3]击之，应手而碎。恺既惋惜，又以为疾己[4]之宝，声色甚厉。崇曰：“不足恨，今还卿。”乃命左右悉取珊瑚树，有三尺四尺，条干绝世，光彩溢目者六七枚，如恺许比甚众。恺惘然自失。

【注释】

[1] 舆（yú）：车舆。

[2] 扶疏：繁茂的样子。

[3] 如意：器物名，一名搔杖，用以搔背痒，因能解痒如人意，故名如意。

[4] 疾：通“嫉”。疾己：妒忌自己。

华歆王朗（德行门）

刘义庆

华歆、王朗俱乘船避难，有一人欲依附，歆辄难之[1]。朗曰：“幸尚宽，何为不可？”后贼追至，王欲舍所携人。歆曰：“本所以疑[2]，正为此耳[3]。既已纳其自托[4]，

宁可以急相弃邪?”遂携拯如初。世以此定华、王之优劣。

【注释】

[1] 辄：即。这句的意思是说华歆随即迟疑为难。

[2] 疑：迟疑不决。

[3] 正为此耳：正是因为考虑到会出现当前这样形势紧急而难以照顾到别人的情况。

[4] 纳其自托：接受他的请托。

刘义庆（403—444），彭城（今江苏徐州）人，曾任南兖州（今江苏扬州）刺史等职，性简朴，爱好文学，门下招聚了不少文学名士。

《世说新语》是我国魏晋南北朝时期志人小说的代表作，全书原八卷，今传本作三卷，分为德行、言语、政事、文学等三十六门，记载了汉末至东晋士族、名人的言谈逸事，反映了魏晋士族阶层的精神面貌和生活情趣。书中崇尚清谈，宣扬魏晋名士风度，但也有不少揭露黑暗现实、抨击残暴奢淫、表彰美德善行的记述。《世说新语》语言简约传神，含蓄隽永，善于选用典型言行来刻画人物，对后代笔记文学颇有影响。

作品鉴赏

《石崇王恺（汰侈门）》通过石崇与王恺的争豪斗富，揭露了东晋门阀豪富穷极奢侈的生活态度和依仗财势飞扬跋扈的品性。此文人物心理刻画细腻传神。因有武帝之助，王恺颇为自得，迫不及待地将武帝赐给他的珊瑚树拿给石崇看，当石崇以如意击碎珊瑚树时，他认为石崇是嫉妒自己，故而“声色甚厉”，大有兴师问罪之意，但当石崇“悉取珊瑚树”后时，王恺气势顿灭，像撒了气的皮球般惘然若失，由自得变为自卑，寥寥数笔，将王恺心理的发展过程传神地表达出来。此文还善于运用细节描写来塑造人物：如写石崇，作者只用“视讫”二字写其面对“世罕其比”的珊瑚树的不屑一顾，而“以铁如意击之”这一动作更表现了石崇恃财骄横的性格，面对王恺的“声色甚厉”，石崇不动声色，只说“不足恨，今还卿”，家财万贯的自负心态随即显露，区区二尺许的珊瑚根本不放在他眼中。石崇与王恺形成鲜明对比，两人胜负立判。

《华歆王朗（德行门）》表现了两种不同的助人态度。华歆一诺千金，不轻易承诺，一旦承诺就一定遵守，一经受托，无论怎样危急都不相弃，重信重义；王朗则正好相反，机巧善变，有始无终，轻易接托，一旦形势紧急则“欲舍所携人”，这种人表面上

大方，实际上却是在不损害自己利益的情况下送人情。

扩展阅读

石崇要客燕（汰侈门）

石崇每要客燕集，常令美人行酒，客饮酒不尽者，使黄门交斩美人。王丞相与大将军尝共诣崇。丞相素不能饮，辄自勉强，至于沉醉。每至大将军，固不饮，以观其变。已斩三人，颜色如故，尚不肯饮。丞相让之，大将军曰："自杀伊家人，何预卿事？"

（选自文学古籍刊行社影宋本）

刘伶病酒（任诞门）

刘伶病酒，渴甚，从妇求酒。妇捐酒毁器，涕泣谏曰："君饮太过，非摄生之道，必宜断之！"伶曰："甚善。我不能自禁，唯当祝鬼神自誓断之耳。便可具酒肉。"妇曰："敬闻命。"供酒肉于神前，请伶祝誓。伶跪而祝曰："天生刘伶，以酒为名，一饮一斛，五斗解酲。妇人之言，慎不可听！"便引酒进肉，隗然已醉矣。

（选自文学古籍刊行社影宋本）

思考与讨论

1. 谈谈你从华歆、王朗的处事态度中得出的体会。
2. 以上两篇文章是怎样运用对比衬托手法的？
3. 以这几篇文章为例，谈谈《世说新语》语言的简练传神。

知识链接

魏晋风度

"孔融死而士气灰，嵇康死而清议绝"，从此，魏晋文坛，便没有了文人的噪音；魏晋风度，第一眼便是血染的风采。

魏晋风度是什么？是知识分子被迫依附于某个政治集团而努力调节的散漫心境；是独尊儒术后儒术又不值钱因而"援老入儒"的尴尬处境；是哲学讨论日常化的大众情境。清谈、吃药和喝酒组成了风度中的风度。

清谈高手分五期：建安七子、正始名士、竹林七贤、王谢世家、桃源陶令。魏晋风度的极致，是陶渊明桃花源的设想。知识分子是信仰最为虔诚的一群，即使政治逼迫他们放浪形骸，他们骨子里也不忘忧国，陶渊明“归去来兮”，最后还是充满政治热情地留下了桃源情结。

魏晋时代长期的战乱、离愁，太轻易地生离死别、妻离子散让他们意识到生命的短暂和可贵。生命的长度不可以增加时，只能选择拓展生命的宽度。这时节，各种张扬的甚至夸张的生命个体被渲染、被接受。《世说新语》可以说是最好的画像。

在这里，即刻的感受超乎一切，人们在这一分钟里颖悟、超脱、放纵，在这一分钟里世界只剩下自己。一切都直逼本心，超然物外，令人叹服。追求感观、心灵享受绝非堕落淫靡，而是一种自觉高尚情趣的体现。

中国文化史上鲜有如此放旷自然的生命。没有魏晋，儒、释、道各自成型，中国文人们再不用效穷途之哭；没有魏晋，义理成风，规矩长存，中国文人们再也不会纵酒狂歌，散发山阿。这一切都如在洛阳东市刑场上嵇康奏响的广陵散一样，是千古绝响！

那为一杯酒放弃身后名的率真，闻美人殁而往吊之的坦荡，裸形体而法自然的放浪，不拘小节的自然，一任狂澜既倒而宠辱不惊的淡定，处世维艰却幽默对之的旷达，这一切的至情至性无不让我们深深震撼和景仰，这就是魏晋风度。

如果说唐诗是中国文学史中的瑰宝，那么张若虚在唐诗史上的位置也是绝无仅有的。近代王闿运将其一首诗评为“孤篇横绝，竟为大家”，闻一多先生更把此诗誉为“诗中的诗，顶峰上的顶峰”。此为何诗，竟如此妙绝？是为张若虚之《春江花月夜》也。

春江花月夜[1]

张若虚

春江潮水连海平，海上明月共潮生。
滟滟[2]随波千万里，何处春江无月明？
江流宛转绕芳甸[3]，月照花林皆似霰[4]。
空里流霜[5]不觉飞，汀[6]上白沙看不见。
江天一色无纤尘，皎皎空中孤月轮。
江畔何人初见月？江月何年初照人？
人生代代无穷已[7]，江月年年望相似。
不知江月待何人，但见长江送流水。
白云一片去悠悠，青枫浦[8]上不胜愁。
谁家今夜扁舟子[9]？何处相思明月楼[10]？
可怜楼上月徘徊，应照离人[11]妆镜台。
玉户[12]帘中卷不去，捣衣砧[13]上拂还来。
此时相望不相闻[14]，愿逐月华流照君。
鸿雁[15]长飞光不度，鱼龙潜跃水成文[16]。
昨夜闲潭[17]梦落花，可怜春半不还家。
江水流春去欲尽，江潭落月复西斜。
斜月沉沉藏海雾，碣石潇湘[18]无限路。
不知乘月几人归，落月摇情满江树[19]。

【注释】

[1]《春江花月夜》：乐府旧题，相传为陈后主陈叔宝所创，原词已佚。
[2] 滟滟（yàn）：波光闪烁的样子。
[3] 宛转：形容江流似有情。芳甸：遍生花草的原野。
[4] 霰（xiàn）：雪珠，在这里形容洁白月光映照下的花朵。
[5] 流霜：古人以为霜和雪一样，是从空中落下来的，所以叫流霜。这里比喻月

光皎洁，悄悄泻满大地。

［6］汀（tīng）：水中或者水边平地，此处指江畔浅处的沙滩。

［7］无穷已：没有止境。已，止。

［8］青枫浦：一名双枫浦，今湖南浏阳县境内，此处特指游子别离时所在的地方。

［9］扁舟子：漂泊江湖的游子。

［10］明月楼：思妇的闺楼。“谁家”两句中“谁家”、“何处”，互文见义。

［11］离人：一说为思妇，一说为游子，以诗中意，似理解为思妇更合适。

［12］玉户：思妇的闺楼，形容楼阁华丽。

［13］捣衣砧（zhēn）：洗衣时用以捶打衣服的垫底石板。

［14］相闻：互通音信。

［15］鸿雁：这里指信使。

［16］鱼龙：偏义在鱼，指鱼书。文：通“纹”，波纹；又有双关义，指文字。

［17］闲潭：平和、幽静的水潭。

［18］碣石潇湘：这里借指天南地北，即游子与思妇距离遥远，相见不易。碣石，山名，在今河北昌黎县。潇湘，即潇水和湘水，在今湖南省境内。

［19］落月句：意谓缭乱不宁的离情别绪，伴随着残月余辉散落在江边的树林里。

张若虚（约660—约720），扬州人，曾任兖州兵曹。中宗神龙年间以文词俊秀驰名于京都，与贺知章、张旭、包融并称为“吴中四士”。其诗作大部分散佚，《全唐诗》仅存2首，其一为《春江花月夜》，乃千古绝唱，有“以孤篇压倒全唐”之誉。

张若虚的诗歌描写细腻，音节和谐，清丽开宕，富有情韵，在初唐诗风的转变过程中具有重要地位，但受六朝柔靡诗风影响，也常流露出人生无常之感。

作品鉴赏

张若虚沿用乐府古题，在诗歌的开篇就题目敷衍生发，对春、江、花、月、夜进行描绘。一方面，诗人以月亮之初升到坠落的过程为行文的外在线索，随着月光无声无息、悄然而行的脚步，依次描绘了沐浴在月光中的潮水、波光、江流、芳甸、花林、白沙、夜空、白云、清风、闺楼、镜台、江树等一系列景象；另一方面，又以月光统摄各种景物，有意突出它们在月光沐浴下所显示出的清丽、空明、澄澈和宁静。

诗歌以春江花月夜为背景，抒写了游子思妇当此良辰美景却天各一方的离别相思，这本是古代诗词中司空见惯的主题，但作者写来却别有风味。尽管也有相思之苦，但却没有泣涕涟涟的浓烈，在“玉户帘中卷不去，捣衣砧上拂还来”的怨艾和嗔怒中，我

们分明也感受到了思妇的天真与痴情；尽管也有离别之愁，但却不见双眉紧锁的沉重，在叹息“此时相望不相闻”、“可怜春半不还家”的同时，我们也能感受到“愿逐月华流照君”的真诚与热切。由于诗中并未涉及具体的现实人事内容，因而使其对离别的哀愁伤感显得宽泛而轻淡，但诗对相思的描绘渲染，却因自然背景的幽美和作者笔致的柔婉，显得真切缠绵，如三月丝雨沁入人心，有“润物细无声”的潜在魅力。

全诗共三十六句，四句一换韵，共换九韵，全诗随着韵脚的转换变化、平仄的交错运用，一唱三叹，音乐节奏强烈而优美，且这种语音与韵味的变化又与诗情切合，可谓声情、文情丝丝入扣，宛转谐美。

扩展阅读

月　出

月出皎兮，佼人僚兮。舒窈纠兮，劳心悄兮。
月出皓兮，佼人懰兮。舒忧受兮，劳心慅兮。
月出照兮，佼人燎兮。舒夭绍兮，劳心惨兮。

（选自《诗经·陈风》）

望月怀远

（唐·张九龄）

海上生明月，天涯共此时。
情人怨遥夜，竟夕起相思。
灭烛怜光满，披衣觉露滋。
不堪盈手赠，还寝梦佳期。

（选自《全唐诗》）

思考与讨论

1. 对于诗中“哀而不伤”的情感基调，你是如何认识和感受的？
2. 诗中对于“月”的描绘很多，分别体现了诗人怎样的感情？
3. 诗中运用了哪些艺术手法来达到情景交融的效果？

知识链接

“鸿雁长飞光不度，鱼龙潜跃水成文”中的典故

在中国古代，“鱼雁”和“书信”有着密切的渊源关系，古称信使为“鱼雁”，也叫“鸿鳞”。古诗文中留有许多相关记载，如“关山梦魂长，鱼雁音尘少”、“鱼书欲寄何由达？水远山长处处同”等，唐代著名诗人王昌龄诗中也有“手携双鲤鱼，目送千里雁”的句子。因为传说古代剖鲤鱼时，看见鱼肚里有书信——汉乐府《饮马长城窟行》中有“客从远方来，遗我双鲤鱼。呼儿烹鲤鱼，中有尺素书”——后来人们便把书信叫做“鱼书”了。而鸿雁是候鸟，往返有期，故人们想象鸿雁能传递音信，因而书信又被称作“飞鸿”、“鸿书”等。《汉书·苏武传》载：“教使者谓单于，言天子射上林中，得雁，足有系帛书。”说的是汉武帝时，苏武奉命出使匈奴，被囚胡地19年，矢志不变。他后来得以归汉，主要是因为匈奴单于相信汉使所说鸿雁传书上林苑，被天子射获，确知苏武在北海牧羊。匈奴单于无奈，只得放回苏武，“鸿雁传书”一时传为美谈。由于这种渊源，“鱼雁”成为中国早期邮政的象征，如同欧洲一些国家早期邮政以牛号角、牛角头为标志一般。

本诗中这两句其实就是借取“鱼雁”这两个典故而化用到春天江滨景物中的。“鸿雁长飞光不度”，是说传递书信的鸿雁已经早就远远地飞走了，而月光又不能度过，因而也就不能替我传递音信。“鱼龙潜跃水成文”，指传递书信的鱼龙（这里偏指鱼）也跃入幽暗的水底藏了起来，看不见了，只剩下水面的波纹而已，意思还是指找不到传递音信的办法。

有这样一位酒仙，“痛饮狂歌空度日，飞扬跋扈为谁雄”。有这样一位诗仙，“酒入豪肠，七分酿成了月光，余下的三分啸成剑气，绣口一吐就半个盛唐”。他就是李白，一个一生与酒结下不解之缘的诗人！李白的许多诗歌都与酒有关，咏酒诗篇又极能表现他的个性，《将进酒》就是其中杰出之作。

将进酒[1]

李　白

君不见，黄河之水天上来[2]，奔流到海不复回。
君不见，高堂明镜悲白发，朝如青丝暮成雪。
人生得意须尽欢，莫使金樽空对月。
天生我材必有用，千金散尽还复来。
烹羊宰牛且为乐，会须一饮三百杯[3]。
岑夫子，丹丘生[4]，将进酒，杯莫停[5]。
与君歌一曲，请君为我侧耳听[6]。
钟鼓馔玉[7]不足贵，但愿长醉不复醒[8]。
古来圣贤皆寂寞，惟有饮者留其名。
陈王昔时宴平乐[9]，斗酒十千恣欢谑[10]。
主人何为言少钱[11]，径须沽取对君酌[12]。
五花马，千金裘[13]，
呼儿将出换美酒，与尔同销万古愁。

【注释】

[1] 将进酒：属汉乐府旧题。将（qiāng）：又，且。这首诗大约作于天宝十一年，距诗人被唐玄宗“赐金放还”已达八年之久。当时，他跟岑勋曾多次应邀到嵩山（在今河南登封市境内）元丹丘家里做客。

[2] 君不见：乐府体诗中提倡的常用语。君：你，此为泛指。天上来：黄河发源于青海，因那里地势极高，故称。

[3] 且为乐：姑且作乐。会须：应当。

[4] 岑夫子：指岑勋。丹丘生：元丹丘。两人均为李白的好友。

[5] 杯莫停：一作“君莫停”。

[6] 侧耳听：一作“倾耳听”。侧耳：表示注意去听。

[7] 钟鼓：富贵人家宴会中奏乐使用的乐器。馔（zhuàn）玉：美好的食物。形容

食物如玉一样精美。馔，食物。玉，像玉一般美好。

[8] 不复醒：也有版本为"不用醒"或"不愿醒"。

[9] 陈王：指陈思王曹植。平乐：平乐观，宫殿名，在洛阳西门外，为汉代富豪显贵的娱乐场所。

[10] 恣（zì）：放纵，无拘无束。谑（xuè）：玩笑。

[11] 言少钱：一作"言钱少"。

[12] 径须：干脆，只管，尽管。沽（gū）：通"酤"，买或卖，这里指买。

[15] 五花马：指名贵的马。一说毛色作五花纹，一说颈上长毛修剪成五瓣。千金裘：价值千金的皮衣。

李白（701—762），字太白，号青莲居士。原籍陇西成纪（今甘肃秦安），出生于安西都护府的碎叶城（今吉尔吉斯斯坦境内），五岁时迁居绵州昌隆（今四川江油青莲乡）。李白一生绝大部分时间处在漫游中。天宝元年被召至长安，供奉翰林，文章风采，名动一时，颇为玄宗所赏识。后因不能见容于权贵，在京仅三年，就弃官而去，继续漫游生活。安史之乱发生的第二年，他感愤时艰，曾参加永王李璘幕府。李璘兵败后，李白受到牵连，被流放夜郎（今贵州境内），途中遇赦。晚年漂泊东南一带，依当涂县令李阳冰，不久病卒。

李白与杜甫合称大李杜，是屈原之后我国最为杰出的浪漫主义诗人，有"诗仙"、"诗侠"、"酒仙"、"谪仙人"之称。李白作品天马行空，浪漫奔放，意境奇异，诗句行云流水，宛若天成，杜甫评为"笔落惊风雨，诗成泣鬼神"。

作品鉴赏

本诗约作于唐玄宗天宝十一年，即安史之乱前四五年。当时唐玄宗耽于女色，先后将政事交给奸相李林甫和杨国忠，官场一片黑暗，豪门贵族只顾寻欢作乐，不以国事为念，社会腐败到了无以复加的地步。诗人对此极为不满，但他又无力改变这种状况，只能用消极的办法进行反抗，借酒消愁，尽吐郁积在胸中的不平之气。

开头四句写悲。诗人的悲感，不仅是因为自己双鬓成霜、英雄老去，更是因为政治腐败，自己政治抱负无从实现。这四句天地人生都说到了，境界阔大，极有气势。次六句写"欢"、"乐"。诗人年华老去，政治上极度失意，整日穷愁并非其本性，既然此处失意，就另外去寻找寄托。在这里，诗人以为朋友聚会是人生快事，不如今朝有酒今朝醉，及时行乐。此处有一定的消沉，但并不完全消沉，作者对政治并未完全绝望——

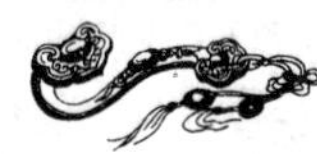

“天生我材必有用”算是对未来的一个期许。“钟鼓”二句是诗人对腐败的当权者和豪门贵族的否定与摈弃，又以古来圣贤与曹植自比叹惋，充满着不平之气、愤激之情。结尾表达狂放之情，诗人要将一切昂贵的东西都拿来“换美酒”，这种狂放，是诗人的悲之重、欢之浓和愤激之深的集中表现。

扩展阅读

宣州谢朓楼饯别校书叔云

（唐·李白）

弃我去者，昨日之日不可留。
乱我心者，今日之日多烦忧。
长风万里送秋雁，对此可以酣高楼。
蓬莱文章建安骨，中间小谢又清发。
俱怀逸兴壮思飞，欲上青天览明月。
抽刀断水水更流，举杯销愁愁更愁。
人生在世不称意，明朝散发弄扁舟。

（选自《全唐诗》）

金陵酒肆留别

（唐·李白）

风吹柳花满店香，吴姬压酒唤客尝。
金陵子弟来相送，欲行不行各尽觞。
请君试问东流水，别意与之谁短长。

（选自《全唐诗》）

思考与讨论

1. 诗中用了哪几个典故？
2. 嗜酒反映了李白的失意人生，李白为何失意？
3. 你如何看待李白的放浪行为？

知识链接

因酒产生的艺术

因醉酒而获得艺术的自由状态，这是古老中国的艺术家解脱束缚获得艺术创造力的重要途径。“志气旷达、以宇宙为狭”的魏晋名士、第一“醉鬼”刘伶在《酒德颂》中有言：“有大人先生，以天地为一朝，万期为须臾。日月有扃牖，八荒为庭衢。”“幕天席地，纵意所如。”“兀然而醉，豁尔而醒。静听不闻雷霆之声，孰视不睹泰山之形。不觉寒暑之切肌，利欲之感情。俯观万物，扰扰焉如江汉之载浮萍。”这种“至人”境界就是中国酒神精神的典型体现。“李白斗酒诗百篇，长安市上酒家眠。天子呼来不上船，自称臣是酒中仙。”（杜甫《饮中八仙歌》），“醉里从为客，诗成觉有神。”（杜甫《独酌成诗》），“俯仰各有态，得酒诗自成。”（苏轼《和陶渊明〈饮酒〉》），“一杯未尽诗已成，涌诗向天天亦惊。”（杨万里《重九后二月登万花川谷月下传觞》），“雨后飞花知底数，醉来赢得自由身。”（张元年），这些流传后世的名篇佳作往往都在诗人酒醉之后写就。

不仅作诗如此，在绘画和中国文化特有的艺术书法中，酒神的身影也是随处可见。画家中，郑板桥的字画不能轻易得到，于是求者拿狗肉与美酒款待，在郑板桥的醉意中求字画者即可如愿。郑板桥也知道求画者的把戏，但他耐不住美酒狗肉的诱惑，只好写诗自嘲：“看月不妨人去尽，对月只恨酒来迟。笑他缣素求书辈，又要先生烂醉时。”“吴带当风”的画圣吴道子，作画前必酣饮大醉方可动笔，醉后为画，挥毫立就。“元四家”中的黄公望也是“酒不醉，不能画”。“书圣”王羲之醉时挥毫而作《兰亭序》，“遒媚劲健，绝代所无”，而至酒醒时“更书数十本，终不能及之”。李白写醉僧怀素：“吾师醉后依胡床，须臾扫尽数千张。飘飞骤雨惊飒飒，落花飞雪何茫茫。”怀素酒醉泼墨，方留其神鬼皆惊的《自叙帖》。草圣张旭“每大醉，呼叫狂走，乃下笔”，于是有其“挥毫落纸如云烟”的《古诗四帖》。

新婚夜后，名分未定却生死离别在即，情何以堪！然身处战乱之中，家国危亡，新妇唯将衷情诉君知，以作激励。既哀己之不幸，亦抒情之不渝。患难见真情，一曲《新婚别》让我们今天读来依然哀鸣不已。

新婚别

杜　甫

菟丝附蓬麻[1]，引蔓故不长。嫁女与征夫，不如弃路旁。
结发[2]为妻子，席不暖君床。暮婚晨告别，无乃[3]太匆忙。
君行虽不远，守边赴河阳。妾身未分明[4]，何以拜姑嫜[5]？
父母养我时，日夜令我藏。生女有所归，鸡狗亦得将[6]。
君今往死地，沉痛迫中肠。誓欲随君去，形势反苍黄[7]。
勿为新婚念，努力事戎行。妇人在军中，兵气恐不扬[8]。
自嗟贫家女，久致罗襦裳[9]。罗襦不复施，对君洗红妆。
仰视百鸟飞，大小必双翔。人事多错迕[10]，与君永相望[11]。

【注释】

[1] 菟（tù）丝句：菟丝即菟丝子，一种蔓生的草，依附在其他植物枝干上生长。蓬和麻都是小植物，它们的枝干都很短，所以菟丝子附在上面的引蔓自然长不了。比喻女子嫁给征夫，相处难久。

[2] 结发：古代习俗，成婚之夕，男左女右共髻束发。

[3] 无乃：岂不是。

[4] 身：身份，指在新家中的名分地位。唐代习俗，嫁后三日，始上坟告庙，才算成婚。今仅宿一夜，婚礼尚未完成，故身份不明。

[5] 姑嫜（zhāng）：婆婆、公公。

[6] 归：古代女子出嫁称“归”。将：带领、相随。这两句即俗语所说的“嫁鸡随鸡，嫁狗随狗”。

[7] 形势：指当时动乱的情势。苍黄：犹仓皇，意思是多有不便、更麻烦。

[8] 妇人二句：《汉书·李陵传》载，汉将李陵在一次战斗中发现士气不振，追查原因，发现是由于有许多士兵携带妻子到军队中的缘故。

[9] 久致：许久才制成。襦（rú）：短袄。裳：下衣。

[10] 错迕（wǔ）：差错、不如意。

[11] 永相望：永远盼望重聚，表示对丈夫的爱情始终不渝。

杜甫（712—770），字子美，河南巩县人，著名诗人杜审言之孙，因曾居长安城南少陵，故自称少陵野老，世称杜少陵。三十五岁以前读书与游历，天宝年间到长安，仕进无门，困顿十年，终获右卫率府胄曹参军小职。安史之乱之初为叛军所俘，脱险后，授官左拾遗。757 年弃官西行，定居成都，一度在剑南节度使严武幕中任检校工部员外郎，故又有杜工部之称。晚年举家东迁，漂泊鄂、湘一带，贫病而卒。有《杜工部集》传世。

杜甫的诗歌充分反映了人民疾苦，被誉为“诗史”。他忧国忧民，人格高尚，诗艺精湛，被奉为“诗圣”。杜甫善于运用古典诗歌的各种体制，并加以创造性地发展，尤其在五律、七律上表现出显著的创造性，积累了关于声律、对仗、炼字炼句等方面的艺术经验。

作品鉴赏

这一首感人至深的千古佳作，反映了新婚夫妇暮婚晨别时的复杂情愫，其最大的闪光点就是对新娘这一叙事抒情主人公的塑造。一方面，作者在新娘的身上倾注了浪漫主义的理想色彩；另一方面，在具体刻画上，既鲜明地体现了现实主义的精雕细琢的特点，同时也运用了大胆的艺术虚构：实际上杜甫未必有这样的生活经历，也不可能听到新娘子对新郎说的私房话，况且洞房之夜即生离死别之夜，如此巧合，本是现实生活中可能有而不一定有的事。但诗中的这一主人公形象有血有肉，人物的语言生动而逼真，读者丝毫不感到勉强和抽象。她通过曲折剧烈的痛苦的内心斗争，最后毅然勉励丈夫从军，表现出战争环境中人物思想感情的发展变化，显得非常自然，符合事件和人物性格发展的逻辑。

在用韵方面，此诗一韵到底，这与它所采用的人物独白的方式有关，一气呵成，更有利于主人公的诉说，也更便于读者的倾听，诗歌也显得荡气回肠。

扩展阅读

无家别

（唐·杜甫）

寂寞天宝后，园庐但蒿藜。我里百馀家，世乱各东西。

存者无消息，死者为尘泥。贱子因阵败，归来寻旧蹊。
人行见空巷，日瘦气惨凄。但对狐与狸，竖毛怒我啼。
四邻何所有，一二老寡妻。宿鸟恋本枝，安辞且穷栖。
方春独荷锄，日暮还灌畦。县吏知我至，召令习鼓鞞。
虽从本州役，内顾无所携。近行止一身，远去终转迷。
家乡既荡尽，远近理亦齐。永痛长病母，五年委沟溪。
生我不得力，终身两酸嘶。人生无家别，何以为烝黎。

（选自《全唐诗》）

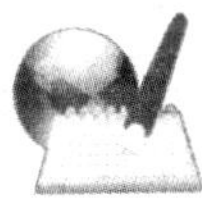

思考与讨论

1. 这首诗塑造了女主人公怎样的形象？
2. 这首诗在语言上有什么特色？
3. 通过这首诗，作者表达了怎样的思想感情？

知识链接

“罗襦不复施，对君洗红妆”背后“女为悦己者容”的典故

据《战国策·赵策》载：“晋阳之孙豫让事知伯，知伯宠之，及赵襄子杀知伯，豫让逃山中，曰：‘嗟呼！士为知己者死，女为悦己者容，吾其报知氏矣。’”后来，他变易姓名，漆身吞炭，使人认不出自己，几次刺杀赵襄子，但都被赵襄子发现了，赵襄子因为他是义士而没有杀他。最后一次刺杀赵襄子，赵襄子说：“子不尝事范、中行氏乎？知伯尽灭之，而子不为报仇，而反委质臣于知伯。知伯亦已死矣，而子独何以为之报仇之深也？”豫让说：“臣事范、中行氏，范、中行氏皆众人遇我，我故众人报之。至于知伯，国士遇我，我故国士报之。”原来范、中行氏并不是豫让的知己，只有知伯把他看做国士，才是他真正的知己，所以他要用死来报答。

而“女为悦己者容”在上述典故中，尽管只是一个修饰类比的对象，但仍然表现了女人用自己的方式来对待“悦己者”的态度。“罗襦不复施，对君洗红妆”这两句诗实际上所传达出的不仅是新妇对丈夫的情感表白，更是激励丈夫出征、表达自己对守护国家责任的理解。从这个高度上看，新妇的形象得到了升华，整首诗的境界上升到了对家、国、民族责任的体现。

韩愈在历史上诗、文均有很高成就，其中散文成就最高。他的这篇《祭十二郎文》被誉为“祭文中千年绝调”，文情高妙却不失通俗，字字动情，为世代传诵。南宋谢枋得《文章轨范》引用安子顺之说：“读《出师表》不哭者不忠，读《陈情表》不哭者不孝，读《祭十二郎文》不哭者不慈。”

祭十二郎文[1]

韩　愈

年、月、日[2]，季父[3]愈闻汝丧之七日，乃能衔哀致诚[4]，使建中远具时羞之奠[5]，告汝十二郎之灵：

呜呼！吾少孤[6]，及长，不省所怙[7]，惟兄嫂是依。中年，兄殁南方，吾与汝俱幼，从嫂归葬河阳[8]。既又与汝就食江南[9]，零丁孤苦，未尝一日相离也。吾上有三兄[10]，皆不幸早世。承先人后者，在孙惟汝，在子惟吾。两世一身[11]，形单影只。嫂尝抚汝指吾而言曰：“韩氏两世[12]，惟此而已！”汝时尤小，当不复记忆。吾时虽能记忆，亦未知其言之悲也。

吾年十九，始来京城。其后四年，而归视汝[13]。又四年，吾往河阳省坟墓，遇汝从嫂丧来葬[14]。又二年，吾佐董丞相于汴州[15]，汝来省吾。止一岁，请归取其孥[16]。明年，丞相薨。吾去汴州，汝不果来。是年，吾又佐戎徐州[17]，使取汝者始行，吾又罢去[18]，汝又不果来。吾念汝从于东，东亦客也，不可以久。图久远者，莫如西归，将成家而致汝[19]。呜呼！孰谓汝遽去吾而殁乎！吾与汝俱少年，以为虽暂相别，终当久相与处，故舍汝而旅食京师，以求斗斛之禄[20]。诚知其如此，虽万乘之公相，吾不以一日辍汝而就也[21]。

去年，孟东野往[22]。吾书与汝曰：“吾年未四十，而视茫茫，而发苍苍，而齿牙动摇。念诸父[23]与诸兄，皆康强而早世。如吾之衰，其能久存乎？吾不可去，汝不肯来，恐旦暮死，而汝抱无涯之戚也！”孰谓少者殁而长者存，强者夭而病者全乎！呜呼！其信然邪[24]？其梦邪？其传之非其真邪？信也，吾兄之盛德而夭其嗣乎？汝之纯明[25]，而不克蒙其泽乎？少者、强者而夭殁，长者、衰者而存全乎？未可以为信也。梦也，传之非其真也，东野之书，耿兰之报[26]，何为而在吾侧也？呜呼！其信然矣！吾兄之盛德而夭其嗣矣！汝之纯明宜业其家者，不克蒙其泽矣！所谓天者诚难测，而神者诚难明矣！所谓理者不可推，而寿者不可知矣[27]！虽然，吾自今年来，苍苍者或化而为白矣，动摇者或脱而落矣[28]。毛血日益衰，志气日益微，几何不从汝而死也。死而有知，其几何离[29]？其无知，悲不几时，而不悲者无穷期矣。汝之子始十岁，吾之子始五岁。少而强者不可保，如此孩提者，又可冀其成立邪！呜呼哀哉！呜呼哀哉！

汝去年书云："比得软脚病，往往而剧。"吾曰："是疾也，江南之人，常常有之。"未始以为忧也。呜呼！其竟以此而殒其生乎？抑别有疾而至斯乎？汝之书，六月十七日也。东野云，汝殁以六月二日；耿兰之报无月日[30]。盖东野之使者，不知问家人以月日；如耿兰之报，不知当言月日。东野与吾书，乃问使者，使者妄称以应之耳[31]。其然乎？其不然乎？

今吾使建中祭汝，吊[32]汝之孤与汝之乳母。彼有食，可守以待终丧[33]，则待终丧而取以来；如不能守以终丧，则遂取以来。其余奴婢，并令守汝丧。吾力能改葬，终葬汝于先人之兆[34]，然后惟其所愿。

呜呼！汝病吾不知时，汝殁吾不知日，生不能相养于共居，殁不能抚汝以尽哀，敛不凭其棺，窆[35]不临其穴。吾行负神明，而使汝夭；不孝不慈，而不能与汝相养以生，相守以死。一在天之涯，一在地之角，生而影不与吾形相依，死而魂不与吾梦相接。吾实为之，其又何尤[36]！彼苍者天，曷其有极[37]！自今已往，吾其无意于人世矣！当求数顷之田于伊、颍之上[38]，以待余年。教吾子与汝子，幸其成[39]；长吾女与汝女，待其嫁，如此而已。呜呼！言有穷而情不可终，汝其知也邪！其不知也邪！呜呼哀哉！尚飨[40]！

【注释】

[1] 十二郎：韩会之子、韩愈的侄子韩老成，排行十二。郎，即郎子，唐代口语中对年轻男子的称呼。

[2] 年、月、日：祭文开头表示祭享的一般格式。本文写于唐德宗贞元十九年（公元 803 年），时作者 36 岁，在京任职。

[3] 季父：叔父。

[4] 衔哀致诚：含着哀痛向你表达诚意。

[5] 建中：人名，韩族仆人。具：备，办好。时羞：应时的食物。羞，通"馐"。奠：本指祭奠，在此处指祭品。

[6] 吾少孤：韩愈三岁时丧父。

[7] 不省（xǐng）所怙（hù）：不知道依靠谁。怙：依靠。

[8] 中年三句：韩愈兄韩会 42 岁死于韶州刺史贬所，后会妻把灵柩送回韩氏祖宗墓地河阳安葬。河阳：今河南孟州市西。

[9] 就食江南：指建中二年，中原兵乱不息，韩愈随嫂搬家到宣州（今安徽宣城县）韩氏别业之事。

[10] 三兄：韩愈只有两个哥哥：韩会、韩介，故有疑他还有一个哥哥早年夭折。

[11] 两世一身：子孙两代中各剩下一个男丁。

[12] 韩氏两世：这里专指愈父韩云卿的子孙两代。

[13] 其后二句：此指韩愈贞元三年赴长安应进士举，约在贞元六年间中途回宣州时的事情。

[14] 从嫂丧来葬：此指韩老成奉母亲的灵柩来河阳安葬。

[15] 董丞相：指董晋，贞元十六年六月，董晋以检校尚书左仆射、同中书门下平

章事任宣武军节度使，汴、宋、亳、颍等州观察使，辟韩愈为节度使观察推官。汴州，治所在今天河南开封市。

[16] 孥（nú）：古指儿女，此处是妻和子的统称。

[17] 徐州：今江苏徐州市，时为定武军节度使治所，韩愈被辟为节度使观察推官。

[18] 罢去：罢职离开徐州。

[19] 东：指汴州和徐州，两地都在修武之东。西归：西归修武。成家而致汝：在故乡安顿好家，然后接你来同住。

[20] 斗斛（hú）之禄：指微少的俸禄，古代以十斗为一斛。

[21] 万乘之公相：指高官厚禄。战国时，地方千里的大国称万乘之国，能出兵车万乘。公指三公，相指宰相。辍（chuò）汝而就：离开你而去就任。

[22] 孟东野：孟郊。贞元十六年，孟郊出任溧阳尉，溧阳离宜州不远，故韩愈托他传信。

[23] 诸父：伯父和叔父。

[24] 其信然邪：是真的这样吗？

[25] 纯明：纯正聪明。

[26] 耿兰：韩老成的家仆。

[27] 寿者：寿命的长短。知：预测。

[28] 动摇者：指牙齿。

[29] 其几何离：那么我们的分离又能有多久呢？

[30] 无月日：没有说明日期。

[31] 使者妄称以应之耳：使者随便说了一个日子来敷衍回答。

[32] 吊：安慰。

[33] 终丧：古代礼制，人死三年除服，称为终丧。

[34] 先人之兆：韩氏祖先的墓地。

[35] 窆（biǎn）：墓穴，此处名词做动词用，意指下棺入穴。

[36] 其又何尤：又能怨谁呢？尤：责怪。

[37] 曷其有极：我的悲伤哪里有尽头。曷，通“何”。

[38] 伊、颍：伊水、颍水。二水均在今河南境内，此泛指韩愈老家。

[39] 幸：希望。

[40] 呜呼哀哉！尚飨（xiǎng）：此为祭文收尾格式。意为请享用祭品。

韩愈（768—824），字退之，河南河阳（今河南孟县南）人，世称韩昌黎，唐文学家、哲学家。早孤，由兄嫂抚养，刻苦自学。贞元登进士第，任监察御史，后贬为阳山令。赦还后，曾任国子博士、刑部侍郎等职。又因谏阻宪宗迎佛骨，贬为潮州刺史。后官至吏部侍郎。卒谥文，世称韩文公。

韩愈政治上反对藩镇割据，思想上尊儒排佛，文学上力反六朝以来骈偶文风，提倡散体，与柳宗元同为古文运动的倡导者。其散文继承先秦、两汉古文传统，气势雄健，人称“唐宋八大家”之首。其诗力求新奇，以文入诗，有时流于险怪，对宋诗影响颇大。著有《昌黎先生集》。

作品鉴赏

本文一反传统祭文铺排郡望、藻饰官阶、歌功颂德的固定格式，主要记家常琐事，表现自己与死者的密切关系，倾诉痛悼之情。

作者主要从三个方面表达哀痛之情。一是强调骨肉亲情关系。作者和老成名为叔侄，情同手足，今老成先逝，子女幼小，更显家族凋零，振兴无望。这在注重门庭家道的古代，引起韩愈的切肤之痛是理所当然的。二是突出老成之死实出意外。老成比作者年少而体强，得的不过是一种常见的软脚病，因而对其遽死毫无精神准备，追悔莫及，意外的打击使他极为悲痛。三是表达作者自身的宦海沉浮之苦和人生无常之感，并以此深化亲情。作者原以为两人都还年轻，便不以暂别为念，求食求禄，奔走仕途，别多聚少，而今铸成终身遗憾。作者在求索老成的死因和死期时，堕入乍信乍疑、如梦如幻的迷境，深觉生命飘忽，倍增哀痛。

在艺术形式上，本文破骈为散，采用自由多变的散体，为后世古文开辟新径。全文采用与死者对话的方式，边泣边诉，有吞声呜咽之态，无夸饰艳丽之辞。如写闻讣的情景，从“其信然邪”到“未可以为信也”，再到“其信然矣”，语句重叠，表现其惊疑无定的心理状态；末尾“汝病吾不知时，汝殁吾不知日”一段，多用排句，情绪激荡，一气呵成。这一切又都从肺腑中流出，具有震撼人心的力量。

扩展阅读

祭公瑾文

呜呼公瑾，不幸夭亡！修短故天，人岂不伤？
我心实痛，酹酒一觞；君其有灵，享我蒸尝！
吊君幼学，以交伯符；仗义疏财，让舍以民。
吊君弱冠，万里鹏抟；定建霸业，割据江南。
吊君壮力，远镇巴丘；景升怀虑，讨逆无忧。

吊君丰度，佳配小乔；汉臣之婿，不愧当朝，
吊君气概，谏阻纳质；始不垂翅，终能奋翼。
吊君鄱阳，蒋干来说；挥洒自如，雅量高志。
吊君弘才，文武筹略；火攻破敌，挽强为弱。
想君当年，雄姿英发；哭君早逝，俯地流血。
忠义之心，英灵之气；命终三纪，名垂百世，
哀君情切，愁肠千结；惟我肝胆，悲无断绝。
昊天昏暗，三军怆然；主为哀泣；友为泪涟。
亮也不才，丐计求谋；助吴拒曹，辅汉安刘；
掎角之援，首尾相俦，若存若亡，何虑何忧？
呜呼公瑾！生死永别！朴守其贞，冥冥灭灭，
魂如有灵，以鉴我心：从此天下，更无知音！
呜呼痛哉！伏惟尚飨。

（选自《三国演义》五十七回《柴桑口卧龙吊丧 耒阳县凤雏理事》，标题为编者自拟）

思考与讨论

1. 作者为什么为侄子之丧写得如此动情？
2. 作者是如何在文章中体现以情动人的艺术特点的？
3. 从艺术成就来说，这篇文章给我们留下了哪些宝贵的经验？

知识链接

唐古文运动

盛唐后期至中唐前期，相继出现一批崇儒复古、谋求革新的作家，如萧颖士、李华、元结、独孤及、梁肃、柳冕等，先后出来提倡散体，反对骈文。他们的复古主张为韩愈、柳宗元倡导古文运动奠定了理论基础，文学史上通常称他们为古文运动的先驱者。但他们的作品大多带骈文余习且成就有限，表现着文体文风蜕变期的特点。

中唐后期，韩愈、柳宗元倡导古文运动，古文在理论和创作实践上达到全盛期，一直发展到唐末五代。韩、柳有自成体系的古文理论，包括明道、养气、学古、创新等各方面主张，旗帜鲜明，辩论有力。“古文”这一概念由韩愈最先提出。他把六朝以来讲求声律及辞藻、排偶的骈文视为俗下文字，认为自己的散文继承了先秦两汉文章的传统，所以称“古文”。古文虽称为“古文”，倡导学习先秦两汉的散文语言，实则师其意而不师其辞，并要求从唐代活的语言中提炼新的书面散文语言，生动流畅，较近口语，扩大了文言文的表达功能，对后代散文发展影响很大。韩、柳的古文作品数量多、

成就高，闳中肆外，无体不备，浑浩流转，雄深雅健，给人们提供了古文的范本。同时期的白居易擅长写明白晓畅的文章，樊宗师好为奇奥生僻之作，刘禹锡也是古文好手，他们与韩、柳殊途同归，唐代古文便被推到全盛阶段。后起者有刘蜕、孙樵、杜牧诸人。唐末五代，又出现了皮日休、陆龟蒙、罗隐等作家，以短小犀利之笔讽刺现实，被鲁迅誉为“一塌糊涂的泥塘里的光彩和锋芒”。其后宋代的欧阳修、王安石、曾巩、苏洵、苏轼、苏辙等人更将这一运动发扬光大，这六人与韩愈、柳宗元合称为“唐宋八大家”。

历史上对于李隆基与杨玉环二人帝妃之爱的对错是非向来存在争议，叙写二人爱情的长篇叙事诗《长恨歌》的主题同样也成为读者争论的焦点。《长恨歌》是一首颂扬李扬真挚执著情义的爱情诗作，还是一首意在谴责明皇、垂诫后世君王的讽喻之作？诗歌似乎讽喻和同情交织，既洒一掬同情泪，又责失政遗恨……

长恨歌[1]

白居易

汉皇重色思倾国[2]，御宇多年求不得[3]。杨家有女初长成[4]，养在深闺人未识。天生丽质难自弃，一朝选在君王侧。回眸一笑百媚生，六宫粉黛无颜色[5]。春寒赐浴华清池[6]，温泉水滑洗凝脂。侍儿扶起娇无力，始是新承恩泽时。云鬓花颜金步摇[7]，芙蓉帐暖度春宵。春宵苦短日高起，从此君王不早朝。承欢侍宴无闲暇，春从春游夜专夜。后宫佳丽三千人，三千宠爱在一身。金屋妆成娇侍夜，玉楼宴罢醉和春。姊妹弟兄皆列土[8]，可怜光彩生门户[9]。遂令天下父母心，不重生男重生女。骊宫高处入青云，仙乐风飘处处闻。缓歌慢舞凝丝竹，尽日君王看不足。

渔阳鼙鼓动地来[10]，惊破霓裳羽衣曲[11]。九重城阙烟尘生[12]，千乘万骑西南行[13]。翠华摇摇行复止[14]，西出都门百余里。六军不发无奈何，宛转蛾眉马前死[15]。花钿委地无人收，翠翘金雀玉搔头[16]。君王掩面救不得，回看血泪相和流。

黄埃散漫风萧索，云栈萦纡登剑阁[17]。峨嵋山下少人行，旌旗无光日色薄。蜀江水碧蜀山青，圣主朝朝暮暮情。行宫见月伤心色，夜雨闻铃肠断声。天旋日转回龙驭[18]，到此踌躇不能去。马嵬坡下泥土中，不见玉颜空死处。君臣相顾尽沾衣，东望都门信马归。归来池苑皆依旧，太液芙蓉未央柳[19]。芙蓉如面柳如眉，对此如何不泪垂。春风桃李花开夜，秋雨梧桐叶落时。西宫南内多秋草[20]，落叶满阶红不扫。梨园弟子白发新，椒房阿监青娥老[21]。夕殿萤飞思悄然，孤灯挑尽未成眠[22]。迟迟钟鼓初长夜，耿耿星河欲曙天[23]。鸳鸯瓦冷霜华重[24]，翡翠衾寒谁与共[25]。悠悠生死别经年，魂魄不曾来入梦。

临邛道士鸿都客[26]，能以精诚致魂魄。为感君王展转思，遂教方士殷勤觅。排空驭气奔如电，升天入地求之遍。上穷碧落下黄泉[27]，两处茫茫皆不见。忽闻海上有仙山，山在虚无缥渺间。楼阁玲珑五云起，其中绰约多仙子。中有一人字太真，雪肤花貌参差是。金阙西厢叩玉扃[28]，转教小玉报双成。闻道汉家天子使，九华帐里梦魂惊。揽衣推枕起徘徊，珠箔银屏逦迤开[29]。云鬓半偏新睡觉，花冠不整下堂来。风吹仙袂飘摇举，犹似霓裳羽衣舞。玉容寂寞泪阑干[30]，梨花一枝春带雨。含情凝睇谢君王[31]，一别音容两渺茫。昭阳殿里恩爱绝[32]，蓬莱宫中日月长[33]。回头下望人寰处，

不见长安见尘雾。唯将旧物表深情，钿合金钗寄将去[34]。钗留一股合一扇，钗擘黄金合分钿[35]。但教心似金钿坚，天上人间会相见。临别殷勤重寄词，词中有誓两心知。七月七日长生殿，夜半无人私语时。在天愿作比翼鸟，在地愿为连理枝。天长地久有时尽，此恨绵绵无绝期。

【注释】

[1] 题注：本诗作于唐宪宗元和元年冬，时白居易任县尉，与友人陈鸿、王质夫同游仙游寺，道古论今，言及唐玄宗之溺于声色及杨贵妃之恃宠贵幸，终于酿成马嵬之变，不胜感慨，乃据王质夫之建议作成此诗。陈鸿并为之作《长恨歌传》，于是，诗、传一体，相得益彰。

[2] 汉皇：中唐后诗人多好以汉武帝（刘彻）代借指唐玄宗。倾国 ：指美女。

[3] 御宇：统治全国。

[4] 杨家有女：杨贵妃是蜀州司户杨玄琰的女儿，幼年养在叔父杨玄珪家，小名玉环。开元二十三年，册封为寿王（玄宗的儿子李瑁）妃。二十八年玄宗使她为道士，住太真宫，改名太真。天宝四年册封为贵妃。

[5] 六宫：后妃的住处。粉黛：本是妇女的化妆品，这里用作妇女的代称。

[6] 华清池：开元十一年建温泉宫于骊山，天宝六年改名华清宫，温泉池也改名华清池。

[7] 步摇：一种首饰的名称，用金银丝宛转屈曲制成花枝形状，上缀珠玉，插在发髻上，行走时摇动。

[8] 列土：分封土地。杨玉环受册封后，其大姐封韩国夫人，三姐封虢国夫人，八姐封秦国夫人。伯叔兄弟封官鸿胪卿、侍御史，杨钊赐名国忠，天宝十一年为右丞相。

[9] 可怜：可爱。

[10] 渔阳：天宝元年河北道的蓟州改称渔阳郡，包括今蓟县、平谷等县境在内，原属节度使安禄山管辖。鞞（pí）鼓：古代军中用的小鼓，骑鼓。

[11] 霓裳羽衣曲：著名舞曲名。

[12] 九重城阙：指京城。烟尘生：指发生战祸。

[13] 西南行：天宝十五年六月，安禄山破潼关，杨国忠主张逃向蜀中，唐玄宗命将军陈玄礼率领“六军”出发，他自己和杨贵妃等出延秋门向西南而去。

[14] 翠华：指皇帝仪仗中用翠鸟羽毛装饰的旗子。

[15] 蛾眉：美女代称，此处指杨贵妃。

[16] 翠翘：翠鸟尾上的长毛叫“翘”，此处指形似“翠翘”的头饰。金雀：雀形的金钗。玉搔头：玉簪。这句说各种各样的首饰和花钿都丢在地上。

[17] 云栈：高入云端的栈道。萦纡：回环曲折。剑阁：即剑门关，在今四川省剑阁县北。

[18] 天旋日转：比喻国家从倾覆后得到恢复。回龙驭：指玄宗由蜀中回到长安。

[19] 太液：池名，在长安城东北面的大明宫内。未央：宫名，在长安县西北。两

者都是汉朝就有的旧名称。此处借指唐朝的池苑和宫廷。

[20] 西宫：《新唐书·宦官传》中记录，李辅国胁迫太上皇（李隆基）从兴庆宫迁西内（唐称太极宫曰“西内”）。

[21] 椒房：宫殿名称，皇后所居。以椒和泥涂壁，取其温暖而芳香。阿监：宫廷中的近侍，唐代六七品女官名。青娥：指年轻貌美的宫女。“青娥老”和上句“白发新”对举。

[22] 孤灯挑尽：古时用灯草点油灯，过一会儿就要把灯草往前挑一挑，让它好燃烧。挑尽：是说夜已深，灯草也将挑尽。

[23] 耿耿：明亮。星河：银河。欲曙天：天快要亮的时候。

[24] 鸳鸯瓦：屋瓦一俯一仰扣合在一起叫“鸳鸯瓦”。霜华：即霜花。重：指霜厚。

[25] 翡翠衾：绣着翡翠鸟的被子。

[26] 临邛（qióng）：今四川省邛崃县。鸿都：洛阳北宫门名。鸿都客：是说这位四川方士曾在洛阳住过。一说“鸿都客”是说临邛道士来京都为客。

[27] 穷：找遍的意思。碧落：指天上。黄泉：指地下。

[28] 扃（jiōng）：本指门闩或门环，这里指门扇。小玉双成：《汉武帝内传》记西王母命玉女董双成吹云和之笙，此借小玉、双成作为杨贵妃的侍婢。

[29] 珠箔（bó）：珠帘。屏：屏风。逦迤：连接不断。

[30] 阑干：流泪的样子。

[31] 凝睇（dì）：凝视。

[32] 昭阳殿：汉宫名，赵飞燕居住过的地方，这里代指杨贵妃旧居处。

[33] 蓬莱宫：传说中的海上仙山，这里代指仙境。

[34] 钿（diàn）合：镶嵌金花的首饰盒。寄将去：托请捎去。

[35] 擘（bāi）：分开。这两句意思是：钗留一股盒留一片，钗分开了里头是黄金，盒分开了里头是金属花片。

白居易（772—846），河南新郑人，字乐天，号香山居士，有“诗魔”和“诗王”之称。晚年官至太子少傅，谥号“文”，世称白傅、白文公。其诗歌在中国、日本和朝鲜等国有广泛影响，著有《白氏长庆集》七十一卷。

白居易在文学上积极倡导新乐府运动，主张“文章合为时而著，歌诗合为事而作”，写下了不少感叹时世、反映人民疾苦的诗篇。他去世后，唐宣宗写诗悼念他：“缀玉连珠六十年，谁教冥路作诗仙？浮云不系名居易，造化无为字乐天。童子解吟《长恨》曲，胡儿能唱《琵琶》篇。文章已满行人耳，一度思卿一怆然。”

作品赏析

本诗是作者有感于唐玄宗李隆基与贵妃杨玉环爱情故事而写下的长篇叙事诗，大致分为四个层次来叙事。首先写杨贵妃入宫受宠，明皇迷色误国；再写安史之乱爆发，两人马嵬生离死别，明皇蜀中伤心断肠；接而写明皇还都路上追怀忆旧，回到宫中触景生情，睹物思人；最后写明皇仙山寻得杨贵妃，遥寄信物誓词。虽然诗中不乏对杨贵妃红颜祸水、李隆基荒淫误国的描写，但这并不是作者想在诗歌中想表达的中心思想和主要情感。作者在自评这首诗时曾说："一篇长恨有风情。"所以，"长恨"才是本诗的主题。

杨贵妃的死在整个故事中是一个关键性的情节，在这之后，诗中的爱情才成为一场悲剧，这一悲剧性的爱情正是作者所言"长恨"之所在。从主题和结构的安排来看，诗人并没有把叙说的着眼点放在李隆基的"汉皇重色思倾国"上，也没有落脚于杨玉环的"回眸一笑百媚生"上，而是着力将这段爱情的悲剧从政治中提炼出来，让矢志不渝的爱情成为诗歌的主宰，这种写法突破了当时一般文人在这一题材的政治讽刺倾向。

本诗艺术成就极高，熔叙事、抒情、描写于一炉，在叙述故事和人物塑造上，采用了我国传统诗歌擅长的抒写手法，时而把人物的思想感情注入景物，用景物的折光来烘托人物的心境；时而抓住人物周围富有特征性的景物、事物，通过人物对它们的感受来表现内心的感情，层层渲染，恰如其分地表达人物蕴蓄在内心深处的难达之情。

扩展阅读

帝幸蜀

（唐·罗隐）

马嵬山色翠依依，又见銮舆幸蜀归。
泉下阿蛮应有语，这回休更怨杨妃。

（选自《全唐诗》）

过华清宫绝句

（唐·杜牧）

长安回望绣成堆，山顶千门次第开。
一骑红尘妃子笑，无人知是荔枝来。

（选自《全唐诗》）

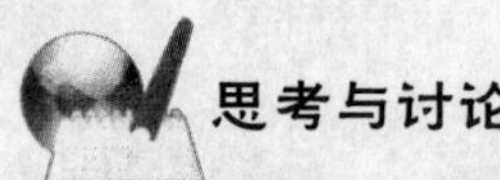

思考与讨论

1. 本诗中“长恨”的含义是什么？
2. 体会这首诗的主题。
3. 概括本诗的艺术特色。

知识链接

白居易与中唐新乐府运动

新乐府是指唐人自立新题而作的乐府诗，这类新题乐府，至杜甫而大有发展，除杜甫善用乐府诗体描写时事外，元结、韦应物、戴叔伦、顾况等人也都有新题乐府之作，他们可以说是新乐府运动的先驱。新乐府运动作为诗歌运动，其创作并不限于写新题乐府，当时张籍、王建、刘猛、李馀等人，既写新题乐府，又写古题乐府，都体现了诗歌革新的方向。这样便在当时形成了一个影响很大的诗歌运动，文学史上称之为新乐府运动。

白居易和元稹在多篇诗序中阐述了新乐府运动的理论主张。所谓“文章合为时而著，歌诗合为事而作”、“为君、为臣、为民、为物、为事而作，不为文而作”，明确提出了新乐府运动的基本宗旨；所谓“上以补察时政，下以泄导人情”，强调了诗歌的社会功能和讽喻作用；所谓“惟歌生民病”、“但伤民病痛”、反对“嘲风雪、弄花草”，是主张诗歌要有社会内容，要反映民生疾苦和社会现实弊端；所谓“根情、苗言、华声、实义”则是要求诗歌的形式与内容统一，形式为内容服务。这些诗歌理论，一反大历以来逐渐抬头的逃避现实的诗风，发扬了《诗经》、汉魏乐府和杜甫以来的优良的诗歌传统，具有进步意义。

新乐府运动的创作，因要针砭现实、指斥时弊，自然就不能不触犯许多当权者。白居易说，他的诗曾使得“权豪贵近者相目而变色”，“执政柄者扼腕”，“握军要者切齿”，竟至“言未闻而谤已成”（《与元九书》），可见斗争是很激烈的。元和十年，白居易横遭毁谤，远谪江州，以他为主要倡导者的新乐府运动也因此受到挫折。事实上，统治阶级的腐败和现实政治的黑暗，也使得新乐府运动已无法再继续下去。尽管如此，它在中国诗歌史上留下了光辉的一页，并对后世诗歌的创作发展产生了深远的影响。

他是一个富于传奇色彩的人物。他少年得志，22岁一举高中，名动京华；他仕途波宕，曾为帝王之师，也曾为阶下之囚；他是知无不言、言无不尽的直臣，也是旷世罕见的艺术天才；他处世天真，眼中所见无一坏人；他淡泊名利，居庙堂之高时，念念于归隐渔樵，处野域蛮荒时，恬然自适于陋室粗食；他给后世留下了丰富的文学遗产，也成为后人心目中理想人格的典范；他赢得上至帝王将相、下至黎民百姓的普遍喜爱，他的魅力似乎是无穷的。他，就是苏轼，中国老百姓更喜欢称他为苏东坡。

定风波

苏　轼

三月七日沙湖道中遇雨。雨具先去，同行皆狼狈，余独不觉。已而遂晴，故作此。

莫听穿林打叶声，何妨吟啸[1]且徐行。竹杖芒鞋[2]轻胜马，谁怕？一蓑烟雨任平生[3]。

料峭春风吹酒醒，微冷，山头斜照却相迎。回首向来萧瑟[4]处，归去，也无风雨也无晴。

【注释】

[1] 吟啸：吟咏、长啸，表示意态闲适。

[2] 芒鞋：草鞋。

[3] 一蓑烟雨任平生：披着蓑衣在风雨中过一辈子，也处之泰然。

[4] 萧瑟：风雨吹打树林的声音。

苏轼（1037—1101），字子瞻，号东坡居士，宋代眉州（今四川省眉山市）人。北宋文学家、书画家，其父苏洵、弟苏辙都是著名古文学家，世称“三苏”。

苏轼的诗、词和散文都代表北宋文学的最高成就。苏轼的诗大都感慨仕途坎坷，也反映民生疾苦、揭露现实黑暗，风格豪迈清新，尤长于比喻；苏轼的词题材广泛，记游、怀古、赠答、送别、说理无不入词，名作有《念奴娇》、《水调歌头》等，开豪放词派的先河，与辛弃疾并称“苏辛”；苏轼的散文汪洋恣肆，结构谨严，明白条畅，如《石钟山记》、《放鹤亭记》等，与《赤壁赋》、《后赤壁赋》同为传诵名篇；苏轼还擅长行、楷书，与黄庭坚、米芾、蔡襄并称“宋四家”。

作品鉴赏

此词作于宋神宗元丰五年，此时苏轼因“乌台诗案”被贬谪黄州，在遭受严重政治迫害的这几年，他内心当然有痛苦的一面，但他能以超人的旷达心态泰然处之，借“道中遇雨”一事来抒写自己的心境。开篇连用“莫听”、“何妨”、“且”三个词，使一个在雨中长啸、从容闲雅，且有几分倔强、几分抗争的自我形象跃然纸上。下片表现出作者心境恬静，具有听任自然、旷达乐观的胸襟。“道中遇雨”本是生活常事，但此词却道出了人生哲理：人生在世哪个不遇风雨？遇风雨怎样面对？应该在自然风雨中镇定自若，在仕途风雨中泰然处之，在痛苦中旷达自解，在醒悟中超脱旷达。作者在词中渗入了放开眼界、洞达事理、自我调节、旷达通脱等一系列的人生哲理。

在写法上，此词情景交融，隐喻寄托，写眼前景，想心中事：眼前的雨，喻人生的政治风雨；竹杖、芒鞋，喻苏轼被贬至渔樵杂处；酒醒，隐喻作者经历坎坷后对世事更加清醒。

扩展阅读

临江仙

（宋·苏轼）

夜饮东坡醒复醉，归来仿佛三更。家童鼻息已雷鸣，敲门都不应，倚杖听江声。

长恨此身非我有，何时忘却营营？夜阑风静縠纹平，小舟从此逝，江海寄余生。

（选自《东坡文集》）

定风波

（宋·苏轼）

常羡人间琢玉郎，天应乞与点酥娘。自作清歌传皓齿，风起，雪飞炎海变清凉。

万里归来年愈少，微笑，笑时犹带岭梅香。试问岭南应不好？却道，此心安处是吾乡。

（选自《东坡文集》）

思考与讨论

1. 词中哪些句子体现出象征意味？
2. 作者的人生观对你有什么启发？
3. 试从本词中体会东坡豪迈中的旷达之情。

知识链接

苏轼与乌台诗案

宋神宗在熙宁年间重用王安石变法，后来变法失利，又在元丰年间从事改制。在变法到改制的转折关头，苏轼乌台诗案发生了。这起案件先由监察御史李定告发，后在御史台狱受审，由于御史台自汉代以来就别称为“乌台”，所以此案被称为“乌台诗案”。

元丰二年，苏轼因不赞成王安石新法被贬调湖州。在奉调时，苏轼依例向宋神宗上表致谢，在表中写出了略带牢骚的“知其生不逢时，难以追陪新进；查其老不生事，或可牧养小民”一句，引起新党怀恨。至此，新党中多人在苏轼作品中寻章摘句试图打击苏轼，如举出苏轼《杭州纪事诗》，说他“玩弄朝廷，讥嘲国家大事”；举出“读书万卷不读律，致君尧舜知无术”两句，说他讽刺皇帝没能力教导、监督官吏；举出“岂是闻韶忘解味，迩来三月食无盐”两句，说他讽刺禁止人民卖盐；举出“根到九泉无曲处，世间惟有蛰龙知”两句，说他隐刺皇上，“皇帝如飞龙在天，苏轼却要向九泉之下寻蛰龙，不臣莫过于此！”。虽然新党不断指控苏轼“大逆不道”，但神宗皇帝不愿杀害他，只同意拘捕他，于是朝廷将苏轼逮捕送至御史台。苏轼以为死刑将至，在巨大的精神压力下给弟弟苏辙写了两首诀别诗，宋神宗读到这两首绝命诗，感动之余，也不禁为苏轼的才华所折服，加上当朝多人为苏轼求情，王安石也劝神宗说：“圣朝不宜诛名士”，神宗遂下令对苏轼从轻发落，贬其为黄州团练副使。轰动一时的“乌台诗案”就此销结。

李清照词选读

纵观中国古代文坛，女性作家屈指可数，而能够穿透历史樊篱，超越历史规约，在封建礼教重压下坦率展露女性内心、大胆释放个人情感的女作家更是少之又少，李清照就是其中一个。一句“莫道不销魂，帘卷西风，人比黄花瘦”，写尽闺中女儿的闲愁，令夫君亦心服口服；一句“生当作人杰，死亦为鬼雄”，更令后人看到这不一般的女子在经历家国剧变后感时咏怀的责任与担当。

一剪梅

李清照

红藕香残玉簟[1]秋。轻解罗裳[2]，独上兰舟。云中谁寄锦书来？雁字[3]回时，月满西楼。花自飘零水自流。一种相思，两处闲愁。此情无计可消除，才下眉头，却上心头。

【注释】

[1] 玉簟（diàn）：光华如玉的席子。

[2] 裳（cháng）：古人穿的下衣称为“裳”，是裙的一种，但不同于现在的裙子。

[3] 雁字：指雁群飞时排成“一”或“人”字形。相传雁能传书。

永遇乐

李清照

落日熔金[1]，暮云合璧[2]，人在何处？染柳烟浓，吹梅笛怨[3]，春意知几许？元宵佳节，融和天气，次第[4]岂无风雨？来相召，香车宝马，谢他酒朋诗侣。

中州[5]盛日，闺门多暇，记得偏重三五[6]。铺翠冠儿[7]，捻金雪柳[8]，簇带[9]争济楚。如今憔悴，风鬟霜鬓，怕见夜间出去。不如向，帘儿底下，听人笑语。

【注释】

[1] 落日熔金：落日的颜色好像熔化的黄金。

[2] 合璧：像璧玉一样合成一块。

[3] 吹梅笛怨：笛子吹出《梅花落》婉曲幽怨的声音。

[4] 次第：接着、转眼。

[5] 中州：这里指北宋汴京。

[6] 三五：元宵节。

[7] 铺翠冠儿：饰有翠羽的女式帽子。

[8] 捻（niǎn）金雪柳：元宵节女子头上的装饰。

[9] 簇带：妆扮之意。

李清照（1084—约1155），号易安居士，山东济南人，宋代杰出女词人，婉约派词宗。其父李格非为齐鲁著名学者、散文家，其母王氏，知书善文，其夫赵明诚为吏部侍郎赵挺之子，金石考据家。李清照早年生活优裕，工书能文，通晓音律。婚后与赵明诚共同致力于书画金石的整理，编写了《金石录》，其住所为“易安堂”，李清照也故自封为易安居士。中原沦陷后，与丈夫南流，过着颠沛流离、凄凉愁苦的生活，明诚病死后，其境遇更加孤苦。

李清照以词著名，兼工诗文，并著有词论，提出“词，当别具一家也”，在中国文学史上享有崇高声誉。早年词作多写相思之情，金兵入侵后，遭遇国家巨变，词作多感慨身世飘零。她的诗文感时咏史，与词风迥异。她还擅长书画，兼通音律。现存诗文及词为后人所辑，有《漱玉词》等，存词40余首。

作品鉴赏

《一剪梅》是一首相当富有诗情画意的词作。“红藕香残玉簟秋”，首句描写秋天已至，池中荷花色香俱残，竹席颇有凉意；“轻解罗裳，独上兰舟”，无法排遣相思之苦，出外乘舟解闷；“云中谁寄锦书来？雁字回时，月满西楼”，独坐舟中，多么希望此雁阵南飞捎回夫君的书信；“花自飘零水自流”，眼前是落花飘零、流水自去；“一种相思，两处闲愁”，不仅自己在思念丈夫，丈夫也在思念自己，这样的断语，这样的心有灵犀，是建立在夫妻相知相爱的基础上的；“此情无计可消除，才下眉头，却上心头”，自己不仅无法暂时排遣相思之情，反而陷入更深的思念境地，“才”、“却”二字的刻画惟妙惟肖。词人越是把她的别情抒写得淋漓尽致，就越能显示出他们夫妻恩爱的甜蜜，也越能表现出她对生活的热爱。

《永遇乐》为作者流寓临安时所作，以今昔元宵的不同情景作对比，抒发了深沉的盛衰之感和身世之悲。上片写今年元宵节的情景，元夕暮景绚丽，作者却发出“次第岂无风雨”这一声充满迷惘与痛苦的长叹，恍惚回到“中州盛日”，但旋即又发出“人在何处”的叹息，虽有“染柳烟浓”的春色，却只觉春意味少。只因心绪落寞，婉言推辞“香车宝马”的邀约。下片转为忆昔，遥想汴京繁盛时代，自己最重视的就是元宵佳节，有着无限的游赏兴致，语调轻松欢快，多用当时俗语，宛然少女心声。但“如今憔悴，风鬟霜鬓，怕见夜间出去”。历尽国破家倾、夫亡亲逝之痛，“盛日”与“如今”两种迥然不同的心境，“不如向，帘儿底下，听人笑语”。面对现实的繁华热闹，只能在隔帘笑语声中聊温旧梦，骨子里蕴涵着无限的孤寂悲凉。此词运用今昔对照与丽景哀情相映的手法，并有意识地将浅显平易而富有表现力的口语与锤炼工致的书面语交错融合，以极富表现力的语言写出了浓厚的今昔盛衰之感和个人身世之悲。

扩展阅读

点绛唇

（宋·李清照）

蹴罢秋千，起来慵整纤纤手，露浓花瘦，薄汗轻衣透。见客入来，袜刬金钗溜。和羞走，倚门回首，却把青梅嗅。

（选自杨慎《词林万选》）

如梦令

（宋·李清照）

昨夜雨疏风骤，浓睡不消残酒。试问卷帘人，却道海棠依旧。知否？知否？应是绿肥红瘦。

（选自《漱玉词》）

思考与讨论

1. 李清照的词有前后期变化，这两首词分别作于哪个时期？情感表达上有什么不一样？

2. 说说李清照词中所体现出来的特有的女性心理。

3. 如何看待李清照在宋代程朱理学禁锢森严的情形下，却能在诗文方面取得如此大的成就？

后人易安评语辑录

伊士珍《瑯嬛记》：易安结缡未久，明诚即负笈远游。易安殊不忍别，觅锦帕书《一剪梅》词以送之。

王灼《碧鸡漫志》：易安作长短句，能曲折尽人意，轻巧尖新，姿态百出。

王士祯《花草蒙拾》：张南湖论词派有二：一曰婉约，一曰豪放。仆谓婉约以易安为宗，豪放惟幼安称首，皆吾济南人，难乎为继矣！

刘辰翁《须溪词》中的《永遇乐·璧月初晴》小序：余自辛亥上元诵李易安《永遇乐》，为之涕下。今三年矣，每闻此词，辄不自堪，遂依其声，又托易安自喻，虽辞情不及，而悲苦过之。

李调元《雨村词话》：易安在宋诸媛中，自卓然一家，不在秦七、黄九之下。词无一首不工，其炼处可夺梦窗之席，其丽处直参片玉班，盖不徒俯视巾帼，直欲压倒须眉。

“此情可待成追忆，只是当时已惘然。”岁月悠悠，历经八百多年的风雨剥蚀，在如今的绍兴沈园里，那块醒目的《钗头凤》题壁依旧，主人公陆游和唐婉的爱情悲剧仍然令人潸然泪下，千古悲怆。这是一个男人满含深情、无力而绝望的悲歌，是一个男人满含血泪而又声嘶力竭的悲歌。

钗头凤[1]

陆　游

红酥手[2]，黄縢酒[3]，满城春色宫墙柳[4]。东风恶，欢情薄，一怀愁绪，几年离索。错！错！错！

春如旧，人空瘦，泪痕红浥鲛绡透[5]。桃花落，闲池阁，山盟虽在，锦书难托[6]。莫！莫！莫！

【注释】

［1］题注：《钗头凤》词调根据五代无名氏《撷芳词》改易而成，因《撷芳词》中原有“都如梦，何曾共，可怜孤似钗头凤”之句，故取名《钗头凤》。陆游用“钗头凤”这一调名大概有两方面的含义：一是指自与唐氏仳离之后“可怜孤似钗头凤”；二是指离异之前的往事“都如梦”一样地倏然而逝，未能白首偕老。

［2］红酥手：红润而白嫩的手。

［3］黄縢（téng）酒：即黄封酒，当时官酿酒以黄纸封口。

［4］宫墙柳：用来比喻唐婉，此时唐婉已经另嫁他人，犹如宫廷中的杨柳，可望而不可即。

［5］泪痕红浥（yì）鲛绡（jiāo xiāo）透：沾染着脸上胭脂的红泪，把手帕都湿透了。浥，湿。鲛绡，丝绸制的手帕。

［6］锦书难托：唐婉已被陆游之母休弃，而且已经改嫁他人，按照道义，不能再通书信。

陆游（1125—1210），字务观，号放翁，山阴（今浙江绍兴）人，南宋杰出爱国诗人。少年时即深受家庭亲友间爱国思想的熏陶，年轻时中应礼部试，为秦桧所黜。孝宗即位，赐进士出身，后官至宝章阁待制。在政治上，主张坚决抗金，一直受到投降集团的压制。晚年退居家乡，但收复中原的信念始终不渝。

陆游创作力非常旺盛，是我国古代作品最多的诗人，仅诗集《剑南诗稿》中保存至今的就有9300多首，所以他自言“六十年间万首诗”。他的诗内容极为丰富，风格雄浑豪放。陆游生活在祖国分裂的年代，恢复中原既是他一生奋斗目标，也是他诗作中的重要内容和情感主题。

作品鉴赏

据《历代诗馀》记载，陆游年轻时娶表妹唐婉为妻，感情深厚。但因陆母不喜欢唐婉，威逼二人各自另行嫁娶。十年之后的一天，陆游沈园春游与唐婉不期而遇。此情此景，陆游“怅然久之，为赋《钗头凤》一词”。

这首词上阕以男子口吻追叙今昔之异：昔日的欢情，被强劲的东风一扫成空，别后数年心境索漠，满怀愁绪无处排解，而此恨既已铸成，事实已无可挽回；下阕改拟女子口吻泣诉别后相思之情：眼前风光依稀如旧，而人事已改，为思君消瘦憔悴，终日以泪洗面，任花开花落，已无意兴再临池阁之胜，当年山盟海誓都成空愿，虽欲托书通情，无奈碍于再嫁的处境，也只好作罢。

前人评论此词“无一字不天成”。所谓“天成”是指自然流露、毫不矫饰。陆游本人就说过：“文章本天成，妙手偶得之。”正因为词人亲身经历了这千古伤心之事，所以才有这千古绝唱之词。

扩展阅读

钗头凤

（宋·唐婉）

世情薄，人情恶，雨送黄昏花易落。晓风干，泪痕残，欲笺心事，独语斜阑。难！难！难！

人成各，今非昨，病魂常似秋千索。角声寒，夜阑珊，怕人寻问，咽泪装欢。瞒！瞒！瞒！

（选自《齐东野语》）

沈园组诗

（宋·陆游）

其一

城上斜阳画角哀，沈园非复旧池台。
伤心桥下春波绿，曾是惊鸿照影来。

其二

梦断香消四十年，沈园柳老不吹绵。
此身行作稽山土，犹吊遗踪一泫然。

（选自《陆游诗词全集》）

思考与讨论

1. 从词性、句子结构、语言特色等角度，分析这首词的艺术特色。
2. 分析陆游与唐婉悲剧产生的原因。
3. 比较陆游的诗作与词作在情感表达上的异同。

知识链接

词　牌

词牌，就是词的格式的名称。词的格式和律诗的格式不同，律诗只有四种格式，而词总共有一千多种格式，这些格式称为词谱。人们不好把它们称为第一式、第二式等，所以给它们起了一些名字，这些名字就是词牌。有时候，几个格式合用一个词牌，因为它们是同一个格式的若干变体；有时候，同一个格式而有几个名称，那只是因为各家叫名不同罢了。关于词牌的来源，大概有下面三种情况：

（1）本来是乐曲的名称。如《菩萨蛮》、《西江月》、《风入松》、《蝶恋花》等，这些词牌有的来自民间，有的来自宫廷。

（2）摘取一首词中的几个字作为词牌。例如《忆秦娥》，因为依照这个格式写出的最早一首词的开头两句是“箫声咽，秦娥梦断秦楼月”，所以词牌又叫《秦楼月》；《忆江南》本名《望江南》，因为白居易的一首咏“江南好”的词最后一句是“能不忆江南”，所以又叫《忆江南》。

（3）本来就是词的题目。《浪淘沙》咏的是浪淘沙，《更漏子》咏夜，《抛球乐》咏抛球等。凡是词牌下面注明“本意”的，词牌同时是词题，不另起题目了。

在词曲创作中，以渔父为题材的作品不在少数，一般也只着眼于描绘他们生活的逍遥惬意。但白朴笔下的渔夫却不一样，淡泊名利、隐逸绝世的渔夫形象实际上是白朴的化身。

双调·沉醉东风·渔父

白　朴

黄芦岸白苹渡口[1]，
绿柳堤红蓼[2]滩头。
虽无刎颈交[3]，
却有忘机友[4]，
点[5]秋江白鹭沙鸥。
傲杀人间万户侯[6]，
不识字烟波钓叟[7]。

【注释】

[1] 黄芦：与白苹、绿柳、红蓼均为水边生长的植物。白苹：一种在浅水中多年生的植物。

[2] 红蓼（liǎo）：一种水边生的草本植物，开白色或浅红色的小花。

[3] 刎颈交：刎，割；颈，脖子。刎颈交即为了友谊虽刎颈也不后悔的朋友。

[4] 忘机友：机，机巧、机心。忘机友即相互不设机心、无所顾忌、毫无机巧算计之心的朋友。

[5] 点：数，这里是形容词作动词用。

[6] 傲杀：鄙视。万户侯：本意是汉代具有万户食邑的侯爵，在此泛指高官显贵。

[7] 叟：老头。

白朴（1226—1306），字太素，号兰谷，祖籍隩州（今山西河曲），后迁居真定（今河北正定）。白朴出身金朝官僚家庭，幼时正值金国覆亡，饱经兵乱，依赖父亲好友、诗人元好问多方扶持，并教他读书，终身未仕。作为在野的一代名士，白朴专注于诗酒和杂剧创作，死后因子而贵显，被朝廷赠予“嘉议大夫、太常卿、仪院太卿”等官衔。

白朴与关汉卿、王实甫（另一说为郑光祖）、马致远并称元曲四大家，其著名的杂剧《梧桐雨》在历代评价甚高；其词流传至今一百余首，大多以咏物与应酬为主；其散曲作品有《天籁集摭遗》一卷，收其小令三十七首，套曲四套。

作品鉴赏

这首小令通过对一个渔民自由自在垂钓生活的描写，表现了作者不与达官贵人为伍，甘心淡泊宁静生活的情怀。

一二两句，对仗工丽，写景如画。在那么优雅的环境里打鱼为生，固然很不错，但如果只是一个人，就未免孤寂，所以还该有朋友。三四两句，便给那位“渔夫”找来了情投意合的朋友，那忘机友正是“点秋江”的“白鹭沙鸥”。以鸥鹭为友，既表现“渔夫”的高洁，又说明真正的忘机友在人间无法找到。结尾点题，点出前面写的并非退隐文人，而是“傲杀人间万户侯”的“不识字烟波钓叟”。元代社会中的渔夫不可能那样悠闲自在，也未必敢于傲视统治他的“万户侯”，不难看出，这只曲子所写的“渔夫”是理想化了的。

艺术上，这首小令语言清丽，风格俊逸，精心择词又不露痕迹，描绘的景物鲜艳明丽，意境阔大，且字里行间流露着作者的喜爱和赞美之情，是元散曲中的上品。

扩展阅读

双调·夜行船·秋思

（元·马致远）

【离亭宴煞】蛩吟一觉方宁贴，鸡鸣万事无休歇。争名利何年是彻。密匝匝蚁排兵，乱纷纷蜂酿蜜，闹攘攘蝇争血。裴公绿野堂，陶令白莲社。爱秋来那些：和露摘黄花，带霜烹紫蟹，煮酒烧红叶，人生有限杯，几个登高节。嘱咐俺顽童记者：便北海探吾来，道东篱醉了也。

（选自《元曲鉴赏辞典》）

中吕·十二月带尧民歌·别情

（元·王实甫）

自别后遥山隐隐，更那堪远水粼粼。见杨柳飞绵滚滚，对桃花醉脸醺醺，透内阁香风阵阵，掩重门暮雨纷纷。怕黄错不觉黄昏，不消魂怎地不消魂，新洋痕压旧啼痕，断肠人忆断肠人。今春，香肌瘦几分，裙带宽三寸。

（选自《元曲鉴赏辞典》）

思考与讨论

1. 这首散曲塑造了主人公怎样的形象?
2. 这首散曲在语言上有什么特色?
3. 通过这首散曲，作者表达了怎样的思想感情?

知识链接

元曲概述

元曲的兴起对于我国民族诗歌的发展、文化的繁荣有着深远的影响和卓越的贡献，它不仅是文人咏志抒怀得心应手的工具，而且为反映元代社会生活提供了人民群众喜闻乐见的崭新的艺术形式。

元曲分为两类，一是由套数组成的曲文，间杂以宾白和科范，专为舞台上演出的杂剧；二是包括小令和套数的散曲。杂剧的戏剧形式由故事情节、科介、宾白、曲词等几部分组成。科介是演出提示，规定表演动作和舞台效果，宾白就是说白，曲词是歌唱部分。元杂剧剧本一般由四折组成，一套乐曲伴唱一折，所以“折”是音乐的单元，也是剧情的大段落。在四折之外，还可以有楔子。楔子常常在剧本开头，相当于序幕，但也可以作为过场戏放在折与折之间。剧本的结尾一般有两句或四句对子来总结内容，最后一句常用作剧本名称。元散曲主要有小令和套数（又叫散套、套曲）两种形式。小令原是民间的小调，通常只是一支独立的曲子（少数包含二三支曲子），文人的小令多半较典雅，民间的小令语言俚俗。套数则由多支曲子组成，而且要求始终用一个韵。

“闲谈不说《红楼梦》，读尽诗书也枉然。”中国是一个诗国，在中国文化，尤其是在古典文化中，无不深刻地蕴涵着诗的意境。《红楼梦》作为中国古典文学中的一部不朽著作，更堪称诗之精华的融合。而林黛玉这一鲜明形象，为整部巨著平添了几分诗的悲凉、诗的伤情。让我们走进这美景中欣赏这美的意境和黛玉那如花一般的品格与才情。

黛玉葬花[1]（节选）

曹雪芹

如今且说林黛玉因夜间失寐，次日起来迟了，闻得众姊妹都在园中作饯花会，恐人笑他痴懒，连忙梳洗了出来。刚到了院中，只见宝玉进门来了，笑道：“好妹妹，你昨儿可告我了不曾？教我悬了一夜心。”林黛玉便回头叫紫鹃道：“把屋子收拾了，撂下一扇纱屉，看那大燕子回来，把帘子放下来，拿狮子[2]倚住，烧了香就把炉罩上。”一面说一面又往外走。宝玉见他这样，还认作是昨日中晌的事，那知晚间的这段公案，还打恭作揖的。林黛玉正眼也不看，各自出了院门，一直找别的姊妹去了。宝玉心中纳闷，自己猜疑：看起这个光景来，不象是为昨日的事，但只昨日我回来的晚了，又没有见他，再没有冲撞了他的去处了。一面想，一面由不得随后追了来。

只见宝钗探春正在那边看鹤舞，见黛玉去了，三个一同站着说话儿。又见宝玉来了，探春便笑道：“宝哥哥，身上好？我整整的三天没见你了。”宝玉笑道：“妹妹身上好？我前儿还在大嫂子跟前问你呢。”探春道：“宝哥哥，你往这里来，我和你说话。”宝玉听说，便跟了他，离了钗、玉两个，到了一棵石榴树下。探春因说道：“这几天老爷可曾叫你？”宝玉笑道：“没有叫。”探春说：“昨儿我恍惚听见说老爷叫你出去的。”宝玉笑道：“那想是别人听错了，并没叫的。”探春又笑道：“这几个月，我又攒下有十来吊钱了，你还拿了去，明儿出门逛去的时侯，或是好字画，好轻巧顽意儿，替我带些来。”宝玉道：“我这么城里城外，大廊小庙的逛，也没见个新奇精致东西，总不过是那些金玉铜磁没处撂的古董，再就是绸缎吃食衣服了。”探春道：“谁要这些？象你上回买的那柳枝儿编的小篮子，整竹子根抠的香盒儿，胶泥垛的风炉儿，这就好了。我喜欢的什么似的，谁知他们都爱上了，都当宝贝似的抢了去了。”宝玉笑道：“原来要这个。这不值什么，拿五百钱出去给小子们，管拉一车来。”探春道：“小厮们知道什么。你拣那朴而不俗，直而不拙者，这些东西，你多多的替我带了来。我还象上回的鞋作一双你穿，比那一双还加工夫，如何呢？”

宝玉笑道：“你提起鞋来，我想起个故事：那一回我穿着，可巧遇见了老爷，老爷就不受用，问是谁作的。我那里敢提‘三妹妹’三个字，我就回说是前儿我生日，是舅母给的。老爷听了是舅母给的，才不好说什么，半日还说：‘何苦来！虚耗人力，作践绫罗，作这样的东西。’我回来告诉了袭人，袭人说这还罢了，赵姨娘气的抱怨的了不得：‘正经兄弟，鞋搭拉袜搭拉的没人看的见，且作这些东西！’”探春听说，登时沉下脸来，道：“这话糊涂到什么田地！怎么我是该作鞋的人么？环儿难道没有分例的，没有人的？一般的衣裳是衣裳，鞋袜是鞋袜，丫头老婆一屋子，怎么抱怨这些话！给谁听呢！我不过是闲着没事儿，作一双半双，爱给那个哥哥弟弟，随我的心。谁敢管我不成！这也是白气。”宝玉听了，点头笑道：“你不知道，他心里自然又有个想头了。”探春听说，益发动了气，将头一扭，说道：“连你也糊涂了！他那想头自然是有的，不过是那阴微鄙贱的见识。他只管这么想，我只管认得老爷，太太两个人，别人我一概不管。就是姊妹弟兄跟前，谁和我好，我就和谁好，什么偏的庶的，我也不知道。论理我不该说他，但忒昏愦的不象了！还有笑话呢：就是上回我给你那钱，替我带那顽的东西。过了两天，他见了我，也是说没钱使，怎么难，我也不理论。谁知后来丫头们出去了，他就抱怨起来，说我攒的钱为什么给你使，倒不给环儿使呢。我听见这话，又好笑又好气，我就出来往太太跟前去了。”正说着，只见宝钗那边笑道：“说完了，来罢。显见的是哥哥妹妹了，丢下别人，且说体己去。我们听一句儿就使不得了！”说着，探春宝玉二人方笑着来了。

宝玉因不见了林黛玉，便知他躲了别处去了，想了一想，索性迟两日，等他的气消一消再去也罢了。因低头看见许多凤仙石榴等各色落花，锦重重的落了一地，因叹道：“这是他心里生了气，也不收拾这花儿来了。待我送了去，明儿再问着他。”说着，只见宝钗约着他们往外头去。宝玉道：“我就来。”说毕，等他二人去远了，便把那花兜了起来，登山渡水，过树穿花，一直奔了那日同林黛玉葬桃花的去处来。将已到了花冢，犹未转过山坡，只听山坡那边有呜咽之声，一行数落着，哭的好不伤感。宝玉心下想道：“这不知是那房里的丫头，受了委曲，跑到这个地方来哭。”一面想，一面煞住脚步，听他哭道是：

花谢花飞飞满天，红消香断有谁怜？游丝软系飘春榭，落絮轻沾扑绣帘。
闺中女儿惜春暮，愁绪满怀无释处。手把花锄出绣帘，忍踏落花来复去。
柳丝榆荚自芳菲，不管桃飘与李飞。桃李明年能再发，明年闺中知有谁？
三月香巢已垒成，梁间燕子太无情！明年花发虽可啄，却不道人去梁空巢也倾。
一年三百六十日，风刀霜剑严相逼。明媚鲜妍能几时，一朝飘泊难寻觅。
花开易见落难寻，阶前愁杀葬花人。独倚花锄偷洒泪，洒上空枝见血痕。
杜鹃无语正黄昏，荷锄归去掩重门。青灯照壁人初睡，冷雨敲窗被未温。
怪侬底事[3]倍伤神，半为怜春半恼春。怜春忽至恼忽去，至又无言去不闻。
昨宵庭外悲歌发，知是花魂与鸟魂？花魂鸟魂总难留，鸟自无言花自羞；
愿侬此日生双翼，随花飞到天尽头。天尽头，何处有香丘？
未若锦囊收艳骨，一抔[4]净土掩风流。质本洁来还洁去，强于污淖陷渠沟。
尔今死去侬[5]收葬，未卜侬身何日丧？侬今葬花人笑痴，他年葬侬知是谁？
试看春残花渐落，便是红颜老死时。一朝春尽红颜老，花落人亡两不知！

正是一面低吟，一面哽咽，那边哭的自己伤心，却不道这边听的早已痴倒了。……

话说林黛玉只因昨夜晴雯不开门一事，错疑在宝玉身上。至次日又可巧遇见饯花之期，正是一腔无明正未发泄，又勾起伤春愁思，因把些残花落瓣去掩埋，由不得感花伤己，哭了几声，便随口念了几句。不想宝玉在山坡上听见，先不过点头感叹，次后听到“侬今葬花人笑痴，他年葬侬知是谁”，“一朝春尽红颜老，花落人亡两不知”等句，不觉恸倒山坡之上，怀里兜的落花撒了一地。试想林黛玉的花颜月貌，将来亦到无可寻觅之时，宁不心碎肠断！既黛玉终归无可寻觅之时，推之于他人，如宝钗，香菱，袭人等，亦可到无可寻觅之时矣。宝钗等终归无可寻觅之时，则自己又安在哉？且自身尚不知何在何往，则斯处，斯园，斯花，斯柳，又不知当属谁姓矣！——因此一而二，二而三，反复推求了去，真不知此时此际欲为何等蠢物，杳无所知，逃大造，出尘网，使可解释这段悲伤。正是：花影不离身左右，鸟声只在耳东西。

那林黛玉正自伤感，忽听山坡上也有悲声，心下想道：“人人都笑我有些痴病，难道还有一个痴子不成？”想着，抬头一看，见是宝玉。林黛玉看见，便道：“啐！我道是谁，原来是这个狠心短命的……”刚说到“短命”二字，又把口掩住，长叹了一声，自己抽身便走了。

这里宝玉悲恸了一回，忽然抬头不见了黛玉，便知黛玉看见他躲开了，自己也觉无味，抖抖土起来，下山寻归旧路，往怡红院来。可巧看见林黛玉在前头走，连忙赶上去，说道：“你且站住。我知你不理我，我只说一句话，从今后撂开手。”林黛玉回头看见是宝玉，待要不理他，听他说“只说一句话，从此撂开手”，这话里有文章，少不得站住说道：“有一句话，请说来。”宝玉笑道：“两句话，说了你听不听？”黛玉听说，回头就走。宝玉在身后面叹道：“既有今日，何必当初！”林黛玉听见这话，由不得站住，回头道：“当初怎么样？今日怎么样？”宝玉叹道：“当初姑娘来了，那不是我陪着顽笑？凭我心爱的，姑娘要，就拿去，我爱吃的，听见姑娘也爱吃，连忙干干净净收着等姑娘吃。一桌子吃饭，一床上睡觉。丫头们想不到的，我怕姑娘生气，我替丫头们想到了。我心里想着：姊妹们从小儿长大，亲也罢，热也罢，和气到了儿，才见得比人好。如今谁承望姑娘人大心大，不把我放在眼睛里，倒把外四路的什么宝姐姐凤姐姐的放在心坎儿上，倒把我三日不理四日不见的。我又没个亲兄弟亲姊妹。——虽然有两个，你难道不知道是和我隔母的？我也和你似的独出，只怕同我的心一样。谁知我是白操了这个心，弄的有冤无处诉！”说着不觉滴下眼泪来。

黛玉耳内听了这话，眼内见了这形景，心内不觉灰了大半，也不觉滴下泪来，低头不语。宝玉见他这般形景，遂又说道：“我也知道我如今不好了，但只凭着怎么不好，万不敢在妹妹跟前有错处。便有一二分错处，你倒是或教导我，戒我下次，或骂我两句，打我两下，我都不灰心。谁知你总不理我，叫我摸不着头脑，少魂失魄，不知怎么样才好。就便死了，也是个屈死鬼，任凭高僧高道忏悔也不能超生，还得你申明了缘故，我才得托生呢！”

黛玉听了这个话，不觉将昨晚的事都忘在九霄云外了，便说道：“你既这么说，昨儿为什么我去了，你不叫丫头开门？”宝玉诧异道：“这话从那里说起？我要是这么样，立刻就死了！”林黛玉啐道：“大清早起死呀活的，也不忌讳。你说有呢就有，没有就没有，起什么誓呢。”宝玉道：“实在没有见你去。就是宝姐姐坐了一坐，就出来了。”

林黛玉想了一想，笑道："是了。想必是你的丫头们懒待动，丧声歪气的也是有的。"宝玉道："想必是这个原故。等我回去问了是谁，教训教训他们就好了。"黛玉道："你的那些姑娘们也该教训教训，只是我论理不该说。今儿得罪了我的事小，倘或明儿宝姑娘来，什么贝姑娘来，也得罪了，事情岂不大了。"说着抿着嘴笑。宝玉听了，又是咬牙，又是笑。

【注释】

[1] 本文节选自《红楼梦》第二十七、二十八回，题目系编者自拟。

[2] 狮子：这里是一种压帘用的带座的石狮子。

[3] 底事：什么事。底，何。

[4] 抔：掬。一抔：一捧，双手捧物。《史记·张释之列传》："取长陵一抔土"，比喻盗开坟墓。后人就以"一抔土"代指坟墓。这里"一抔净土"指花冢。

[5] 侬：我

曹雪芹（1715—1764），名霑，字梦阮，号雪芹、芹圃、芹溪，清代小说家。祖籍辽阳，本为汉人，远祖归降满洲，被编入正白旗。曹家呼吸会能通帝座，深得康熙皇帝的宠信，曾祖曹玺，祖父曹寅，父辈曹颙、曹頫一家三代四人相继为江宁织造达六七十年之久。康熙皇帝六次南巡，五次住在织造府，四次是在曹寅任上。雍正五年曹頫因事被罢官抄家，曹家从此败落，次年举家由南京迁到北京，到了乾隆年间，曹雪芹移居北京西郊，过着"举家食粥酒常赊"的困顿生活，直到病逝。

《红楼梦》主要有两个版本，一是脂评系统（抄本系统）八十回；二是程高本系统（刊本系统）一百二十回。这部曹雪芹历经十年辛苦写作而成的宏伟巨著是一部百科全书式的长篇小说，以贾宝玉和林黛玉的爱情故事为主线，写出了贾府为代表的封建家族由盛而衰的历史，深刻反映了当时的社会现实，揭示了封建制度必然灭亡的历史趋势。小说以其丰富的内容，曲折的情节，深刻的思想认识，精湛的艺术手法成为中国古典小说中伟大的现实主义作品。

作品鉴赏

"黛玉葬花"是《红楼梦》中最美的画面之一，主要表现了黛玉的奇逸文思及多愁善感的悲剧性格。黛玉葬花其意在于怜花悼花，怜花实是自怜，说明她爱美，爱春天的美，爱大自然的美；同时也说明她自尊、自爱，爱青春的美，爱生命的美，珍惜人的价值。悼花本是伤己，体现了她特有的少女诗人式的敏感、细腻，凭直觉发现自然界的悲剧。对于春尽花残，一般人都是漠然的，唯独黛玉感觉到游丝的“软”、“飘”、“系”，落絮的“轻”、“沾”、“扑”，她强烈地感受到自然界的冷酷：“三月香巢已垒成，梁间燕子太无情”、“花谢花飞花满天，红消香断有谁怜”，对此，她“愁绪满怀无释处”。“感花伤己”是由景及情、由物及人、由花的凋谢而引发自己的身世之悲，她体悟到的是自己所处的悲剧性情境。万物由盛转衰是自然规律，一般人不会由此而生幻灭感，而黛玉由花落联想到人亡，由春尽联想到红颜老去，由风霜对花的摧残联想到人类社会中的压迫，这分明是她意识到自己的理想追求与现实的对立。她有理想有追求，到处寻找着能承载她“芳骨”的“香丘”，但现实中封建礼教的压力如风霜一般，她感到自己无力与之抗衡，“明媚鲜妍能几时，一朝飘泊难寻觅”。尽管如此，她仍知其不可为而为之，执著以求，“质本洁来还洁去，强于污淖陷渠沟”，宁死也不愿安委于命运，不与世俗同流合污。一首《葬花吟》由情而景、情景相生、情文相生、人花一体，淋漓尽致地展现出黛玉的才气、才情，表现了她花一样的品格、花一样的灵魂，也揭示了她花一样的命运。

扩展阅读

初见黛玉

（清·曹雪芹）

宝玉早已看见多了一个姊妹，便料定是林姑妈之女，忙来作揖。厮见毕归坐，细看形容，与众各别：两弯似蹙（cù）非蹙罥（juàn）烟眉，一双似喜非喜含情目。态生两靥（yè）之愁，娇袭一身之病。泪光点点，娇喘微微。闲静时如姣花照水，行动处似弱柳扶风。心较比干多一窍，病如西子胜三分。宝玉看罢，因笑道：“这个妹妹我曾见过的。”

（选自《红楼梦》第三回“贾雨村夤缘复旧职　林黛玉抛父进京都”）

《红楼梦》中其他关于葬花情节的描写

那一日正当三月中浣，早饭后，宝玉携了一套《会真记》，走到沁芳闸桥边桃花底下一块石上坐着，展开《会真记》，从头细玩。正看到“落红成阵”，只见一阵风过，把树头上桃花吹下一大半来，落的满身满书满地皆是。宝玉要抖将下来，恐怕脚步践踏了，只得兜了那花瓣，来至池边，抖在池内。那花瓣浮在水面，飘飘荡荡，竟流出沁芳闸去了。

回来只见地下还有许多，宝玉正踟蹰间，只听背后有人说道：“你在这里作什么？”宝玉一回头，却是林黛玉来了，肩上担着花锄，锄上挂着花囊，手内拿着花帚。宝玉笑道："好，好，来把这个花扫起来，撂在那水里。我才撂了好些在那里呢。"林黛玉道："撂在水里不好。你看这里的水干净，只一流出去，有人家的地方脏的臭的混倒，仍旧把花遭塌了。那畸角上我有一个花冢，如今把他扫了，装在这绢袋里，拿土埋上，日久不过随土化了，岂不干净。"

（选自《红楼梦》第二十三回"西厢记妙词通戏语　牡丹亭艳曲警芳心"）

思考与讨论

1. "三月香巢已垒成，梁间燕子太无情"，黛玉为何批评燕子无情？
2. 《葬花吟》在艺术上有什么特点？
3. 本文表现了林黛玉什么样的性格？

知识链接

关于芒种节

"芒种"是二十四节气中的第九个节气，是反映物候的节令。"芒种"之后天气开始炎热，进入夏季，所以农事播种都以这一时节为界，过了这一节气，播种的农作物会贪青晚熟，上不来，而栽种移植的秧苗成活率也越来越低，有"芒种忙忙栽"、"过了芒种，不可强种"等农业生产谚语。

"芒种"不仅是二十四节气中的一个普通节气，而且还是一个有趣的节日。《红楼梦》第二十七回"滴翠亭杨妃戏彩蝶　埋香冢飞燕泣残红"写道："至次日乃是四月二十六日，原来这日未时交芒种节。尚古风俗：凡交芒种节的这日，都要设摆各色礼物，祭饯花神，言芒种一过，便是夏日了，众花皆卸，花神退位，须要饯行。然闺中更兴这件风俗，所以大观园中之人都早起来了。那些女孩子们，或用花瓣柳枝编成轿马的，或用绫锦纱罗叠成干旄旌幢的，都用彩线系了。每一颗树上，每一枝花上，都系了这些物事。满园里绣带飘飖，花枝招展，更兼这些人打扮得桃羞杏让，燕妒莺惭，一时也道不尽。"可见在芒种节这一天，大观园里的女孩子都聚集在一起饯行花神，充满了浪漫与欢喜，所以这一天也称"女儿节"。

1924年，“诗哲”泰戈尔访华，林徽因搀扶泰戈尔，徐志摩担任翻译。文载：“林小姐人艳如花，和老诗人挟臂而行，加上长袍白面、郊寒岛瘦的徐志摩，犹如苍松竹梅三友图。”一时成为京城美谈……在妇女解放这条路上，20世纪中国妇女先觉者与新文学共体，张扬着自我的独立人格，折射着时代的文化风尚，从而让我们见识到有别于传统“象牙美人”、激荡着青春与时代风云的美丽人生，林徽因就是其中很特别的一个。

你是人间的四月天

林徽因

我说你是人间的四月天；
笑响点亮了四面风；轻灵
在春的光艳中交舞着变。
你是四月早天里的云烟，
黄昏吹着风的软，星子在
无意中闪，细雨点洒在花前。
那轻，那娉婷[1]你是，鲜妍
百花的冠冕[2]你戴着，你是
天真，庄严，你是夜夜的月圆。
雪化后那片鹅黄，你象；新鲜
初放芽的绿，你是；柔嫩喜悦
水光浮动着你梦期待中白莲。
你是一树一树的花开，是燕
在梁间呢喃，——你是爱，是暖，
是希望，你是人间的四月天！

【注释】

[1] 娉婷：形容女子姿态美好的样子。

[2] 冠冕：古代的一种礼帽，后代专指帝王的礼帽。

林徽因（1904—1955），原名徽音，闽县（今福州市）人，出身于官宦书香世家。1920 年 4 月，林徽因随父游历欧洲，立下了攻读建筑学的志向，在此期间，她还结识了诗人徐志摩，对新诗产生浓厚兴趣，常常参加新月社举办的文艺活动，曾登台演出印度诗人泰戈尔的诗剧《齐德拉》。

受中国古典文学与英美人文思潮双重滋济的风华闺淑林徽因，在新月派各种活动中自然如鱼得水。她一生随丈夫梁思成考察过很多古建筑，为建筑事业作出了不少贡献。林徽因于 1955 年 4 月 1 日病逝，享年 51 岁，金岳霖等好友们共同给诗人题了这样的一副挽联："一身诗意千寻瀑，万古人间四月天。"

作品鉴赏

林徽因的诗，捕捉意象巧妙，表达情感细腻，表现出轻柔灵秀、蕴藉清丽之美。她写爱，用“人间的四月天”来形容，可谓匠心独运。四月天，阳光明媚，和风吹拂，绿草如茵，清流澄碧，百花吐蕊，飞鸟鸣啼。人间所有的甜美、情思、快乐和梦想尽在四月。因此，用四月天写爱，才最真挚感人。

爱如四月天，光艳轻灵，“风”是抽象的，却由你（爱）的“笑响”将它“点亮”；爱如四月天，柔和恬静，“云烟”“吹着风的软”、“闪”动的“星子”、“洒在花前”的“细雨点”；爱如四月天，鲜妍庄严，“百花的冠冕你戴着”，四月的花“轻”、“娉婷”且“鲜妍”；爱如四月天，新鲜柔嫩，有“鹅黄”、“绿”、“白”各种花；爱如四月天，融暖缠绵，四月的景，看，有“一树一树的花开”，听，有“燕在梁间呢喃”。全诗从不同角度写“人间的四月天”，正是为了全面表现爱之深、情之切、意之密，诗人写下了心中的爱，写下了一季的心情。如一朵“梦期待中的白莲”，典雅端庄、不同凡响。她善于在人与自然的交流中挖掘诗性，以寄托情怀，立意便是高格，而意象运用之娴熟，意境创造之悠长，都令人耳目一新。

这首诗的魅力和优秀不仅在于意境的优美和内容的纯净，还在于形式的纯熟和语言的华美。诗中采用重重叠叠的比喻，毫无雕饰之嫌，在华美的修饰中更见清新自然的感情流露。在形式上，诗歌采用新月诗派的诗美原则，讲求格律的和谐美、语言的雕塑美和音乐的乐感美，词语的跳跃和韵律的和谐几乎达到了极致。

扩展阅读

偶然

（徐志摩）

我是天空里的一片云，
偶然投影在你的波心——
你不必讶异，
更无须欢喜——
在转瞬间消灭了踪影。
你我相逢在黑夜的海上，
你有你的，我有我的，方向；
你记得也好，
最好你忘掉，
在这交会时互放的光亮！

（初载于 1926 年 5 月 27 日《晨报副刊·诗镌》第 9 期）

思考与讨论

1. 林徽因的诗歌是如何体现新月派特色的？
2. 比较《再别康桥》与《你是人间的四月天》艺术风格的区别。
3、你如何看待诗歌内容与形式的关系？

知识链接

新月派的三美原则

1928 年，胡适、梁实秋等人成立新月诗社，创办《新月》月刊，成为“五四”后的一个重要的文化团体，因拥有闻一多、徐志摩等一大批有才华、有成就的诗人，又以提倡格律诗而独树一帜，被称为“新月诗派”或“格律诗派”。

新月诗派反对“五四”后自由诗人们忽略诗艺的作风，提倡形势与内容相统一的新格律诗，对新诗的格律化从理论到实践上都进行了认真的探索。代表人物闻一多在《诗的格律》中提出了著名的“三美”主张，即音乐美、绘画美、建筑美。三美原则主要针对当时新诗形式过分散体化而提出，它奠定了新格律派的理论基础。音乐美，指的是诗歌的音乐感，强调诗歌要讲究音节的搭配和韵律的协调，有平仄有韵脚，读来抑扬顿挫，朗朗上口；绘画美，指的是文字构筑的画面感，强调诗歌用词要注意色彩，形象鲜明；建筑美，指的是诗歌的视觉感，诗歌要讲究章节的匀称和句的整齐。

如果说闻一多是新格律诗派的理论奠基者，那么徐志摩就是新格律诗的推崇者和努力实践者。徐志摩的许多诗歌都流露出他对美的要求，以其经典之作《再别康桥》为例，此诗语言清新，通俗流畅，但又深得锤炼功夫，不露雕琢痕迹，极富音乐美。其中第一段和最后一段句式是反复的，“轻轻”、“悄悄”等词也是重叠的，加强了节奏感，且每句诗随着感情的变化而换韵；一、三句诗排在前面，二、四句诗低格排列，空一格错落有致，一三句诗短一点，二四句诗长一点，呈现出建筑对称美；而“金柳”“柔波”“星辉”“软泥”“青荇”这些词藻既形象又具有柔美感，无不给人以绘画美的享受。

20世纪40年代的上海，有一位红极一时的女才子，几乎是在一夜之间，成为了当时文坛富有传奇色彩的著名作家。随着她堪称“奇迹”的作品《传奇》、《流言》的问世，关于这位天才女作家的传说便从此在海内外广为传颂，“流言”至今。

天才梦[1]

张爱玲

我是一个古怪的女孩，从小被目为天才，除了发展我的天才外别无生存的目标。然而，当童年的狂想逐渐褪色的时候，我发现我除了天才的梦之外一无所有——所有的只是天才的乖僻缺点。世人原谅瓦格涅[2]的疏狂，可是他们不会原谅我。

加上一点美国式的宣传，也许我会被誉为神童。我三岁时能背诵唐诗。我还记得摇摇摆摆地立在一个满清遗老的藤椅前朗吟“商女不知亡国恨，隔江犹唱后庭花”，眼看着他的泪珠滚下来。七岁时我写了第一部小说，一个家庭悲剧。遇到笔画复杂的字，我常常跑去问厨子怎样写。第二部小说是关于一个失恋自杀的女郎。我母亲批评说：如果她要自杀，她决不会从上海乘火车到西湖去自溺。可是我因为西湖诗意的背景，终于固执地保存了这一点。

我仅有的课外读物是《西游记》与少量的童话，但我的思想并不为它们所束缚。八岁那年，我尝试过一篇类似乌托邦的小说，题名《快乐村》。快乐村人是一好战的高原民族，因克服苗人有功，蒙中国皇帝特许，免征赋税，并予自治权。所以快乐村是一个与外界隔绝的大家庭，自耕自织，保存着部落时代的活泼文化。

我特地将半打练习簿缝在一起，预期一本洋洋大作，然而不久我就对这伟大的题材失去了兴趣。现在我仍旧保存着我所绘的插画多帧，介绍这种理想社会的服务，建筑，室内装修，包括图书馆，“演武厅”，巧克力店，屋顶花园。公共餐室是荷花池里一座凉亭。我不记得那里有没有电影院与社会主义——虽然缺少这两样文明产物，他们似乎也过得很好。

九岁时，我踌躇着不知道应当选择音乐或美术作我终身的事业。看了一张描写穷困的画家的影片后，我哭了一场，决定做一个钢琴家，在富丽堂皇的音乐厅里演奏。

对于色彩，音符，字眼，我极为敏感。当我弹奏钢琴时，我想象那八个音符有不同的个性，穿戴了鲜艳的衣帽携手舞蹈。我学写文章，爱用色彩浓厚、音韵铿锵的字眼，如“珠灰”、“黄昏”、“婉妙”、“splendour”[3]、“melancholy”[4]，因此常犯了堆砌的毛病。直到现在，我仍然爱看《聊斋志异》与俗气的巴黎时装报告，便是为了这种有吸引力的字眼。

在学校里我得到自由发展。我的自信心日益坚强，直到我十六岁时，我母亲从法国回来，将她睽隔多年的女儿研究了一下。

“我懊悔从前小心看护你的伤寒症，”她告诉我，“我宁愿看你死，不愿看你活着使你自己处处受痛苦。”

我发现我不会削苹果。经过艰苦的努力我才学会补袜子。我怕上理发店，怕见客，怕给裁缝试衣裳。许多人尝试过教我织绒线，可是没有一个成功。在一间房里住了两年，问我电铃在哪儿我还茫然。我天天乘黄包车上医院去打针，接连三个月，仍然不认识那条路。总而言之，在现实的社会里，我等于一个废物。

我母亲给我两年的时间学习适应环境。她教我煮饭；用肥皂粉洗衣；练习行路的姿势；看人的眼色；点灯后记得拉上窗帘；照镜子研究面部神态；如果没有幽默天才，千万别说笑话。

在待人接物的常识方面，我显露惊人的愚笨。我的两年计划是一个失败的试验。除了使我的思想失去均衡外，我母亲的沉痛警告没有给我任何的影响。

生活的艺术，有一部分我不是不能领略。我懂得怎么看“七月巧云”，听苏格兰兵吹 bagpipe[5]，享受微风中的藤椅，吃盐水花生，欣赏雨夜的霓虹灯，从双层公共汽车上伸出手摘树巅的绿叶。在没有人与人交接的场合，我充满了生命的欢悦。可是我一天不能克服这种咬啮性的小烦恼，生命是一袭华美的袍，爬满了虱子。

【注释】

［1］题注：本文是张爱玲19岁时在《西风》杂志的征文赛中所创作的一篇散文，因其卓尔不群的才华，使她在文坛上崭露头角，一些人还把它视为张爱玲的处女作。

［2］瓦格涅：通译为瓦格纳（Richard Wagner，1813—1883），德国作曲家、剧作家，一生致力于歌剧创作，代表作有《尼伯龙根指环》等。

［3］splendour：辉煌、壮丽。

［4］melancholy：忧郁。

［5］bagpipe：风笛。

张爱玲（1920—1995），祖籍河北丰润，生于上海，原名张瑛。祖父张佩纶是清末的著名大臣，祖母李菊耦则是李鸿章之女。受父亲风雅能文的启蒙，她成为古典文学爱好者，受母亲向往西方文化的影响，她又具有西洋化的生活情趣及艺术品位。1943年，张爱玲在《紫罗兰》上发表了《沉香屑·第一炉香》，一鸣惊人。

张爱玲出身官宦世家，却擅写平民甚至小市民的苦乐，她的小说大多写的是上海没落淑女的传奇故事，她曾把自己的小说集命名为《传奇》，观其身世本身又何尝不是一部苍凉哀婉而精彩动人的女性传奇！

作品鉴赏

本文是作者早年的自传。写作此文时张爱玲不到 20 岁，她以非常冷静的笔调，叙述自己儿童时的天才表现和种种“乖僻”。她在叙述中没有流露出成名者的得意和疏狂，由此可见作者心智的成熟，而这正是她能在小说中深刻表现人性的原因所在。

张爱玲自己承认：“对于色彩，音符，字眼，我极为敏感”，因此也“爱用色彩浓厚、音韵铿锵的字眼”。她弹奏钢琴时，甚至能“想象那八个音符有不同的个性，穿戴了鲜艳的衣帽携手舞蹈”。这些细节对于我们体会她小说中那些精彩的感觉描写极有帮助。她对色彩、音符的敏感，并非如她所说，仅仅是一种“俗气”的爱好，她的特异之处在于能对听觉、视觉、嗅觉、触觉和对文字的直觉做自然贴切而又出人意料的自由转换，即能听见色彩、看见声音、摸着味道，由文字而联想到诸种感觉，则更是她的拿手好戏。

作者在文中不时冒出的奢华、睿智、生动、深邃的话语，将大俗与大雅、华美与冷寂糅合在一起。如文中最后一句，是被无数人引用过的经典：“生命是一袭华美的袍，爬满了虱子。”她把生命中的小烦恼比作华美袍子上爬的虱子，暗示出她这个天才女作家的生命还是很辉煌的，虽然总有许多小小的烦恼。自我欣赏而又如此含蓄，尤可见张爱玲的老道。

张爱玲的天才梦是她生命的支点，她也是用一生的心血去营造自己的梦的。她成功了，同时，她的天才梦也激励了许多后来者，让他们也不自觉地构建自己的梦，并不断努力去靠近那个梦，从而使他们生活得精彩别致、卓尔不群。

扩展阅读

爱

（张爱玲）

这是真的。

有个村庄的小康之家的女孩子，生得美，有许多人来做媒，但都没有说成。那年她不过十五六岁吧，是春天的晚上，她立在后门口，手扶着桃树。她记得她穿的是一件月白的衫子。对门住的年轻人同她见过面，可是从来没有打过招呼的，他走了过来。离得不远，站定了，轻轻的说了一声：“噢，你也在这里吗?”她没有说什么，他也没有再说什么，站了一会，各自走开了。

就这样就完了。

后来这女人被亲眷拐子卖到他乡外县去作妾，又几次三番地被转卖，经过无数的惊

险的风波，老了的时候她还记得从前那一回事，常常说起，在那春天的晚上，在后门口的桃树下，那年轻人。

于千万人之中遇见你所遇见的人，于千万年之中，时间的无涯的荒野里，没有早一步，也没有晚一步，刚巧赶上了，那也没有别的话可说，惟有轻轻的问一声："噢，你也在这里吗？"

（原刊于1944年4月《杂志》月刊第13卷第1期）

思考与讨论

1. 创造性工作主要依赖天才还是勤奋？
2. 天才就意味着精神和心灵的痛苦，你认同这种说法吗？
3. 你感觉张爱玲的自我描述真实客观吗？请你也试着写一篇自传或自述。

知识链接

张爱玲语录选摘

• 要做的事情总找得出时间和机会；不要做的事情总找得出藉口。

• 一个知己就好象一面镜子，反映出我们天性中最优美的部分。

• 书是最好的朋友。唯一的缺点是使我近视加深，但还是值得的。

• 对于三十岁以后的人来说，十年八年不过是指缝间的事，而对于年轻人而言，三年五年就可以是一生一世。

• 因为懂得，所以慈悲。

• 照片这东西不过是生命的碎壳；纷纷的岁月已过去，瓜子仁一粒粒咽了下去，滋味各人自己知道，留给大家看的惟有那狼藉的黑白的瓜子壳。

秋，在常人的眼中是收获的季节，然而丰子恺先生却从中悟出人生不过是甘苦愁欢、生老病死的奇妙组合，不如超凡尘去真正领略秋天的神韵与人生的真谛。那时的丰子恺先生年仅三十，本该是精力旺盛、辉煌灿烂的时候，然而此时的秋天在看破了红尘的先生的眼中，却只不过是秋风秋雨与满地黄叶的“秋”。

秋

丰子恺

我的年岁上冠用了“三十”二字，至今已两年了。不解达观的我，从这两个字上受到了不少的暗示与影响。虽然明明觉得自己的体格与精力比二十九岁时全然没有什么差异，但“三十”这一个观念笼在头上，犹之张了一顶阳伞，使我的全身蒙了一个暗淡色的阴影，又仿佛在日历上撕过了立秋的一页以后，虽然太阳的炎威依然没有减却，寒暑表上的热度依然没有降低，然而只当得余威与残暑，或霜降木落的先驱，大地的节候已从今移交于秋了。

实际，我两年来的心情与秋最容易调和而融合。这情形与从前不同。在往年，我只慕春天。我最欢喜杨柳与燕子。尤其欢喜初染鹅黄的嫩柳。我曾经名自己的寓居为“小杨柳屋”，曾经画了许多杨柳燕子的画，又曾经摘取秀长的柳叶，在厚纸上裱成各种风调的眉，想象这等眉的所有者的颜貌，而在其下面添描出眼鼻与口。那时候我每逢早春时节，正月二月之交，看见杨柳枝的线条上挂了细珠，带了隐隐的青色而“遥看近却无”的时候，我心中便充满了一种狂喜，这狂喜又立刻变成焦虑，似乎常常在说：“春来了！不要放过！赶快设法招待它，享乐它，永远留住它。”我读了“良辰美景奈何天”等句，曾经真心地感动。以为古人都太息一春的虚度。前车可鉴！到我手里决不放它空过了。最是逢到了古人惋惜最深的寒食清明，我心中的焦灼便更甚。那一天我总想有一种足以充分酬偿这佳节的举行。我准拟作诗，作画，或痛饮，漫游。虽然大多不被实行；或实行而全无效果，反而中了酒，闹了事，换得了不快的回忆；但我总不灰心，总觉得春的可恋。我心中似乎只有知道春，别的三季在我都当作春的预备，或待春的休息时间，全然不曾注意到它们的存在与意义。而对于秋，尤无感觉：因为夏连续在春的后面，在我可当作春的过剩；冬先行春的前面，在我可当作春的准备；独有与春全无关联的秋，在我心中一向没有它的位置。

自从我的年龄告了立秋以后，两年来的心境完全转了一个方向，也变成秋天了。然而情形与前不同：并不是在秋日感到像昔日的狂喜与焦灼。我只觉得一到秋天，自己的心境便十分调和。非但没有那种狂喜与焦灼，直常常被秋风秋雨秋色秋光所吸引而融化在秋中，暂时失却了自己的所在。而对于春，又并非像昔日对于秋的无感觉。我现在对于春非常厌恶。每当万象回春的时候，看到群花的斗艳，蜂蝶的扰攘，以及草木昆虫等到处争先恐后地滋生繁殖的状态，我觉得天地间的凡庸，贪婪，无耻，与愚痴，无过于此了！尤其是在青春的时候，看到柳条上挂了隐隐的绿珠，桃枝上着了点点的红斑，最使我觉得可笑又可怜。我想唤醒一个花蕊来对它说："啊！你也来反复这老调了！我眼看见你的无数的祖先，个个同你一样地出世，个个努力发展，争荣竞秀；不久没有一个不憔悴而化泥尘。你何苦也来反复这老调呢？如今你已长了这孽根，将来看你弄娇弄艳，装笑装颦，招致了蹂躏，摧残，攀折之苦，而步你的祖先们的后尘！"

实际，迎送了三十几次的春来春去的人，对于花事早已看得厌倦，感觉已经麻木，热情已经冷却，决不会再像初见世面的青年少女地为花的幻姿所诱惑而赞之，叹之，怜之，惜之了。况且天地万物，没有一件逃得出荣枯，盛衰，生灭，有无之理。过去的历史昭然地证明着这一点，无须我们再说。古来无数的诗人千遍一律地为伤春惜花费词，这种效颦也觉得可厌。假如要我对于世间的生荣死灭费一点词，我觉得生荣不足道，而宁愿欢喜赞叹一切的死灭。对于死者的贪婪，愚昧，与怯弱，后者的态度何等谦逊，悟达，而伟大！我对于春与秋的舍取，也是为了这一点。

夏目漱石三十岁的时候，曾经这样说："人生二十而知有生的利益；二十五而知有明之处必有暗；至于三十的今日，更知明多之处暗亦多，欢浓之时愁亦重。"我现在对于这话也深抱同感；有时又觉得三十的特征不止这一端，其更特殊的是对于死的体感。青年们恋爱不遂的时候惯说生生死死，然而这不过是知有"死"的一回事而已，不是体感。犹之在饮冰挥扇的夏日，不能体感到围炉拥衾的冬夜的滋味。就是我们阅历了三十几度寒暑的人，在前几天的炎阳之下也无论如何感不到浴日的滋味。围炉、拥衾、浴日等事，在夏天的人的心中只是一种空虚的知识，不过晓得将来须有这些事而已，但是不能体感它们的滋味。须得入了秋天，炎阳逞尽了威势而渐渐退却，汗水浸胖了的肌肤渐渐收缩，身穿单衣似乎要打寒噤，而手触法郎绒觉得快适的时候，于是围炉、拥衾、浴日等知识方能渐渐融入体验界中而化为体感。我的年龄告了立秋以后，心境中所起的最特殊的状态便是这对于"死"的体感。以前我的思虑真疏浅！以为春可以常在人间，人可以永在青年，竟完全没有想到死。又以为人生的意义只在于生，我的一生最有意义，似乎我是不会死的。直到现在，仗了秋的慈光的鉴照，死的灵气钟育，才知道生的甘苦悲欢，是天地间反复过亿万次的老调，又何足珍惜？我但求此生的平安的度送与脱出而已。犹之罹了疯狂的人，病中的颠倒迷离何足计较？但求其去病而已。

我正要搁笔，忽然西窗外黑云弥漫，天际闪出一道电光，发出隐隐的雷声，骤然洒下一阵夹着冰雹的秋雨。啊！原来立秋过得不多天，秋心稚嫩而未曾老练，不免还有这种不调和的现象，可怕哉！

丰子恺（1898—1975），原名丰润，名仁，浙江桐乡石门镇人。我国现代画家、散文家、美术教育家、音乐教育家和翻译家，被国际友人誉为"现代中国最像艺术家的艺术家"，著有《音乐入门》、《缘缘堂随笔》、《丰子恺书法》等。

丰子恺自幼爱好美术，师从李叔同学习绘画、音乐，深受其佛学思想影响，后赴日学习音乐和美术，回国后任上海大学、复旦大学、浙江大学美术教授。丰子恺风格独特的漫画作品影响很大，深受人们的喜爱，早期漫画作品多取自现实题材，带有“温情的讽刺”，后期常作古诗新画，特别喜爱取材儿童题材。他的漫画风格简易朴实、意境隽永含蓄，是沟通文学与绘画的一座桥梁。

作品鉴赏

文章通过“秋”与“春”的对比体现出作者对“秋”的独特感受。一方面，作者在对“春”的不满中流露出对纷争扰攘的人生现实的不满；另一方面，对“秋”的感悟也让作者体验到生的意义、死的价值。于是，作者在生荣死灭之间重新作了慎重的选择：“我觉得生荣死灭不足道，而宁愿欢喜赞叹一切的死灭。”这选择不免隐含着悲观的色彩，却是彻悟人生的旷达之言。当作者对“死”有一种体感以后，他觉得“生荣”所联系的只是贪婪、愚昧与怯弱，而“死灭”才显得谦逊、悟达而伟大。这情绪虽消沉，但却反映了一个佛门子弟对苦海人生的基本看法。不过，在中国20世纪20年代末严酷的现实斗争面前，遁入空门、与世隔绝也是一种幻想，何况作者并不是一个我佛慈悲的忠实信徒，他六根未断，凡心未却，仍然免不了关注现实。所以在文章最后，当立秋的雷声夹着冰雹的秋雨扣打着他矛盾的心灵时，他也不得不感慨自己是“秋心稚嫩而未曾老练”，显示出自己的心境与中国激烈的现实生活的不协调。

这篇散文虽题为《秋》，却是从春天的感受入手，写出了作者对春秋的取舍、对生死的看法，既有秋心老练、超脱风俗的成熟，也有看破红尘又无法了却凡心的矛盾。它是作者对人生真谛深一层的领悟，折射出当时中国阶级斗争的严酷现实，也反映了丰子恺皈依佛门的矛盾心理。尤其是作者拂去了“自古逢秋悲寂寥”的感伤，更给人一份达观与成熟。

扩展阅读

丰子恺画作赏析

1. 画诗词

无言独上西楼

是真的无言了吗？若是无言，必然无思，既然无思，又何必独上西楼。看来，无言却是多情，正是“才下眉头，却上心头”才教人独立西楼，听凭明月去涤荡“剪不断，理还乱”的心思。

2. 画儿童

星期日是母亲的烦恼日

母亲是矛盾的。星期日里，孩子们肆无忌惮地打、闹、叫、嚷，她便觉得心烦，便要阻止；但是，若她的孩子们不这样健康活泼地打、闹、叫、嚷，她仍要觉得心烦，并且担心。于是，她半真半假地喝骂，心甘情愿地替他们收拾残局。

3. 画人间

挖耳朵

这样精细的活计，当然要屏息凝神地完成。挖的人十分敬业，弓背伸头，恨不得整个人都钻进耳朵里；被挖的倒悠闲得很，光着膀子，垂着手，这是对受雇人手艺的完全肯定！

思考与讨论

1. 《秋》中的“春”和“秋”各有何寓意?
2. 根据《秋》分析作者散文的艺术特色。
3. 文章是如何体现丰子恺的佛教心性的?

知识链接

丰子恺与佛教因缘

1927 年 9 月 26 日，丰子恺在自己生日的这一天，于上海立达学园正式皈依佛教，取法名婴行。丰子恺信仰佛教后，融绘画、诗文与佛教思想于一炉，创作了许多有关佛教的绘画、诗文等文艺作品，受到佛教界的重视。我们从丰子恺的文章中也经常可以看到，面对浮云莫测的人生和社会，他总是能够平心静气、心泰神宁、达观洒脱。

谈到丰子恺与佛教的渊源，有必要介绍一下他的老师——弘一法师。法师姓李名息，字叔同，为我国近世著名文学艺术家，在诗文、美术、书法、音乐、戏剧、篆刻、外语等方面都有高深的造诣。李叔同从日本回国后，即在杭州浙江省立第一师范学校任美术、音乐教师，丰子恺是该校的高材生，为李叔同的得意弟子，时年十七岁，学名丰仁。李、丰的关系，即由此开始，师生感情十分密切。后来，李叔同因不满当时的政治于 1918 年剃发为僧，这对丰子恺是一个刺激，使他的人生观起了很大的变化。从此，丰子恺亦归心佛教，自称子恺居士。丰子恺信佛的因缘，完全是由与弘一法师的师生感情引起的。平时，他虽不奉行烦琐的宗教仪式，但确是个一丝不苟的长年素食者。

丰子恺信仰佛教后，积极宣扬佛家“戒杀”、“护生”的思想。他为了祝贺弘一法师生辰，先后一共画了四百五十幅护生画（共六集），于 1979 年全书在香港印就。这套护生画是根据佛教思想创作的，内容繁多，除戒杀、护生、善行三大题材外，还广泛涉及人间因果报应、除暴除恶、互助互爱、安居同乐等各个方面。有些画很是耐人寻味，比如：画一个花瓶插着鲜花，题为《残废的美》；画钓鱼人，题为《残酷的风雅》；画打鸟者，题为《暗杀》。

丰子恺信奉佛教后，更表现出他的清高自守，不事权贵，不入仕林。有人赞誉他“身在帝城里，不识五侯门”，确实如此。在此举一个例子：1936 年，丰子恺在文学艺术界已有名声，当时，崇德县县长毛皋坤拟登门专访丰子恺，特送去通知，以为丰子恺必然出门远迎、殷勤接待，可是事实却出人意料，丰子恺得知县长要来，即在缘缘堂书房门上贴了一张“子恺有病，敬谢访客”的条子。毛皋坤登门后，空坐了许久，房门仍然紧闭着，不见丰子恺出来，只好悻悻而归。这在当时的政治社会生活中，确实难能可贵。

湘西，这片蛮荒之地，乡村的农民尽管日日土里刨食，却依然衣食难保，于是将妻子送到城里的花船上卖身以此来改变家里的窘境。而且这已经成为一种正当的谋生手段了，“在名分上，那名称与别的工作同样，既不和道德相冲突，也并不违反健康”。以致于诚实耐劳、种田为生的丈夫大都“在娶媳妇以后，把她送出来（到花船为妓），自己留在家中耕田种地，安分过日子”。这种在现代人看来极为不可理解的事情在当时众人看来却是“极其平常的事情”。

丈夫（节选）

沈从文

在水保走后，年青人就一面等候一面猜想这个大汉子是谁。他还是第一次同这样尊贵的人物谈话。他不会忘记这很好的印象的。人家今天不仅是同他谈话，还喊他做朋友，答应请他喝酒！他猜想这人一定是老七的“熟客”。他猜想老七一定得了这人许多钱。他忽然觉得愉快，感到要唱一个歌了，就轻轻的唱了一首山歌。用四溪人体裁，他唱得是“水涨了，鲤鱼上梁，大的有大草鞋那么大，小的有小草鞋那么小。”

但是等了一会还不见老七回来，一个鬼也不回来，他又想起那大汉子的丰采言谈了。他记起那一双靴子，闪闪发光，以为不是极好的山柿油涂到上面，是不会如此体面好看的。他记起那黄而发沉的戒子，说不分明那将值多少钱，一点不明白那宝贝为什么如此可爱。他记起那伟人点头同发言，一个督抚的派头，一个军长的身分——这是老七的财神！他于是又唱了一首歌。用杨村人不庄重口吻，唱得是“山坳的团总烧炭，山脚的地保爬灰；爬灰红薯才肥，烧炭脸庞发黑。”

到午时，各处船上都已有人烧饭了。湿柴烧不燃，烟子各处窜，使人流泪打嚏，柴烟平铺到水面时如薄绸。听到河街馆子里大师傅用铲子敲打锅边的声音，听到邻船上白菜落锅的声音，老七还不见回来。可是船上烧湿柴的本领年青人还没有学到，小钢灶总是冷冷的不发吼。做了半天还是无结果，只有把它放下一个办法了。

应当吃饭时候不得饭吃，人饿了，坐到小凳上敲打舱板，他仍然得想一点事情。一个不安分的估计在心上滋长了。正似乎为装满了钱钞便极其骄傲模样的抱兜，在他眼下再现时，把原有的和平已失去了。一个用酒糟同红血所捏成的橘皮红色四方脸，也是极其讨厌的神气，保留到印象上。并且，要记忆有什么用？他记忆得到那嘱咐，是当到一个丈夫面前说的！“今晚上不要接客，我要来。”该死的话，是那么不客气的从那吃红薯的大口里说出！为什么要说这个？有什么理由要说这个？……

胡想使他心上增加了愤怒，饥饿重复揪着了这愤怒的心，便有一些原始人就不缺少的情绪，在这个年青简单的人情绪中长大不已。

他不能再唱一首歌了。喉咙为妒嫉所扼，唱不出什么歌。

他不能再有什么快乐。按照一个种田人的脾气，他想到明天就要回家。

有了脾气再来烧火，自然更不行了，于是把所有的柴全丢到河里去了。

“雷打你这柴！要你到洋里海里去！”

但那柴是在两三丈以外，便被别个船上的人捞起了的。那船上人似乎一切都准备好了，正等待一点从河面漂流而来的湿柴，把柴捞上，即刻就见到用废缆一段引火，且即刻满船发烟，火就带着小小爆裂声音燃好了。看到这一切，新的愤怒使年青人感到羞辱，他想不必等待人回船就要走路。

在街尾遇到女人同小毛头五多两个人，正牵了手说着笑着走来。五多手上拿得有一把胡琴，崭新的样子，这是做梦也不曾遇到的一件家伙！

“你走哪里去？”

“我——要回去”“要你看船船也不看，要回去。什么人得罪了你，这样小气？”

“我要回去，你让我回去。”

“回到船上去！”

看看媳妇，样子比说话还硬劲。并且看到那一张胡琴，明知道这是特别买来给他的，所以再不能坚持，摸了摸自己发烧的额角，幽幽的说，“回去也好，回去也好”，就跟了媳妇的身后跑转船上。

掌班大娘也赶来了，原来提了一副猪肺，好象东西只是乘便偷来的，深恐被人追上带到衙门里去。所以跑得颧骨发了红，喘气不止。大娘一上船，女人在舱中就喊：

“大娘，你瞧，我家汉子想走！”

“谁说的，戏都不看就走！”

“我们到街口碰到他，他生气样子，一定是怪我们不早回来。”

“那是我的错；是菩萨的错；是屠户的错。我不该同屠户为一个钱吵闹半天，屠户不该肺里灌这样多水。”

“是我的错。”陪男子在舱里的女人，这样说了一句话，坐下了。对面是男子汉。她于是有意的在把衣服解换时，露出极风情的红绫胸褡。胸褡上绣了“鸳鸯戏荷”。

男子觑着，不说话。有说不出的什么东西，在血里窜着涌着。

在后梢，听到大娘同五多谈着柴米。

“怎么我们的柴都被谁偷去了！”

“米是谁淘好的？”

“一定是火烧不燃。……姐夫是乡下人，只会烧松香。”

“我们不是昨天才解散一捆柴么？”

“都完了。”

“去前面搬一捆，不要说了。”

“姐夫只知道淘米！”

听到这些话的年青汉子，一句话不说，静静的坐在舱里，望到那一把新买来的胡琴。

女人说，“弦都配好了，试拉拉看。”

先是不作声，到后把琴搁在膝上，查看松香。调琴时，生疏的音从指间流出，拉琴

人便快乐的微笑了。

不到一会，满舱是烟，男子被女人喊出去，仍然把琴拿到外面去，站在船头调弦。

到后吃中饭时，五多说：

“姐夫，你回头拉‘孟姜女哭长城’，我唱。”

“我不会拉。”

“我听说你拉得很好，你骗我谎我。”

“我不骗你。”

大娘说，“我听老七说你拉得好，所以到庙里，一见这琴，我就想起你才说就为姐夫买回去吧。是运气，烂贱就买来了。这到乡里一块钱还恐怕买不到，不是么？”

“是的。值多少钱？”

“一吊六。他们都说值得！”

五多说，“谁说值得？”

大娘很生气的说，“毛丫头，谁说不值得？你知道什么！撕你的嘴！”

因为这琴是从一个卖琴熟人手上拿来，一个钱不花，听到大娘的谎话，五多分辩，大娘就骂五多，老七却笑了。男子以为这是笑大娘不懂事，所以也在一旁干笑。

男子先把饭吃完，就动手拉琴，新琴声音又清又亮，五多高兴到得意忘形，放下碗筷唱将起来，被大娘结结实实打了一筷子头，才忙着吃饭、收碗、洗锅子。

到了晚上，前舱盖了篷，男子拉琴，五多唱歌，老七也唱歌，美孚灯罩子有红纸剪成的遮光帽，全舱灯光红红的如办大喜事，年青人在热闹中像过年，心上开了花。可是过不久，有兵士从河街过身，喝得烂醉，听到这声音了。

两个醉鬼踉踉跄跄到了船边，两手全是污泥，用手扳船，口含胡桃那么混混胡胡的嚷叫：

“什么人唱，报上名来！唱得好，赏一个五百。不听到么？老子赏你五百！”

里面琴声戛然而止，沉静了。

醉鬼用脚不住踢船，蓬蓬蓬发出钝而沉闷的声音，且想推篷，搜索不到篷盖接榫处，于是又叫嚷，“不要赏么，婊子狗造的？装聋，装哑？什么人敢在这里作乐？我怕谁？皇帝我也不怕。大爷，我怕皇帝我不是人！我们军长师长，都是混账王八蛋！是皮蛋鸡蛋，寡了的臭蛋！我才不怕。”

另一个喉咙发沙的说道：

“骚婊子，出来拖老子上船！”

且即刻听到用石头打船篷，大声的辱骂祖宗。一船人都吓慌了。大娘忙把灯扭小一点，走出去推篷，男子听到那汹汹声气，夹了胡琴就往后舱钻去。不一会，醉人已经进到前舱了。两个人一面说着野话一面要争到同老七亲嘴，同大娘五多亲嘴。且听到问：“是什么人在此唱歌作乐，把拉琴的抓来再给老子唱一个歌。”

大娘不敢作声，老七也无主意了，两个酒疯子就大声的骂人。

“臭货，喊龟子出来，跟老子拉琴，赏一千！英雄盖世的曹孟德也不会这样大方！我赏一千，一千个红薯，快来，不出来我烧掉你们这只船！听着没有，老东西!？赶快，莫让老子们生了气，灯笼子认不得人？”

“大爷，这是我们自己家几个人玩玩，不是外人……”

“不！不！不！老婊子，你不中吃。你老了，皱皮柑！快叫拉琴的来！杂种！我要拉琴，我要自己唱！”一面说一面便站起身来，想向后舱去搜寻。大娘弄慌了，把口张大合不拢去。老七急中生智，拖着那醉鬼的手，安置到自己的大奶上。

醉人懂到这意思，又坐下了。“好的，妙的，老子出得起钱，老子今天晚上要到这里睡觉！孤王酒醉在桃花宫，韩素梅生来好貌容……”

这一个在老七左边躺下去后，另一个不说什么，也在右边躺了下去。

年青人听到前舱仿佛安静了一会，在隔壁轻轻的喊大娘。

正感到一种侮辱的大娘，悄悄爬过去，男子还不大分明是什么事情，问大娘：

“什么事情？”

“营上的副爷，醉了，象猫，等一会儿就得走。”

“要走才行。我忘记告你们了，今天有一个大方脸人来，好象大官，吩咐过我，他晚上要来，不许留客。”

“是脚上穿大皮靴子，说话象打锣么？”

“是的，是的。他手上还有一个大金戒子。”

“那是老七干爹。他今早上来过了么？”

“来过的。他说了半天话才走，吃过些干栗子。”

“他说些什么？”

“他说一定要来，一定莫留客，……还说一定要请我喝酒。”

大娘想想，来做什么？难道是水保自己要来歇夜？难道是老对老，水保注意到……想不通，一个老鸨虽一切丑事做成习惯，什么也不至于红脸，但被人说到“不中吃”时，是多少感到一种羞辱的。她悄悄的回到前舱，看前舱新事情不成样子，扁了扁瘪嘴，骂了一声猪狗，终归又转到后舱来了。

“怎么？”

“不怎么。”

“怎么，他们走了？”

“不怎么，他们睡了。”

“睡了？”

大娘虽不看清楚这时男子的脸色，但她很懂这语气，就说：“姐夫，你难得上城来，我们可以上岸玩去。今夜三元宫夜戏，我请你坐高台子，是‘秋胡三戏结发妻’。”

男子摇头不语。

兵士胡闹一阵走后，五多大娘老七都在前舱灯光下说笑，说那兵士的醉态。男子留在后舱不出来。大娘到门边喊过了二次，不答应，不明白这脾气从什么地方发生。大娘回头就来检查那四张票子的花纹，因为她已经认得出票子的真假了。

票子倒是真的，她在灯光下指点给老七看那些记号，那些花，且放到鼻子上嗅嗅，说这个一定是清真馆子里找出来的，因为有牛油味道。

五多第二次又走过去，“姐夫，姐夫，他们走了，我们来把那个唱完，我们还得……”

女人老七象是想到了什么心事，拉着了五多，不许她说话。

一切沉默了。男子在后舱先还是正用手指扣琴弦，作小小声音，这时手也离开那弦索了。

三个女人都听到从河街上飘来的锣鼓唢呐声音，河街上一个做生意人办喜事，客来贺喜，大唱堂戏，一定有一整夜热闹。

过了一会，老七一个人轻脚轻手爬到后舱去，但即刻又回来了。

大娘问："怎么了?"

老七摇摇头，叹了一口气。

先以为水保恐怕不会来的，所以大家仍然睡了觉，大娘老七五多三个人在前舱，只把男子放到后面。

查船的在半夜时，由水保领来了，水面鸦雀无声，四个全副武装警察守在船头，水保同巡官晃着手电筒进到前舱。这时大娘已把灯捻明了，她经验多，懂得这不是大事情。老七披了衣坐在床上，喊干爹，喊巡官老爷，要五多倒茶。五多还睡意迷蒙，只想到梦里在乡下摘三月莓。

男子被大娘摇醒揪出来，看到水保，看到一个穿黑制服的大人物，吓得不能说话，不晓得有什么严重事情发生。

那巡官装成很有威风的神气开了口："这是什么人?"

水保代为答应，"老七的汉子，才从乡下来走亲戚。"

老七说道，"老爷，他昨天才来的。"

巡官看了一会儿男子，又看了一会儿女人，仿佛看出水保的话不是谎话，就不再说话了，随意在前舱各处翻翻。待注意到那个贮风干栗子的小坛子时，水保便抓了一大把栗子塞到巡官那件体面制服的大口袋里去，巡官只是笑，也不说什么。

一伙人一会儿就走到另一船上去了。大娘刚要盖篷，一个警察回来传话：

"大娘，大娘，你告老七，巡官要回来过细考察她一下，你懂不懂?"

大娘说，"就来么?"

"查完夜就来。"

"当真吗?"

"我什么时候同你这老婊子说过谎?"

大娘很欢喜的样子，使男子很奇怪，因为他不明白为什么巡官还要回来考察老七。但这时节望到老七睡起的样子，上半晚的气已经没有了，他愿意讲和，愿意同她在床上说点家常私话，商量件事情，就傍床沿坐定不动。

大娘象是明白男子的心事，明白男子的欲望，也明白他不懂事，故只同老七打知会，"巡官就要来的!"

老七咬着嘴唇不作声，半天发痴。

男子一早起来就要走路，沉默的一句话不说，端整了自己的草鞋，找到了自己的烟袋。一切归一了，就坐到那矮床边沿，象是有话说又说不出口。

老七问他，"你不是昨晚上答应过干爹，今天到他家中吃中饭吗?"

"……"摇摇头，不作答。

“人家特意为你办了酒席，好意思不领情?”

“……”

“戏也不看看么?”

“……”

“满天红的晕油包子，到半日才上笼，那是你欢喜的包子。”

“……”

一定要走了，老七很为难，走出船头呆了一会，回身从荷包里掏出昨晚上那兵士给的票子来，点了一下数，一共四张，捏成一把塞到男子左手心里去。男子无话说，老七似乎懂到那意思了，“大娘，你拿那三张也把我。”大娘将钱取出，老七又把这钱塞到男子右手心里去。

男子摇摇头，把票子撒到地下去，两只大而粗的手掌捣着脸孔，象小孩子那样莫名其妙的哭了起来。

五多同大娘看情形不好，一齐逃到后舱去了。五多心想这真是怪事，那么大的人会哭，好笑。可是她并不笑。她站在船后梢舵，看见挂在梢舱顶梁上的胡琴，很愿意唱一个歌，可是不知为什么也总唱不出声音来。

水保来船上请远客吃酒，只有大娘同五多在船上。问到时，才明白两夫妇一早都回转乡下去了。

沈从文（1902—1988），原名沈岳焕，字崇文，湖南凤凰县人，现代著名作家、历史文物研究家、京派小说代表人物。沈从文一生创作的结集约有80.多部，是现代作家中成书最多的一个，其小说主要有两类，一种以湘西生活为题材，通过描写湘西人原始、自然的生命形式，赞美人性美；另一种以都市生活为题材，通过都市生活的腐化堕落，揭示都市自然人性的丧失。

沈从文的创作风格倾向浪漫主义，他要求小说的诗意效果，融写实、纪梦、象征于一体，语言格调古朴，句式简峭、主干突出，单纯而又厚实，朴讷而又传神，具有浓郁的地方色彩，凸现出乡村人性特有的风韵。

作品鉴赏

《丈夫》叙述的是一个乡下男子到河船上看望被迫当船妓的妻子的遭遇，借这个遭遇揭露旧社会丑陋的一面：老百姓因为生活上的困迫，不得不送自己的妻子去做船妓，贫穷是造成这个丑陋现象的社会原因。在本文中，作者着重写这一现象造成的人性的畸变，通过描写“丈夫”从精神麻木到人的尊严的初步觉醒，来寄托作者对下层劳动人民人性复苏的深切希望。

精彩的心理描写是小说的主要艺术特色。作者将丈夫从麻木到人格尊严觉醒的心理历程描写得丝丝入扣。开初，丈夫在守船时遇到水保，以为水保是尊贵的大人物，并因为水保和他聊天，喊他做朋友而搞到愉快，尤其是他想到水保是妻子的熟客时竟然高兴得唱了两次歌，让人为他的卑微和麻木感到悲哀。后来，两个醉酒士兵竟然当着他的面蹂躏他的妻子，这让他感到愤怒和侮辱。最后，丈夫希望妻子可以陪他在床上聊聊家常私话，但这个小小的愿望也被仗势欺人的巡官破坏了，这一切导致了丈夫的觉醒。当老七把自己挣的钱交到丈夫手中时，“男子摇摇头，把票子抛到地下去，两只大而粗的手掌捂着面孔，像小孩子那样莫名其妙地哭了起来”，这是他的心酸之泪、痛楚之泪，也标志着作为丈夫的自然人性的觉醒与人格尊严的勃发。

扩展阅读

《边城》内容简介

川湘交界的茶峒附近，小溪白塔旁边，住着一户人家。独门独院里，只有爷爷老船夫和孙女翠翠两个人，一老一小在渡船上悠然度日。茶峒城里有个船总叫顺顺，他是个洒脱大方、喜欢交朋结友且慷慨助人的人。他有两个儿子，老大叫天保，像他一样豪放豁达，不拘俗套小节。老二的气质则有些像他的母亲，不爱说话，叫傩送。小城里的人提起他们三人的名字，没有不竖大拇指的。端午节翠翠去看龙舟赛，偶然相遇相貌英俊的青年水手傩送，傩送在翠翠的心里留下了深刻的印象。可巧的是，傩送的兄长天保也喜欢上了翠翠，并先傩送一步托媒人提了亲。兄弟两人都决定把话挑明了，于是老大就把心事全告诉了弟弟，说这爱是两年前就已经植下根苗的。弟弟微笑着把话听下去，且告诉哥哥，他爱翠翠也是两年前的事，做哥哥的也着实吃了一惊……兄弟俩没有按照当地风俗以决斗论胜负，而是约定采用公平而浪漫的唱山歌的方式表达感情，让翠翠自己从中选择。傩送是唱歌好手，天保自知唱不过弟弟，心灰意冷，断然驾船远行做生意。碧溪边只听过一夜弟弟傩送的歌声，后来，歌却再没有响起来。老船夫忍不住去问，到了城里，人们却告诉他：原来老大坐下水船出了事，淹死了……傩送因天保的死十分自责，自己下桃源去了，船总顺顺也不愿意翠翠再做傩送的媳妇，毕竟天保是因她而死。老船夫只好回到家。夜里下了大雨，夹杂着吓人的雷声。爷爷说，翠翠莫怕，翠翠说不怕。两人便默默地躺在床上听那雨声雷声。第二天翠翠起来发现船已被冲走，屋后的白塔也冲塌了，翠翠吓得去找爷爷，却发现老人已在雷声将息时死去了……老军人杨马兵热心地前来陪伴翠翠，也以渡船为生，等待着傩送的归来。傩送也许永远不会回来了，也许明天就会回来。

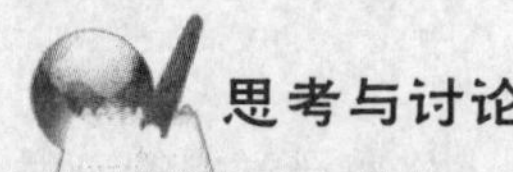

思考与讨论

1. 试举例分析本文的心理描写。

2. 《丈夫》中的“男子”并没有一个明确的名字，你认为是作者疏忽还是有意为之？为什么？

3. 你如何看待文末丈夫与老七的逃离？

知识链接

《边城》与沈从文的文学理想

“湘西世界”是沈从文理想人生的缩影，而《边城》则是沈从文“湘西世界”的集中代表。因此，沈从文不仅把《边城》看成是一座供奉着人生理想的“希腊小庙”，而且，在这座小庙里还供奉着他的文学理想。在这座小庙里，不仅有他崇拜的代表着自然人性的理想人物，也不仅有他向往的代表着自然人性的理想生活，而且还有他追求的代表着自然天性的理想文体。在这些理想人物身上，闪耀着一种神性的光辉，体现着人性中原本就存在的、未被现代文明侵蚀和扭曲的庄严、健康、美丽和虔诚。

翠翠在与仅有的男性的接触中萌生出爱意，就任由自己的心思，爱上了掌水码头团总的二儿子傩送，并没有觉得自己的地位低下，甚至在听到了团总想要与有碾房陪嫁的人家打亲家的话之后，也丝毫没有将这个消息与自己的婚事联系在一起，在她的天真纯洁的心灵，似乎根本就不存在“门当户对”的概念，因此，她的爱是超越一切世俗利害关系的最为高尚也最富有诗意的爱。同样高尚的是团总的两个儿子，大老天保和二老傩送同时都爱上翠翠，但他们并没有自相残杀，当天保知道翠翠爱上了自己的弟弟后，天保便主动退出了竞争。

令人难以理解的是，这理想生活并不仅仅是一个浪漫温馨的爱情故事，而是一个爱情悲剧，但作者对这一切似乎并不悲伤。也许，这正是作者的人生观，天保出走遭遇了不幸，傩送不胜悲哀重负也离家而去，连翠翠身边的惟一亲人外祖父也弃船仙逝，只留下一个孤零零的翠翠，这一切生、老、病、死，在作者看来，都是自然的安排，人生的常态，当地民风如此，芸芸众生也应如此。于是，在《边城》等描写湘西生活的作品中，该叙事就叙事，该抒情就抒情，散文的笔法和诗歌的意境成为小说的主体，现实与梦幻，人生和自然，就这样随着简单的故事发展而水乳交融地掺和在一起。沈从文正是在这不经意间创造出了自己的理想文体：诗化抒情小说。

江南小镇周庄，被誉为“中国第一水乡”，在文人墨客的笔下，它古朴的建筑、清澈的河水、座座相连的小桥，显得那么多情，而在散文家王剑冰的眼中，它更是成了一个江南的秀女，有着迷人的韵致。“我真的不知道，你在那里等我，等我好久好久。我今天才来，我来晚了，以致使你这样沧桑。”

绝版的周庄

王剑冰

你可以说不算太美，你是以自然朴实动人的。粗布的灰色上衣，白色的裙裾[1]，缀以些许红色白色的小花及绿色的柳枝。清澈的流水柔成你的肌肤，双桥的钥匙恰到好处地挂在腰间，最紧要的还在于眼睛的窗子，仲春时节半开半闭，掩不住招人的妩媚。仍是明代的晨阳吧，斜斜地照在你的肩头，将你半晦半明地写意出来。

我真的不知道，你在那里等我，等我好久好久。我今天才来，我来晚了，以致使你这样沧桑。而你依然很美，周身透着迷人的韵致。真的，你还是那样纯秀、古典。只是不再含羞，大方地看着每一位来人。周庄，我呼唤着你的名字，呼唤好久了，却不知你在这里。周庄，我叫着你的名字，你比我想像的还要动人。我真想揽你入怀。只是扑向你的人太多太多，你有些猝不及防，你本来已习惯的清静与孤寂被打破了。我看得出来，你已经有些厌倦与无奈。周庄，我来晚了。

有人说，周庄是以苏州的毁灭为代价的。眼前即刻闪现出古苏州的模样。是的，苏州脱掉了了罗衫长褂，苏州现代得多了。尽管手里还拿着丝绣的团扇，已远不是躲在深闺的旧模样。这样，周庄这位江南的古典秀女便名播四海了。然而，霓虹闪烁的舞厅和酒楼正在周庄四周崛起。周庄的操守能持久吗?

参加“富贵茶庄”奠基仪式。颇负盛名的富贵企业与颇负盛名的周庄联姻。而周庄的代表人物沈万三也名富，真是巧合。代表富贵茶庄讲话的，是一位长发飘逸女郎，周庄的首席则是位短发女子，又是巧合。富贵、茶、周庄、女子，几个字词在濛濛春雨中格外亮丽。回头望去，白蚬湖正闪着粼粼波光。

想起了台湾作家三毛，三毛爱浪游，三毛的足迹遍布全世界，三毛的长发沾得什么风都有。三毛一来到周庄就哭了，三毛搂着周庄像搂着久别的祖国。三毛心里其实很孤独。三毛没日没夜地跟周庄唠叨，吃着周庄做的小吃。三毛说，我还会来的，我一定会来的。三毛是哭着离去的，三毛离去时最后亲了亲黄黄的油菜花，那是周庄递给她的黄手帕。周庄的遗憾在于没让三毛久久留下，三毛一离开周庄便陷入了更大的孤独，终于把自己交给了一双袜子。三毛临死时还念叨了一声周庄，周庄知道，周庄总这么说。

入夜，乘一只小船，让桨轻轻划拨。时间刚过九点，周庄就早早睡了，是从没有电的明清时代养成的习惯?没有喧闹的声音，没有电视的声音，没有狗吠的声音。

周庄睡在水上。水便是周庄的床。床很柔软，有时轻微地晃荡两下，那是周庄变换了一下姿势。周庄睡得很沉实。一只只船儿，是周庄摆放的鞋子。鞋子多半旧了，沾满了岁月的征尘。我为周庄守夜，守夜的还有桥头一株粲然的樱花。这花原本不是周庄的，如同我。我知道，打着鼾息的周庄，民族味儿很浓。

忽就闻到了一股股沁心润肺的芳香。幽幽长长地经过斜风细雨的过滤，纯净而湿润。这是油菜花。早上来时，一片一片的黄花浓浓地包裹了古老的周庄。远远望去，色彩的反差那般强烈。现在这种香气正氤氲[2]着周庄的梦境，那梦必也是有颜色的。

坐在桥上，我就这么定定地看着周庄，从一块石板、一株小树、一只灯笼，到一幢老屋、一道流水。这么看着的时候，就慢慢沉入进去，感到时间的走动。感到水巷深处，哪家屋门开启，走出一位苍髯[3]老者或纤秀女子，那是沈万三还是迷楼的阿金姑娘？周庄的夜，太容易让人生出幻觉。

【注释】

[1] 裙裾：裙幅。唐代常建《古兴》诗云："石榴裙裾蛺蝶飞，见人不语颦蛾眉。"

[2] 氤氲（yīn yūn）：烟气、烟云弥漫的样子。

[3] 苍髯（rán）：白胡子。

王剑冰（1956—），河北唐山人，当代著名作家，河南省作家协会副主席，《散文选刊》主编。著有诗集《日月贝》、《欢乐在孤独的那边》等，散文集《喧嚣中的足迹》、《绝版的周庄》等，理论集《散文创作谈》等，长篇小说《卡格博雪峰》等。

王剑冰在散文创作和理论方面建树颇丰，其散文《绝版的周庄》被刻碑于周庄，《喧嚣中的足迹》被中国现代文学馆和宁波天一阁藏书楼收藏。在散文创作中，他主张"越朴素、越自然、越纯真的东西，就越有生命力。"

作品鉴赏

本文将周庄拟人化，并采用抒情化的诉说方式——第二人称"你"进行诉说，使得周庄从一开始就不是一个刻板生硬的地理名词，而是一个古典、朴素、纯洁的女子。这位女子是妩媚的：粗布的上衣，白色的裙裾，缀以小花及绿色的柳枝，清凌的流水柔成的肌肤，恰到好处挂在腰间的双桥，仲春时节半开半闭的眼睛的窗子，一切都掩不住招人的妩媚；这位女子又是孤寂的：扑向她的人越来越多，她已有些无奈和厌倦，原本的清静与孤寂在一步步打破。透过苏州的变化，作者质疑："周庄的操守能持久吗?"这令人心情沉重，但却又催人面对周庄、思索周庄。

本文大量运用拟人、比喻、排比等修辞手法。“时间刚过九点，周庄就早早睡了”，一个“睡”字，传递了作者关爱倍至的柔情；“一只只船儿，是周庄摆放的鞋子”，拟人化地写出了一个远离现代化交通工具、睡在柔软的水上的古老水乡的沉静；哭着的三毛“亲了亲黄黄的油菜花，那是周庄递给她的黄手帕”，透出浓浓的民族味道。作者抛开一般旅游者的浮躁，用一颗柔美的心和极美的语言写出了周庄的繁华与落寞，光荣与梦想，荣耀和矛盾，写下了一个绝版的周庄！

扩展阅读

春来草自青
——作于汶川地震后

（王剑冰）

世上生长最多的植物就是草了。草不讲条件，不论环境，只要能够生长，就一定不弃一次生命。我依然记得，小时候曾费了很大的气力翻起一块石头，石头下面竟然有一株草。长期的不见阳光，草有些泛白，石头和土地的挤压，又使它弯曲了无数道弯。过了几天，我在院子的一角偶而又见到这株草，它已经全身泛出绿色，并且挺直了身体，把自身的枝杈伸展得蓬蓬勃勃。

我还看到过沙漠中的草，不知道是一种什么草，就靠着沙漠中的一点湿气活着。风一遍遍扫过，沙一次次覆过，那草仍然举着一抹绿色。为了防止沙漠的侵袭，人们在沙漠的四周种树，其实沙漠上很多的这种草，在树的更远处起着作用。

草是最普通的植物，没有人能更多地叫出它们的名字，草也不需要谁叫出它们的名字。它们只是随意地生长着。在荒无人烟的地方，它可以长得铺天盖地。草是随着生命最早出现的植物。动物和人类都与草有关系，人类为了自己的需要有时会把草逐出最好的有利于生长的环境，有时又为了某种需要大量地引种这种植物。

我喜欢群体性的草，它们集合起来有种壮观的感召力，那种一左一右的摇，一前一后的涌。就像大合唱的群体的摆动。在十分安静的草原的夜晚，我听到过这种草的声音，那是一种美妙的马头琴的声音，不只是一只马头琴，是很多很多只马头琴舒缓的自在的声音。我在这种声音里暗自流泪。

我还闻到过草香，那是在爷爷的葬礼上。我跪在一片草上，看着爷爷正在草中下降。爷爷来自于草，又与草打了一辈子交道，他也终将要变成一棵草，从地里茂盛而出。我就在那时闻到了草香。那是一种特殊的香，一种带有野气的香。我从草里站起身的时候，我就觉得我又长高了一截。

草为我做出了典范，这是生命的典范。生命来自真实，真实来自自然，就像石头下面的草，沙漠中的草。生命有时是需要坚毅的，有时是需要屈辱的，有时是需要等待的，最后的勃发就是信念的勃发。草的道理也告诉我，有坎坷就会有通达，有甘苦就会有甜蜜，有暗夜就会有黎明，有寒冬就会有春风。白居易曾说过野火烧不尽，春风吹又生的话，那就是说草的。一些草死了，一些草又会生长出来，一些草看似死了，春天的风又会使它发出新绿。

“草色遥看近却无”，那是又一个春天的景象。

（选自大象出版社2011年版《王剑冰精短散文》）

思考与讨论

1. 文章题目“绝版的周庄”的意思是什么？
2. 文章说：“周庄是以苏州的毁灭为代价的。”谈谈你对这句话的理解。
3. “一切景语皆情语”，作者把周庄写的如此秀美，从中融入了怎样的感情？

知识链接

你一生应诵读的美文经典（中国篇）

朱自清《桨声灯影里的秦淮河》；朱自清《绿》；丰子恺《秋》；
俞平伯《西湖的六月十八夜》；李大钊《今》；鲁迅《雪》；
鲁迅《〈野草〉题辞》；徐志摩《印度洋上的秋思》；徐志摩《想飞》；
梁实秋《下棋》；郁达夫《江南的冬景》；闻一多《青岛》；
周作人《故乡的野菜》；郭沫若《银杏》；朱湘《江行的晨暮》；
周作人《苦雨》；茅盾《沙滩上的足迹》；叶圣陶《藕与莼菜》；
林语堂《人生的乐趣》；巴金《灯》；老舍《想北平》；
冰心《一只木屐》；冰心《谈生命》；舒婷《仁山智水》；
李广田《花潮》；柯灵《巷》；季羡林《二月兰》；
林斤澜《春风》；余秋雨《莫高窟》；余秋雨《阳关雪》；
宗璞《西湖漫笔》；王剑冰《绝版的周庄》；贾平凹《静虚村记》；
余光中《沙田山居》；余光中《猛虎和蔷薇》；杏林子《朋友和其他》；
许达然《如你在远方》；李健吾《雨中登泰山》。

、　在美丽的法兰西，有一位“真正的文坛宗师”，他博学、富于幻想，具有清澈迷人的风格，还有融合讽刺和热情所产生的神奇效果以及众多脍炙人口的人物形象，为他在国内外赢得了极高的声望。1921 年，为了“表彰他辉煌的文学成就，其特点是高贵的风格、深厚的人类屿、优雅和真正高卢人的气质”，瑞典文学院授予他诺贝尔文学奖。他，就是在 19 世纪法国文坛上独树一帜的阿纳托尔·法朗士。

塞纳河岸的早晨

法朗士

在给景物披上无限温情的淡灰色的清晨，我喜欢从窗口眺望塞纳河和它的两岸。

我见过那不勒斯海湾的明净的蓝天，但我们巴黎的天空更加活跃、更加亲切、更加蕴蓄。它像人们的眼睛，懂得微笑、愤慨、悲伤和欢乐。此刻的阳光照耀着城内为生计忙碌的居民和牲畜。

对岸，圣尼古拉港的强者忙着从船上卸下牛角，而站在跳板上的搬运工轻快地传递着糖块，把货物装进船舱里。北岸，梧桐树下排列着出租马车和马匹，它们把头埋在饲料袋里，平静地咀嚼着燕麦；而车夫们站在酒店的柜台前喝酒，一面用眼角窥伺着可能出现的早起的顾客。

旧书商把他们的书箱安放在岸边的护墙上。这些善良的精神商人长年累月生活在露天里，任风儿吹拂他们的长衫。经过风雨、霜雪、烟雾和烈日的磨练，他们变得好像大教堂的古老雕像。他们都是我的朋友。每当我从他们的书箱前走过，都能发现一两本我需要的书，一两本我在别处找不到的书。

一阵风刮起了街心的尘土、有叶翼的梧桐籽和从马嘴里漏下的干草末。别人对这飞扬的尘土可能毫无感触，可是它使我忆起了我在童年时代凝视过的同样的情景，使我这个老巴黎人的灵魂为之激动。我面前是何等宏伟的图景：状如顶针的凯旋门、光荣的塞纳河和河上的桥梁、蒂伊勒里宫的椴树、好像雕镂的珍品的文艺复兴时代的卢浮宫、最远处的夏约岗；右边新桥方向是令人肃然起敬的古老的巴黎，它的塔楼和高耸的尖屋顶。这一切就是我的生命，就是我自己。要是没有这些以我的思想的无数细微变化反映在我身上，激励我、赐我活力的东西，我也就不存在了。因此，我以无限的深情热爱巴黎。

然而，我厌倦了。我觉得生活在一座思想如此活跃，并且教会我思想和敦促我不断思想的城市里，人们是无法休息的。在这些不断撩拨我的好奇心、使它疲惫但又永远不能使它满足的书堆里，怎么能够不亢奋、激动呢?

阿纳托尔·法朗士（1844—1924），法国近代卓越的作家、文学评论家、社会活动家，1921 年因其小说《苔依丝》获诺贝尔文学奖。

法朗士早期从事诗歌创作，19 世纪 80 年代起，逐渐对资本主义社会产生怀疑，同情人民疾苦，宣扬人道主义，并致力于小说创作，写了一系列的历史题材小说，如《苔依丝》、《鹅掌女王烤肉店》、《企鹅岛》、《诸神渴了》等。由于受法国唯心主义历史学家列南的“人类永远也不能接近真理”的影响，这些作品均流露出历史循环论、社会改造徒劳无益论的悲观情绪，但更多的是对社会丑恶的嘲讽和抨击。

作品鉴赏

本文表面描写巴黎塞纳河岸的早晨，本质是写作者对巴黎的无限热爱。不仅因为巴黎是作者的故乡，记载着他过往的生活，更因为它有着厚重的历史和深远的文化内涵，并且这种极具内涵的东西时常激发作者的思想情感，从而构建了他的生命，所以作者是以无限的深情热爱巴黎的。本文写景由远到近，第二段中的“我们”表现出对巴黎的热爱，原因是:“我们”表现了一种归属，带有一种自有的、自私的情感；“它们把头埋在饲料袋里，平静地咀嚼着燕麦”，这句话描写真切，由此可以看出作者对家乡生活场景的熟悉，表达了对巴黎的热爱；“一阵风刮起了街心的尘土、有叶翼的梧桐籽和从马嘴里漏下的干草末”，自然地结束了地面上的描述，也就是视线转变，承上启下；“然而我厌倦了”，说明他在炫耀巴黎如此美妙。

法朗士的作品，就风格和结构来说，在文学史上是独树一帜的。他的作品没有生动的故事情节，只有日常所见的平凡生活片断，哲学的论辩超过对事物的描写。

扩展阅读

米拉波桥

（法·阿玻利亚）

塞纳河在米拉波桥下流逝，
我们的爱情，
还要记起吗?

往日欢乐总在痛苦之后来临。
夜来临吧，听钟声响起，
时光消失了而我还在这里，
我们就这样面对面，
手握着手，
在手臂搭起的桥下闪过，
那无限倦慵的眼波，
夜来临吧，听钟声响起，
时光消逝了而我还在这里，
爱情像这泓流水一样逝去。

（徐知免译）

思考与讨论

1. 作者在本文中并没有将重点放在景物的描摹上，也没有如题目所示着力描写塞纳河岸的早晨，而是重笔描写“为生计忙碌”的人们和巴黎古老文化的宏伟图景，这样写表达了作者怎样的思想感情?

2. 作品最后一段说“然而，我厌倦了”。作者为什么会感到厌倦？联系作者生平及法国历史谈谈自己的理解。

3. 你能否理解作者想要过的究竟是怎样一种生活?

知识链接

你一生应诵读的美文经典（外国篇）

法朗士《塞纳河岸的早晨》；蒙田《热爱生命》；屠格涅夫《鸽子》；
聂鲁达《归来的温馨》；梭罗《冬日漫步（节选）》；纪伯伦《浪之歌》；
泰戈尔《孟加拉风光》；东山魁夷《一片叶子》；川端康成《花未眠》；
茨威格《世间最美的坟墓——记 1928 年的一次俄国旅行》；
夏多布里昂《密西西比河风光》。

人文思想篇

国际《易经》学会主席成中英说：“《周易》是生命的学问，宇宙的真理，文化的智慧，价值的源泉。”欧洲哲学家捷思也说：“谈到人类智慧宝典，首推中国《易经》。”正所谓“易无体”，《周易》的学问是变化无穷的，剔除迷信的部分，《周易》中贯穿的变和不变的思想对现代人具有相当意义的指导作用。

乾卦　坤卦（节选）

《周易》

䷀（乾上乾下）[1]

乾[2]　元亨，利贞[3]。

初九[4]　潜龙，勿用[5]。

九二　见龙在田，利见大人[6]。

九三　君子终日乾乾，夕惕若，厉无咎[7]。

九四　或跃在渊，无咎[8]。

九五　飞龙在天，利见大人[9]。

上九　亢龙，有悔[10]。

用九[11]　见群龙无首，吉[12]。

《象》：天行健，君子以自强不息[13]。潜龙勿用，阳在下也。见龙在田，德施普[14]也。终日乾乾，反复道也。或跃在渊，进无咎也。飞龙在天，大人造也。亢龙有悔，盈不可久[15]也。用九，天德不可为首也。

【注释】

[1] ䷀：乾卦卦画。《周易》共64卦，由八卦乾☰、坤☷、震☳、巽（xùn）☴、坎☵、离☲、艮（gèn）☶、兑☱其中任意两个重叠而成。八卦各代表了自然界的一种事物，乾为天，坤为地，震为雷，巽为风，坎为水，离为火，艮为山，兑为泽。《周易》中乾卦是由八卦中的两个乾卦重叠而成的，所以乾卦的卦画是乾下乾上。

[2] 乾：卦名，乾卦为《周易》的第一卦。

[3] 元亨，利贞：此句为卦辞。元，本初，是万物始生的本原。亨，顺遂、亨通。利，有利。贞，美好。元、亨、利、贞以及下文中所出现的勿用、无咎、有悔、吉、无不利、有终、无成等都是占卜时用来表示吉凶好坏的专门术语。

[4] 初九：爻（yáo）名。《周易》中每一卦都由六个基本符号组成，这种符号单位统称为“爻”，分为阴爻和阳爻。卦中每爻都有自己的名称，称为“爻名”，每卦中

六爻由下往上数，称为初、二、三、四、五、上。阳爻又称“九”，阴爻又称“六”。如乾卦六爻都是阳爻，爻名便依次为初九、九二、九三、九四、九五、上九。其他卦各爻爻名依此类推。

[5] 潜龙，勿用：爻辞，意为潜藏的龙，不用。爻辞一般分为两层内容，前面的语言用来叙事状物作为象征，而后面的语言则在此基础上用断语对这种形象判断吉凶。

[6] 见龙在田，利见大人：龙出现在田间，有利于大德大才之人出现。大人，德才之人。

[7] 君子终日乾乾，夕惕若，厉无咎：君子，有才有德之人。乾乾，健行不息。若，语助词，…的样子。厉，危机险境。

[8] 或跃在渊，无咎：（龙）相机而动，跃起上进，无咎害。渊，水渊。咎，坏处、灾害。

[9] 飞龙在天，利见大人：龙飞上天，有利于大德大才之人出现。

[10] 亢龙，有悔：龙高飞到了极点，必有过悔。亢，极高极盛。悔，较轻的灾祸。

[11] 用九：《周易》64卦中，每卦一般是6句爻辞，只有乾卦、坤卦各多一句爻辞，乾卦多“用九”，坤卦多“用六”。

[12] 见群龙无首，吉：群龙飞腾云中，看不到头，大吉的景象。

[13] 天行二句：天的运行是刚健的，昼夜不息、周而复始，君子效法天，也应该不断努力，自强不息。

[14] 德施普：阳和之德，普及万物。施，施行。

[15] 盈不可久：盈则必亏，故日不可久。

䷁（坤上坤下）[1]

坤[2]　元亨，利牝马之贞[3]，君子有攸往[4]，先迷，后得主[5]，利。西南得朋，东北丧朋，安贞。吉。

初六　履霜，坚冰至。[6]

六二　直方大[7]，不习，无不利[8]。

六三　含章[9]，可贞。或从王事，无成有终[10]。

六四　括囊[11]，无咎，无誉。

六五　黄裳[12]，元吉。

上六　龙战于野，其血玄黄[13]。

用六　利永贞。

《象》：地势坤，君子以厚德载物[14]。

《文言》：积善之家，必有馀庆；积不善之家，必有馀殃。臣弑其君，子弑其父，非一朝一夕之故，其所由来者渐矣，由辩之不早辩也[15]。《易》曰：“履霜，坚冰至。”盖言其顺也[16]。

【注释】

[1] ䷁：坤卦卦画。坤卦是由八卦中的两个坤卦重叠而成的，所以坤卦的卦画是坤下坤上。

[2] 坤：卦名。

[3] 元亨，利牝马之贞：元始，亨通，利于雌马以柔顺坚持正道。牝（pìn），雌性的鸟或兽，牝马是柔顺的象征。

[4] 君子有攸往：君子有所往。攸，所。

[5] 先迷，后得主：先迷路失道，后找到旅途中接待旅客的主人。

[6] 履霜，坚冰至：踩在霜上，紧接着就是寒冷冬日坚硬冰块的到来。履，踩。

[7] 直方大：平直、端方、胸襟阔大，指几种好的品性。

[8] 不习，无不利：不需要修行，也会成功，正所谓"无为而无不为"。

[9] 含章：蕴涵美德，不显露。章，文采、美德。

[10] 或从王事，无成有终：辅佐君王的事业，不以成功自居，最后才会有好结果。

[11] 括囊：扎住布袋子，不让里面的东西露出来，比喻言行之谨慎。括，结。囊，布袋子。

[12] 黄裳：黄色的裙子。古时候以黄色为中和的贵色。裳，下衣，古代服饰分上衣下裳。

[13] 龙战于野，其血玄黄：龙在原野上争斗，流出青黄混杂的血，意指坤阴气极盛，转化为与乾阳抗争，血流遍野。本爻辞无断语，吉凶向来有多种解释。玄，玄者，深蓝近于黑色。

[14] 地势二句：大地的气势厚实和顺，君子也应该效法于大地，增厚美德，容载万物。

[15] 积善句：万事都是从小到大、从微到著，所以应该防微杜渐。渐，逐渐。辩，辨别。

[16] 顺：同"慎"，谨慎。

《周易》成书于西周初年，古人用它来预测未来、决策国家大事。自汉代起，它被儒家尊崇为六经之首，在中国文化中占有非常重要的地位。《周易》包括"经"和"传"两个部分，"经"由六十四卦组成，每卦包括卦画、卦名、卦辞、爻名、爻辞五个部分，"传"是阐释"经"的文字，共计七种十篇，包括《彖传》、《象传》、《文言》、《系辞传》、《说卦传》、《序卦传》、《杂卦传》，后世统称《易传》。

《周易》是古人在未掌握科学方法之前所依托的一种测算手段，所以只能将其看做一种文化现象而并真正的科学。但由于《周易》中引用了大量传说、格言、警句、生活经验，从政治、历史、哲学、文学各个角度为后人提供了宝贵的研究资料，我们若抛弃其唯心的占筮学和神秘主义的一面，注意到它更深层次的哲学价值，将是对中国古代博大精深文化的一种最好继承和阐释。

作品鉴赏

本文选取了《周易》中较为特殊的全阳乾卦和全阴坤卦，并节选了一些“传”的文字。无论是经文本身还是阐释经文的传文都提出了很多有智慧的见解，对于指导现代人的人生有重要意义。比如说《乾卦》的九三中提到“君子终日乾乾，夕惕若”，告诫我们要勤奋、守业、警惕，生于忧患、死于安乐；《乾卦》中上九“亢龙，有悔”告诉我们趾高气扬必然会物极必反、走向失败；《坤卦》中六三、六四“含章，可贞”、“括囊，无咎”告诉我们要收敛锋芒、含藏智慧；另外，《象传》中“天行健，君子以自强不息”、“地势坤，君子以厚德载物”等道理至今仍可以鼓舞我们追求上进、保持道德。

《周易》作为古老的文献，现在读来有些艰涩难懂，但较之甲骨文简略、片言只字的记事，它的语言要通俗得多，且在叙事、状物、言情上已形成自己的特点，体现了中国文学从占卜语录向记叙文章的演进。言简意赅是《周易》语言的显著特点，在卦辞、爻辞中短歌韵语约占全书的三分之一，便于巫师和占筮人记诵与发挥。在写作手法上，爻辞常常是先以一句生动形象的话语描述一幅景象，如“潜龙”、“飞龙在天”、“群龙无首”、“龙战于野”等，类似于现在我们抽签签纸上的画，接下来便以断语作出推断，通过前面的句子打比方来象征吉凶，逻辑性很强，便于占筮者把问卦者的遭遇、身世、命运联系起来加以附会，并作出各种各样的解释和推断。

扩展阅读

伏羲八卦图（先天八卦）

思考与讨论

1. 体会《乾卦》、《坤卦》中所反映的生活哲理。
2. 如何将《乾卦》宣扬的“自强不息”与《坤卦》宣扬的“厚德载物”结合起来？
3. 试从现代管理学的角度解读《坤卦》。

知识链接

汉字的形体演变和古代“六书”

从现存最早的成体系的古汉字甲骨文到现在所使用的楷书，汉字的形体经历了一个漫长的演变过程。我们将汉字形体的演变大致分为六个阶段：甲骨文、金文、大篆、小篆、隶书、楷书，楷书又分化出行书、草书。隶书是在小篆的基础上经过改进而形成的一种字体，完全失去了早期汉字那种以形象表达思想和意义的基本特征，成为可以分析为基本笔画和基本构件的纯粹文字符号，从而奠定了方块汉字的基础。可以说，隶书是今文字与古文字的分水岭。

“六书”反映了战国末到汉代人们对汉字的结构和使用情况的认识。许慎《说文解字·叙》把六书之名定为：指事、象形、形声、会意、转注、假借。曰："象形者，画成其物，随体诘诎，日月是也；指事者，视而可识，察而见意，上下是也；会意者，比类合谊，以见指撝，武信是也；形声者，以事为名，取譬相成，江河是也；转注者，建类一首，同意相受，考老是也；假借者，本无其字，依声托事，令长是也。其中象形、指事、会意、形声属于造字之法，即汉字结构的条例；转注、假借则属于用字之法。

你能否从以下的小篆体中判断各字的造字法?

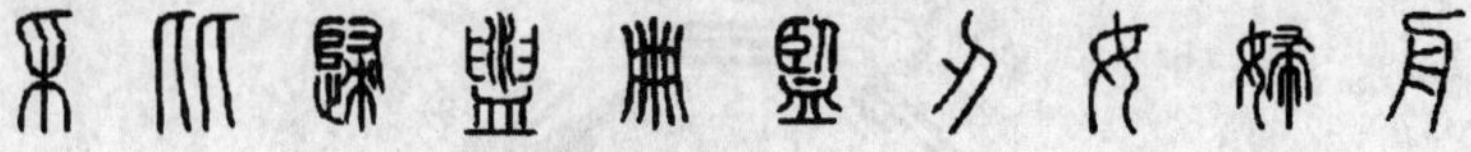

《论语》被称为“中国人的圣经”，对中华民族的心理素质和道德行为有重大影响，其思想内容已熔铸成我们民族的个性，所以有“半部《论语》治天下”之说。作为中国人，如果不了解《论语》，就不是一个完整的中国人；作为外国人，如果不了解《论语》，便无法真正了解中国人。

《论语》八则

《论语》

曾子曰：“吾日三省[1]吾身。为人谋而不忠乎？与朋友交而不信乎[2]？传不习乎[3]？”

（《论语·学而》）

子曰：“吾十有[4]五而志于学，三十而立，四十而不惑，五十而知天命[5]，六十而耳顺[6]，七十而从心所欲，不逾矩[7]。”

（《论语·为政》）

子曰：“富与贵，是人之所欲也，不以其道得之，不处[8]也；贫与贱，是人之所恶也，不以其道得之，不去也。君子去[9]仁，恶乎[10]成名？君子无终食之间违仁[11]，造次必于是[12]，颠沛[13]必于是。”

（《论语·里仁》）

子曰：“质[14]胜文[15]则野[16]，文胜质则史[17]。文质彬彬[18]，然后君子。”

（《论语·雍也》）

子曰：“不愤[19]不启，不悱[20]不发。举一隅[21]不以三隅反，则不复也。”

（《论语·述而》）

子绝四——毋意，毋必，毋固，毋我。

（《论语·子罕》）

颜渊问仁。子曰：“克己复礼[22]为仁。一日克己复礼，天下归仁[23]焉。为仁由己，而由人乎哉？”颜渊曰：“请问其目[24]。”子曰：“非礼勿视，非礼勿听，非礼勿言，非礼勿动。”颜渊曰：“回虽不敏，请事[25]斯语矣。”

（《论语·颜渊》）

子曰：“直哉史鱼[26]！邦有道，如矢[27]；邦无道，如矢。君子哉蘧伯玉！邦有道，则仕；邦无道，则可卷而怀之。”

（《论语·卫灵公》）

【注释】

[1] 省（xǐng）：检查、察看。

[2] 忠："尽己之谓忠"，指对人应当尽心竭力。信："信者，诚也。"以诚实之谓信，要求人们按照礼的规定相互守信，以调整人们之间的关系。

[3] 传："受之于师谓之传"。习：指温习、实习、演习等。

[4] 有：通"又"。

[5] 天命：不能为人力所支配的事情。

[6] 耳顺：对此有多种解释。一般指对那些于己不利的意见也能正确对待。

[7] 从：遵从。逾：越过。矩：规矩。

[8] 处：处于、处在，这里意指享受。

[9] 去：离开。

[10] 恶（wū）乎：如何、怎样、怎么。

[11] 终食之间：吃一餐饭的工夫。违：违背、背离。

[12] 造次：匆忙、急促。是：代词，指不离开"仁"的道德准则。

[13] 颠沛：颠沛流离、遭遇挫折。

[14] 质：朴实、自然，无修饰的。

[15] 文：文采，经过修饰的。

[16] 野：此处指粗鲁、鄙野，缺乏文采。

[17] 史：言词华丽，这里有虚伪、浮夸的意思。

[18] 彬彬：文与质的配合很恰当。

[19] 愤：苦思冥想而仍然领会不了的样子。

[20] 悱（fěi）：想说又不能明确说出来的样子。

[21] 隅（yú）：角落。

[22] 克己：克制自己。复礼：言行符合于礼的要求。

[23] 归仁：归顺仁道。

[24] 目：具体的条目，与纲相对。

[25] 事：从事，照着去做。

[26] 史鱼：卫国大夫，名鳍，字子鱼，多次向卫灵公推荐蘧伯玉。

[27] 矢：箭。

孔子（前551—前479），名丘，字仲尼，春秋时期鲁国人，儒家学派创始人，我国古代伟大的政治家、思想家、教育家。孔子思想和儒家学说的核心是"仁"，在具体的为人处事上，则表现为恭、宽、信、敏、智、勇、忠、恕、孝、悌等诸多内容。孔子自幼志向远大，曾官至鲁国司寇，晚年回鲁国一边整理古代文化典籍，一边私人办学，教弟子三千多人，成为中国历史上第一个伟大的教育家。孔子学说从汉代开始成为封建文化的正统，被称为"至圣"。

《论语》约成书于公元前400年，编纂者主要是孔子的弟子或再传弟子。该书在政治思想、宗教文化、为人处世、教育教学、文学评论等多方面对后人都有深刻影响，虽存在一些消极因素，但其思想价值和文学价值是不容忽视的。《论语》语言口语化强，简朴凝练，富于启发性和哲理性，很多至理名言至今仍广泛运用于人们的日常生活中。

作品鉴赏

孔子的整个思想体系主要讲做人的道理，甚至可以说他所有的思想都可以在做人的过程中得到体现。

第一则讲自省。儒家讲自省特别强调自觉性，本则提出了“忠”和“信”的范畴。忠强调一个尽字，办事尽力，死而后已，且不止用于君臣关系；信的含义有二，一是信任，二是信用，其内容是诚实不欺，用来处理上下级和朋友之间的关系。

第二则孔子自述其学习和修养的过程，这一过程是一个随着年龄的增长思想境界逐步提高的过程。整个过程分为三个阶段：十五到四十岁是学习领会的阶段；五六十岁是安心立命的阶段；七十岁是主观意识和做人的规则融合为一的阶段。

第三则反映了孔子的富贵观。任何人都不会甘愿过贫穷困顿的生活，都希望富贵安逸，孔子也并不排斥利、欲，但他提出必须通过正当的手段和途径去获取，否则宁守清贫也不去享受富贵。这种观念在今天仍有其不可低估的价值。

第四则说明了文与质的正确关系，体现了孔子文质统一的思想。文与质相互对立，又互相依存，同样重要。

第五则谈教育观，提出了“启发式”教学思想。孔子反对“填鸭式”、“满堂灌”的教学，要求学生能够“举一反三”，在学生能充分进行独立思考的基础上，再对他们进行启发、开导。

第六则孔子指出了四种弊病，即主观猜疑、钻牛角尖、固执己见、自高自大。人只有首先杜绝了这几点才可以完善道德，培养高尚的人格。

第七则讲颜渊问仁。“克己复礼”包含两个方面的内容，一是克己，二是复礼。克己复礼就是通过人们的道德修养自觉地遵守礼的规定。孔子以礼来规定仁，礼以仁为基础，以仁来维护；仁是内在的，礼是外在的，两者紧密结合。

第八则论述了“直”与“君子”。当国家有道或无道时，史鱼都同样直爽，而伯玉则只在国家有道时出来做官，孔子认为史鱼“直”，而伯玉是“君子”。

以上八则分别论述了如何在自我修养中锻炼人格，如何身处富贵、安于贫穷，如何用“仁”的要求来规范自己从而协调好人际关系，如何让自己在满足人欲的过程中保持心理上的和谐，如何更有效率地学习等。

扩展阅读

孔子和他的学生们

子路，卞（biàn）人也，少孔子九岁。子路性鄙，好勇力，志伉（kàng）直，冠雄鸡，佩豚，陵暴孔子。孔子设礼稍诱子路，子路后儒服委质，因门人请为弟子。（《史记·仲尼弟子列传》）

昔者孔子没。三年之外门人治任将归，入揖于子贡，相向而哭，皆失声，然后归。子贡反筑室于场，独居三年然后归。（《孟子》）

子曰："贤哉回也，一箪（dān）食，一瓢饮，在陋巷，人不堪其忧，回也不改其乐。贤哉回也！"（《论语·雍也篇》）

宰予昼寝，子曰："朽木不可雕也，粪土之墙不可圬（wū）。于予与何诛？"（《论语·公冶长》）

季氏富于周公，而求也为之聚敛而附益之。子曰："非吾徒也，小子鸣鼓而攻之，可也。"（《论语·先进》）

思考与讨论

1. 在新的时代条件下我们该如何看待儒家"仁"的思想？
2. 儒家思想对我们为人处世、修身养性、塑造完美人格有何启示？
3. 孔子首办私学在历史上有何重大意义？他的教育思想、教学方法怎样？

知识链接

孔子论君子与小人

子曰：君子成人之美，不成人之恶；小人反是。（《论语·颜渊》）

子曰：君子喻于义，小人喻于利。（《论语·里仁》）

子曰：君子周而不比，小人比而不周。（《论语·为政》）

子曰：君子怀德，小人怀土。君子怀刑，小人怀惠。（《论语·里仁》）

子曰：君子坦荡荡，小人长戚戚。（《论语·述而》）

子曰：君子易事而难说也。说之不以道，不说也；及其使人也，器之。小人难事而易说也。说之虽不以道，说也；及其使人也，求备焉。（《论语·子路》）

郭沫若先生称："以思想家而兼文章家的人，在中国古代哲人中，实在是绝无仅有。"鲁迅先生称："其文则汪洋辟阖，仪态万方，晚周诸子之作，莫能先也。"何人何书具有如此大的魅力？诸子百家中，庄子绝对是一个不能不提的奇人，而《庄子》绝对也是一部不可不读的奇书。

秋水（节选）

《庄子》

秋水时至[1]，百川灌河，泾流之大，两涘渚崖之间不辩牛马[2]。于是焉河伯欣然自喜，以天下之美为尽在己。顺流而东行，至于北海，东面而视，不见水端。于是焉河伯始旋[3]其面目，望洋向若而叹曰[4]："野语有之曰[5]，'闻道百[6]，以为莫己若者[7]'我之谓也。且夫我尝闻少仲尼之闻而轻伯夷之义者[8]，始吾弗信；今我睹子之难穷也，吾非至于子之门则殆矣，吾长见笑于大方之家[9]。"

北海若曰："井蛙不可以语于海者，拘于虚也[10]；夏虫不可以语于冰者，笃[11]于时也；曲士[12]不可以语于道者，束于教也。今尔出于崖涘，观于大海，乃知尔丑[13]，尔将可与语大理矣。天下之水，莫大于海，万川归之，不知何时止而不盈[14]；尾闾[15]泄之，不知何时已而不虚；春秋不变，水旱不知。此其过江河之流，不可为量数[16]。而吾未尝以此自多[17]者，自以比形于天地而受气于阴阳[18]，吾在于天地之间，犹小石小木之在大山也。方存乎见少，又奚以自多！计四海之在天地之间也，不似礨空之在大泽乎[19]？计中国之在海内，不似稊米[20]之在大仓乎？号[21]物之数谓之万，人处一焉；人卒[22]九州，谷食之所生，舟车之所通，人处[23]一焉；此其比万物也，不似豪末之在于马体乎？五帝之所连[24]，三王之所争，仁人之所忧，任士之所劳[25]，尽此矣！伯夷辞之以为名[26]，仲尼语之以为博，此其自多也；不似尔向之自多于水乎[27]？"

河伯曰："然则吾大天地而小豪末，可乎？"

北海若曰："否。夫物，量无穷，时无止，分无常，终始无故[28]。是故大知观于远近[29]，故小而不寡，大而不多，知量无穷；证向今故[30]，故遥而不闷[31]，掇而不跂[32]，知时无止；察乎盈虚，故得而不喜，失而不忧，知分之无常也；明乎坦涂[33]，故生而不说[34]，死而不祸，知终始之不可故也。计人之所知，不若其所不知；其生之时，不若未生之时；以其至小求穷其至大之域[35]，是故迷乱而不能自得也。由此观之，又何以知豪末之足以定至细之倪[36]？又何以知天地之足以穷至大之域？"

【注释】

[1] 时至：按季节到来，时是名词作状语。

[2] 两涘（sì）句：河岸和水边陆地难以分辨出牛马来，形容水流之大。涘，水

边。渚，水中的小块陆地。崖，高的河岸。

[3] 旋：旋转、改变。

[4] 望洋句：迷茫着直视向北海若叹息道。望洋，仰视迷茫的样子。若，北海若。

[5] 野语有之曰：俗话这样说。

[6] 闻道百：听到的道理很多，定语前置。

[7] 以为莫己若者：以为没有比得上自己的人。若，比得上、像。

[8] 且夫句：并且我曾听说（有人）认为孔子的见识少，又以伯夷的合于道义的行为为轻。仲尼，孔子。伯夷，商末孤竹君之长子，名允，与其弟叔齐互相辞让王位，逃出国家。武王兴兵伐纣，二人叩马而谏，武王手下欲动武，被姜太公制止，称之为义人。武王克商后，天下宗周，而伯夷、叔齐耻食周粟，逃隐于首阳山，最终饿死。

[9] 见笑于大方之家：被大方之家所讥笑。大方之家，有很高学识的人。

[10] 拘：限制、局限。虚：通"墟"，居住的狭窄的地方。

[11] 笃：固定。

[12] 曲士：乡曲之士，指孤陋寡闻的人。

[13] 尔：你，第二人称。丑：浅陋。

[14] 盈：充满。

[15] 尾闾：古代传说中的海水排放处。

[16] 此其句：它超过长江黄河的水流，不能用量器计算。

[17] 自多：自认为很多。

[18] 阴阳：古代认为宇宙之中充满阴阳二气，万物由此而生。

[19] 计句：考虑四海在天地之间，不像蚁穴在草泽里吗？礨（lěi）空，蚂蚁的洞穴，极小的缝隙。

[20] 稊（tí）米：一种草结的籽食。

[21] 号：称呼。

[22] 卒：聚集。

[23] 处：处于。

[24] 五帝：黄帝、颛顼、帝喾、尧、舜，一说太昊、炎帝、黄帝、少昊、颛顼。连：连续继承。

[25] 三王：夏禹、商汤、周文王。争：争夺、取得。任士：以治理天下为己任的贤能之士。劳：劳心劳力。

[26] 伯夷句：伯夷因为辞让君位而赢得名声。

[27] 自多于水：自以为水多。

[28] 夫物句：万物的量是不可穷尽的，时间的推移也没有止境，得失区分没有不变的常规，事物起始终结也没有定因。故，缘由。

[29] 是故句：所以具有大智的人观察事物都是从远至近各个方面来看，从不局限于一隅。知，通"智"。

[30] 证向今故：以今古事例证明。向，明。故，通"古"。

[31] 遥：长、久远。闷：厌倦。

[32] 掇而不跂：生命只在近前却不会企求寿诞。掇，拾取，这里指就近，表示短暂。跂，通“企”，企求。

[33] 明乎坦涂：明白人从生到死是没有阻隔的一条平坦大道，生死都是必然的。涂，通“途”。

[34] 说：通“悦”。

[35] 以句：用极为有限的智慧去探究没有穷尽的境域。

[36] 又句：又怎么仅凭知道毫毛的末端就判定是最为细小的限度？倪，端倪、界限。至细之倪，事物最细小的限度。

庄子（约前369—前286），名周，战国时期宋国蒙人，中国历史上最睿智的思想家、哲学家之一，道家思想的重要代表人物，与老子并称为“老庄”。一生穷苦，对高官厚禄高度轻蔑，曾做过蒙地的漆园吏，但更多时间是归隐。庄子主张天道无为，否定一切事物的本质区别，倡导“天地与我并生，万物与我为一”的主观精神境界和逍遥自得的生存状态，主张人不要在自然中异化。

庄子和他的门人著有《庄子》一书，现存33篇。《庄子》标志着先秦散文的真正成熟，它极富文学性，文笔变化多端，汪洋恣肆，气势雄厚，排比、反问句式层出不穷，具有浓厚的浪漫主义色彩。庄子想象力极强，善于用寓言故事形式达到幽默讽刺的效果，创造了如“庄周梦蝶”、“越俎代庖”、“螳臂挡车”、“朝三暮四”等寓意生动的成语。

作品鉴赏

本文节选自《秋水》，描写了河伯和海若之间的两次对话。第一、二自然段写河伯在秋天涨潮时由于受到地域的局限盲目自夸、自以为是，而海若却把自己放在更大的天地中去比较，从而不自高自大，说明了事物具有相对性这一哲学观点；第三、四自然段主要是海若对河伯讲述时间、空间无限，事物变化不定，说明了大无止境、小无极限的道理。

第二自然段海若讲道理是本文的精彩段落，结构严谨、层层深入。首先，海若指出不与井蛙、夏虫、曲士“语大理”的原因在于他们的见识受到地域、时间、教育的局限；紧接着，大肆渲染北海之大，用夸张的语言说明海是所有的水中最大的；其次笔锋一转，将大海放在天地中去比，用“小石小木在大山”、“礨空在大泽”、“稊米在大仓”几个比喻表达了海在天地中又是渺小的意思；最后，由海的渺小说到人的渺小，

“马体上的毫末”这一比喻生动形象。四个层次环环相扣，最终水到渠成地将道家思想的观点体现出来。

本文的艺术特点主要表现在以下几个方面：其一，运用拟人化的手法，用神话人物之间的形象对话来讲述生涩的道理，化抽象为具体；其二，由景入事，由事入理，层层深入；其三，善于运用排比和比喻的手法，语言气势宏大，汪洋恣肆。

本文所体现的哲学思想和人生观既有积极的一面，同时也包含了一些消极的色彩，如第四自然段海若在谈话中过分强调事物变化的不确定因素和认识事物的复杂性，这很容易导向不可知论。现代人应联系实际取其精华、去其糟粕，根据自身情况从而选择适合自己的人生态度。

扩展阅读

庄子眼中的名利

1. 神龟的故事

“吾闻楚有神龟，死已三千岁矣。王巾笥（sì，方形竹器）而藏之庙堂之上。此龟者，宁其死为留骨而贵乎？宁其生而曳尾于涂中乎？”二大夫曰：“宁生而曳尾涂中。”庄子曰：“往矣！吾将曳尾于涂中。”

2. 牺牛的故事

“千金，重利，卿相，尊位也。子独不见郊祭之牺牛乎？养食之数岁，衣以文绣，以入大庙。当是之时，虽欲为孤豚，岂可得乎？子亟去，无污我。我宁游戏污渎之中自快，无为有国者所羁，终身不仕，以快吾志焉。”

3. 腐鼠的故事

“南方有鸟，其名为鹓鹐（yuān chú，凤凰），子知之乎？夫鹓鹐发于南海而飞于北海，非梧桐不止，非练实不食，非醴泉不饮。于时鸱（chī）得腐鼠，鹓鹐过之，仰而视之曰：‘吓！’，今子欲以子之梁国而吓我邪？”

（1、3 节选自《庄子·秋水》，2 节选自《史记·老子韩非列传》，标题皆系编者自拟）

思考与讨论

1. 本文揭示了哪些哲学道理，对你的实际生活有什么指导意义？

2. 如何看待儒家的入世和道家的出世思想，你认为现代人应遵循一种怎样的生存态度？

3. 观看于丹《百家讲坛·庄子心得》，谈谈你的体会。

句　读

古代汉语在书写上原本没有标点符号的设计，但是在阅读时为求语气的顺畅和正确地传达意思，仍有需要注意文句的起承转合，读书人便会在文章中自行加注记号，这就是句读的由来。

一般是以句号“。”作为一个句子的终了，相当于现代标点符号中的句号；句中语气承转停顿以读号“，”或“、”表示，则相当于现代标点符号中的逗号和顿号。像这样加注句读的动作，被称为“断句”或“圈点”；如果圈点并且加上注解或注脚，则被称为“圈注”。正确的圈点除了可以明了句子和文章原意，也可以显现一个人基本的学识涵养。如果不懂句读，往往会造成误读、误解原意。你能准确地给下面的句子标出句读吗？请试一试。

合约一张：

无米面亦可无鸡鸭亦可无鱼肉亦可无银钱亦可青菜豆腐不可少一文亦不收

对联两副：

此地安能居住　其人好不忧伤

明日逢春好不晦气　中年倒运少有余财

文章一篇：

庄子送葬过惠子之墓顾谓从者曰郢人垩（è，白土）慢其鼻端若蝇翼使匠石斫之匠石运斤成风听而斫（zhuó，砍）之尽垩而鼻不伤郢人立不失容宋元君闻之召匠石曰尝试为寡人为之匠石曰臣则尝能斫之虽然臣之质死久矣自夫子之死也吾无以为质矣吾无与言之矣

它是世界上最幽邃神奇而富于魅力的书，它是基督教的灵魂，西方国家的民俗民风、法律道德、重大节日、文学、美术、建筑，无不与它有密切联系，多少作品在历史长河中被淘汰，而它却岿然不动，它就是《圣经》！著名学者兰姆教授说："圣经的丧钟响过千万次，送葬的行列聚集了，墓碑上的文字也雕刻好了，葬礼词也宣读过了，可是，尸体从未长眠于此。"也许，正如经上所记："草必枯干，花必凋谢。惟有主的道是永存的。"

《圣经》（节选）

《圣经》

一、伊甸园

耶和华神用地上的尘土造人，将生气吹在他鼻孔里，他就成了有灵的活人，名叫亚当。耶和华神在东方的伊甸立了一个园子，把所造的人安置在那里。耶和华神使各样的树从地里长出来，可以悦人的眼目，其上的果子好作食物。园子当中又有生命树和分别善恶的树。

……耶和华神将那人安置在伊甸园，使他修理看守。耶和华神吩咐他说，园中各样树上的果子，你可以随意吃。只是分别善恶树上的果子，你不可吃，因为你吃的日子必定死。

二、失乐园

女人对蛇说，园中树上的果子，我们可以吃，惟有园当中那棵树上的果子，神曾说，你们不可吃，也不可摸，免得你们死。蛇对女人说，你们不一定死，因为神知道，你们吃的日子眼睛就明亮了，你们便如神能知道善恶。于是女人见那棵树的果子好作食物，也悦人的眼目，且是可喜爱的，能使人有智慧，就摘下果子来吃了。又给她丈夫，她丈夫也吃了。他们二人的眼睛就明亮了，才知道自己是赤身露体，便拿无花果树的叶子，为自己编作裙子。……耶和华神对蛇说，你既作了这事，就必受咒诅，比一切的牲畜野兽更甚。你必用肚子行走，终身吃土。我又要叫你和女人彼此为仇。你的后裔和女人的后裔也彼此为仇。女人的后裔要伤你的头，你要伤他的脚跟。又对女人说，我必多多加增你怀胎的苦楚，你生产儿女必多受苦楚。你必恋慕你丈夫，你丈夫必管辖你。又对亚当说，你既听从妻子的话，吃了我所吩咐你不可吃的那树上的果子，地必为你的缘故受咒诅。你必终身劳苦，才能从地里得吃的。地必给你长出荆棘和蒺藜来，你也要吃田间的菜蔬。你必汗流满面才得糊口，直到你归了土，因为你是从土而出的。你本是尘土，仍要归于尘土……

三、诺亚方舟

耶和华见人在地上罪恶很大，终日所思想的尽都是恶。耶和华就后悔造人在地上，心中忧伤。耶和华说，我要将所造的人和走兽，并昆虫，以及空中的飞鸟，都从地上除灭，因为我造他们后悔了。惟有诺亚在耶和华眼前蒙恩。诺亚的后代记在下面。诺亚是个义人，在当时的世代是个完全人。诺亚与神同行。诺亚生了三个儿子，就是闪，含，雅弗……神就对诺亚说，凡有血气的人，他的尽头已经来到我面前。因为地上充满了他们的强暴，我要把他们和地一并毁灭。你要用歌斐木造一只方舟……看哪！我要使洪水泛滥在地上，毁灭天下。凡地上有血肉，有气息的活物，无一不死。我却要与你立约，你同你的妻与儿子儿妇，都要进入方舟。凡有血肉的活物，每样两个，一公一母，你要带进方舟，好在你那里保全生命。

……诺亚就这样行。凡神所吩咐的，他都照样行了。……当洪水泛滥在地上的时候，诺亚就同他的妻和儿子，儿妇，都进入方舟，躲避洪水。

……到了二月二十七日，地就都干了。神对诺亚说，你和你的妻子，儿子，儿妇都可以出方舟。……诺亚为耶和华筑了一座坛，拿各类洁净的牲畜，飞鸟献在坛上为燔祭。耶和华闻那馨香之气，就心里说，我不再因人的缘故咒诅地（人从小时心里怀着恶念），也不再按着我才行的，灭各种的活物了。地还存留的时候，稼穑，寒暑，冬夏，昼夜就永不停息了。

> 《圣经》（The Bible），基督教主要教义，包括旧约46卷、新约27卷，旧约记载的是耶稣降生前的事迹，新约记载的是耶稣降生后的事迹。《圣经》是世上最广泛为人阅读的书，被翻译成多种语言。作为基督教的灵魂，它启示宇宙的采源、神的计划、人生的意义、世界的结局。
>
> 《圣经》虽不是文学书，但其文笔独特而优美，各卷的文学类型有传记、诗歌、戏剧、寓言及神话等，许多伟大的文学作品的题材也直接来源于圣经。

作品鉴赏

《伊甸园》选自《圣经·创世纪第二章》，讲述了上帝创造人类和伊甸园的故事，伊甸园是人类始祖亚当和夏娃居住的乐园，也由此成为西方文化中至纯至美的理想家园的象征；《失乐园》选自《圣经·创世纪第三章》，讲述了人类在蛇的诱惑下违背上帝意志偷食禁果，最终被逐出伊甸园的故事，隐喻了智慧是人类脱离自然界的标志，也是人类苦闷和不安的根源；《诺亚方舟》选自《圣经·创世纪第六章》，讲述了上帝用洪水灭世留下诺亚一家最终创造新天地的故事，诺亚方舟从此成为灾难中光明和重生的象征。

扩展阅读

中西洪水神话比较

《圣经》创世和洪水神话与中国创世和洪水神话有很大差别，前者的过程是：创世—造人—人类的罪过—惩罚性洪水—再创世；后者的过程是：创世—造人—个人的罪过—洪水—再创世（补天或治水成功）。《圣经》强调洪水的发生源于整个人类的罪恶，即《圣经》中所描述的原罪；中国神话则强调是某一邪恶个体与众神和众人的矛盾造成洪水滔天，只有少数人是罪恶的。

由此可见，由于西方与中国的文化基础及所处的地理环境不同，故而对于洪水神话的描述也不一样。西方神话强调神的创造与毁灭的威力，反映了以“神本主义”为中心的文化体系。《圣经》大洪水神话对上帝只解救诺亚一家有一个解释，那就是说“诺亚在上帝面前是义士”，上帝只解救“义士”，“不良善”的人均被洪水吞没，揭示了犹太民族的善恶观念，那就是善恶报应的观点。由此神话不难看出希伯来人所信奉的唯一神灵就是上帝，他有绝对的权威，是道德的化身，是道德正确与否的裁决人。他既是罪恶的灭亡者，又是善良人的拯救者。作为上帝的子民，人类只有谦卑地承认自己要依赖于神的权力，恳求神的怜悯，保护他们免遭各种威胁。因此人类的责任就应该是崇尚道德，尊奉上帝。

与此相对，中国神话则建立在人性化精神之上，反映了一种“人本主义”倾向。女娲是母性与爱的象征。女娲补天和大禹治水反映的是人性善良与博爱的一面，神与人以平等的态度来相处。虽然有的神明是邪恶的，但正是由于正邪两个极端的存在，才形成了中国神话中人世的平衡。

此外，中国上古洪水神话与世界上绝大多数民族的洪水神话不同，那就是治水型和逃生型的差异。面对铺天盖地而来的洪水，中国上古神话教给后世人民的不是逃避，而是与灾难进行殊死的斗争，它反映了中华民族倔强的品格，同时还体现了这样的主题：一个或几个神明人物牺牲个人利益，英勇地抵抗自然灾害，救民于水火。无论是女性始祖女娲还是治水英雄大禹，都带着解救众生于水火的决心，还众生安乐的生活。它体现了中华民族崇拜为民除害的半人半神的英雄人物，而不是有无上权力的万能上帝。对英雄人物和人自身的崇尚超出对完美“道德”的崇尚。因此，治水的成功与失败，注定了大禹和他的生父鲧在中国神话和历史上拥有完全不同的声誉：治水的胜利者禹理所当然地登上社会权力的顶端，成为万民拥戴的万王之王；治水的失败者鲧却不得不面对死有余辜的厄运。这也反映了中古时期“治水为王”的理念。中华大地几千年来一直以

农耕为主，水多了为涝灾，水少了为旱灾。大禹成功地治理了水患，当然就能成为民族英雄而称王。

（节选自杜曼、曾庆敏《中西“大洪水”神话的文化含义——比较西方〈圣经〉和中国神话中的大洪水》一文）

思考与讨论

1. 你还知道哪些《圣经》中的神话？说一说。
2. 《圣经》中“失乐园”的涵义是什么？
3. 中国有哪些洪水神话？与“诺亚方舟”相比有哪些异同？

知识链接

什么是“原罪”

“原罪”（Original sin）一词来自于基督教的传说，它是指人类与生俱来的、洗脱不掉的罪行。《圣经》中并无“原罪”的明确定义，它由公元2世纪的古罗马神学家图尔德良最先提出，并被圣·奥古斯丁加以发挥和充实。基督教认为，“原罪”是由人类始祖亚当传下来的，亚当、夏娃违背上帝的意志偷食禁果，是“亏欠了上帝的荣耀”，这份罪遗传给后世子孙，成为一切罪恶、灾难、痛苦和死亡的根源。人一生下来在上帝面前就是一个罪人，这“罪”与生俱来，故称为“原罪”。人因为有了“原罪”，才需要“救赎”，才需要“救世主”，才产生了基督教。

“原罪说”实际上是明确主张人性本恶，这一观点普遍地为西方人所接受，西方近代宗教改革的新教领袖——路德、加尔文更是将其发挥到极致，他们直接明指任何人生来即是恶人，只有笃信上帝，才可能获得灵魂的拯救。

毫无疑问，鲁迅最超越时代、最具生命力的一项重要价值在于他那种卓尔不群的文化意识。作为思想家，他以严峻的眼光和卓越的器识，透视五千年文明古国之社会弊端的文化根源和文化心理沉积；作为文学家，他以犀利的文化眼光，谛视中国社会的悲剧和喜剧，过去和未来。这种谛视的深刻性，直逼国人精神文化的最深处——世情、人情，还有爱情。

伤逝[1]（节选）

——涓生的手记

鲁　迅

这是冬春之交的事，风已没有这么冷，我也更久地在外面徘徊；待到回家，大概已经昏黑。就在这样一个昏黑的晚上，我照常没精打采地回来，一看见寓所的门，也照常更加丧气，使脚步放得更缓。但终于走进自己的屋子里了，没有灯火；摸火柴点起来时，是异样的寂寞和空虚!

正在错愕中，官太太便到窗外来叫我出去。

“今天子君的父亲来到这里，将她接回去了。”她很简单地说。

这似乎又不是意料中的事，我便如脑后受了一击，无言地站着。

“她去了么?”过了些时，我只问出这样一句话。

“她去了。”

她，——她可说什么?”

“没说什么。单是托我见你回来时告诉你，说她去了。”

我不信；但是屋子里是异样的寂寞和空虚。我遍看各处，寻觅子君；只见几件破旧而黯淡的家具，都显得极其清疏，在证明着它们毫无隐匿一人一物的能力。我转念寻信或她留下的字迹，也没有；只是盐和干辣椒，面粉，半株白菜，却聚集在一处了，旁边还有几十枚铜元。这是我们两人生活材料的全副，现在她就郑重地将这留给我一个人，在不言中，教我借此去维持较久的生活。

我似乎被周围所排挤，奔到院子中间，有昏黑在我的周围；正屋的纸窗上映出明亮的灯光，他们正在逗着孩子玩笑。我的心也沉静下来，觉得在沉重的迫压中，渐渐隐约地现出脱走的路径：深山大泽，洋场，电灯下的盛筵[2]；壕沟，最黑最黑的深夜，利刃的一击，毫无声响的脚步……

心地有些轻松，舒展了，想到旅费，并且嘘了一口气。

躺着，在合着的眼前经过的预想的前途，不到半夜已经现尽；暗中忽然仿佛看见一堆食物，这之后，便浮出一个子君的灰黄的脸来，睁了孩子气的眼睛，恳托[3]似的看

着我。我一定神，什么也没有了。

但我的心却又觉得沉重。我为什么偏不忍耐几天，要这样急急地告诉她真话的呢？现在她知道，她以后所有的只是她父亲——儿女的债主——的烈日一般的严威和旁人的赛过冰霜的冷眼。此外便是虚空。负着虚空的重担，在严威和冷眼中走着所谓人生的路，这是怎么可怕的事呵！而况这路的尽头，又不过是——连墓碑也没有的坟墓。

我不应该将真实说给子君，我们相爱过，我应该永久奉献她我的说谎。如果真实可以宝贵，这在子君就不该是一个沉重的空虚。谎语当然也是一个空虚，然而临末，至多也不过这样地沉重。

我以为将真实说给子君，她便可以毫无顾虑，坚决地毅然前行，一如我们将要同居时那样。但这恐怕是我错误了。她当时的勇敢和无畏是因为爱。

我没有负着虚伪的重担的勇气，却将真实的重担卸给她了。她爱我之后，就要负了这重担，在严威和冷眼中走着所谓人生的路。

我想到她的死……。我看见我是一个卑怯者，应该被摈于强有力的人们，无论是真实者，虚伪者。然而她却自始至终，还希望我维持较久的生活……

我要离开吉兆胡同，在这里是异样的空虚和寂寞。我想，只要离开这里，子君便如还在我的身边；至少，也如还在城中，有一天，将要出乎意表地访我，像住在会馆时候似的。

然而一切请托和书信，都是一无反响；我不得已，只好访问一个久不问候的世交去了。他是我伯父的幼年的同窗，以正经出名的拔贡[4]，寓京很久，交游也广阔的。

大概因为衣服的破旧罢，一登门便很遭门房的白眼。好容易才相见，也还相识，但是很冷落。我们的往事，他全都知道了。

“自然，你也不能在这里了，”他听了我托他在别处觅事之后，冷冷地说，“但那里去呢？很难。——你那，什么呢，你的朋友罢，子君，你可知道，她死了。”

我惊得没有话。

“真的？”我终于不自觉地问。

“哈哈。自然真的。我家的王升的家，就和她家同村。”

“但是，——不知道是怎么死的？”

“谁知道呢。总之是死了就是了。”

我已经忘却了怎样辞别他，回到自己的寓所。我知道他是不说谎话的；子君总不会再来的了，像去年那样。她虽是想在严威和冷眼中负着虚空的重担来走所谓人生的路，也已经不能。她的命运，已经决定她在我所给与的真实——无爱的人间死灭了！

自然，我不能在这里了；但是，“那里去呢？”

四围是广大的空虚，还有死的寂静。死于无爱的人们的眼前的黑暗，我仿佛一一看见，还听得一切苦闷和绝望的挣扎的声音。

我还期待着新的东西到来，无名的，意外的。但一天一天，无非是死的寂静。

我比先前已经不大出门，只坐卧在广大的空虚里，一任这死的寂静侵蚀着我的灵魂。死的寂静有时也自己战栗，自己退藏，于是在这绝续之交，便闪出无名的，意外的，新的期待。

一天是阴沉的上午，太阳还不能从云里面挣扎出来，连空气都疲乏着。耳中听到细碎的步声和咻咻的鼻息，使我睁开眼。大致一看，屋子里还是空虚；但偶然看到地面，却盘旋着一匹小小的动物，瘦弱的，半死的，满身灰土的……

我一细看，我的心就一停，接着便直跳起来。

那是阿随。它回来了。

我的离开吉兆胡同，也不单是为了房主人们和他家女工的冷眼，大半就为着这阿随。但是，“那里去呢？”新的生路自然还很多，我约略知道，也间或依稀看见，觉得就在我面前，然而我还没有知道跨进那里去的第一步的方法。

经过许多回的思量和比较，也还只有会馆是还能相容的地方。依然是这样的破屋，这样的板床，这样的半枯的槐树和紫藤，但那时使我希望，欢欣，爱，生活的，却全都逝去了，只有一个虚空，我用真实去换来的虚空存在。

新的生路还很多，我必须跨进去，因为我还活着。但我还不知道怎样跨出那第一步。有时，仿佛看见那生路就像一条灰白的长蛇，自己蜿蜒地向我奔来，我等着，等着，看看临近，但忽然便消失在黑暗里了。

初春的夜，还是那么长。长久的枯坐中记起上午在街头所见的葬式，前面是纸人纸马，后面是唱歌一般的哭声。我现在已经知道他们的聪明了，这是多么轻松简截的事。

然而子君的葬式却又在我的眼前，是独自负着虚空的重担，在灰白的长路上前行，而又即刻消失在周围的严威和冷眼里了。

我愿意真有所谓鬼魂，真有所谓地狱，那么，即使在孽风[5]怒吼之中，我也将寻觅子君，当面说出我的悔恨和悲哀，祈求她的饶恕；否则，地狱的毒焰将围绕我，猛烈地烧尽我的悔恨和悲哀。

我将在孽风和毒焰中拥抱子君，乞她宽容，或者使她快意……

但是，这却更虚空于新的生路；现在所有的只是初春的夜，竟还是那么长。我活着，我总得向着新的生路跨出去，那第一步，——却不过是写下我的悔恨和悲哀，为子君，为自己。

我仍然只有唱歌一般的哭声，给子君送葬，葬在遗忘中。

我要遗忘；我为自己，并且要不再想到这用了遗忘给子君送葬。

我要向着新的生路跨进第一步去，我要将真实深深地藏在心的创伤中，默默地前行，用遗忘和说谎做我的前导……

一九二五年十月二十一日毕

【注释】

[1] 本文最初收入1926年北新书局出版的小说集《彷徨》。

[2] 盛筵：盛大的宴席。

[3] 恳托：恳求。

[4] 拔贡：清代科举考试制度，在规定的年限（原定六年，后改为十二年）选拔"文行兼优"的秀才，保送到京师，贡入国子监生员，称为"拔贡"，是贡生的一种。

[5] 孽风：恶风、妖风。

鲁迅（1881—1936），原名周樟寿，字豫山，后改名为周树人，字豫才，浙江绍兴人，中国现代文学的奠基人。1918年4月，开始用"鲁迅"这一笔名。"五四"运动前后，他积极参加《新青年》杂志的工作，站在了反帝反封建斗争的最前列。

鲁迅一生创作近400万字，翻译500多万字，整理古籍近60万字，对中国的文化事业做出了巨大的贡献。作品包括杂文、短篇小说、评论、散文、翻译作品。代表作有小说集《呐喊》、《彷徨》，散文集《朝花夕拾》等。

作品鉴赏

《伤逝》是鲁迅先生唯一一篇以爱情婚姻为题材的小说，描写了一对在新思想影响下的青年——涓生和子君追求恋爱自由的故事，他们渴望婚姻自主，但这种理想在当时的年代里最终却以失败和悲剧收场。作者从多方面揭示了悲剧的原因，他着力刻画的不是社会的压抑、经济的困窘以及性格的软弱，而是主人公信奉的个性解放的时代局限性。恋爱婚姻问题是整个社会解放的一个重要组成部分，仅仅依靠个性解放是不能取得胜利的，这才是导致他们悲剧的真正原因。

这是一篇"手记体"小说，也被称作抒情体小说，题材很平凡，是人们生活中司空见惯的青年爱情，但却迥然不同于其他作家同类题材的作品，依然带有鲜明的"鲁迅色彩"，发掘很深。小说具有浓烈的抒情性，以涓生的痛悔为基调，全篇交织着幸福、忧愁、痛悔、迷惘、追求的复杂感情，发人深省。

扩展阅读

自题小像

（鲁迅）

灵台无计逃神矢，风雨如磐暗故园。
寄意寒星荃不察，我以我血荐轩辕。

（选自鲁迅《集外集拾遗》）

无　题

（鲁迅）

惯于长夜过春时，挈妇将雏鬓有丝。
梦里依稀慈母泪，城头变幻大王旗。
忍看朋辈成新鬼，怒向刀丛觅小诗。
吟罢低眉无写处，月光如水照缁衣。

（选自《南腔北调集·为了忘却的纪念》）

思考与讨论

1. “人必生活着，爱才有所附丽。”这是鲁迅先生在《伤逝》中的名言。作为当代大学生，你怎么看待子君和涓生的爱情？
2. 文中主人公信奉的个性解放有哪些局限性？
3. 你如何看待文中涓生的忏悔？

知识链接

鲁迅先生对“娜拉出走”的看法

娜拉，是挪威剧作家和诗人易卜生创作的戏剧《玩偶之家》的女主人公，她本是一个依附于家庭、依附于孩子的年轻女性，在经历了一场家庭变故之后，她终于看清了丈夫的真实面目和自己在家中所扮演的“玩偶”角色，于是，在庄严地声称“我是一个人”之后，毅然走出了家门。

关于娜拉出走问题，鲁迅先生曾于 1923 年 12 月 26 日在北京女子高等师范学校北京文艺会讲上，发表了名为《娜拉走后怎样?》的演讲。鲁迅先生认为：“人生最苦痛的是梦醒了无路可以走。”是现实逼迫娜拉出走，然而她走以后又会是什么样呢？“不是堕落，就是回来。”在当时，女性没有经济，社会地位，在哪里都像是傀儡。我们在大力提倡女性解放的同时应看到一个有待解决的深层问题，那就是金钱。鲁迅先生曾在文中说到：“梦是好的；否则，钱是要紧的。钱这个字很难听，或者要被高尚的君子们所非笑，但我总觉得人们的议论不但是昨天和今天，即使饭前和饭后，也往往有些差别。凡承认饭需钱买，而以说钱为卑鄙者，倘能按一按他的胃，那里面怕总还有鱼肉没有消化完，须得饿他一天之后，再来听他发议论。所以为娜拉计，钱——高雅的说罢，就是经济，是最要紧的了。自由固不是钱所能买到的，但能够为钱而卖掉。人类有一个大缺点，就是常常要饥饿。为补救这缺点起见，为准备不做傀儡起见，在眼下的社会里，经济权就见得最要紧了。”

青春是人生必经的一个阶段，一般来说，青春已过的人追怀青春，青春愈见其美好。苏雪林写《青春》时已经四十多岁了，正因此，她比那些正值青春期的年轻人们更能喊出“青年是世界上的王”的话语。是的，无论青春岁月如何荒唐、如何忧伤、如何愤懑，但是，正如诗人普希金在《假如生活欺骗了你》中说：“那逝去的将变为可爱”，青春无悔！

青春（节选）[1]

苏雪林

记得法国作家左拉的《约翰戈东之四时》曾以人之一生比为年之四季，我觉得很有意味，虽然这个譬喻是自古以来，就有人说过了。但芳草夕阳，永为新鲜诗料，好譬喻又何嫌于重复呢?

不阴不晴的天气，乍寒乍暖的时令，一会儿是袭袭和风，一会儿是镑镑细雨，春是时哭时笑的，春是善于撒娇的。

树枝间新透出叶芽，稀疏琐碎地点缀着，地上黄一块，黑一块，又浅浅的绿一块，看去很不顺眼，但几天后，便成了一片蓊然的绿云，一条缀满星星野花的绣毡了。压在你眉梢上的那厚厚的灰黯色的云，自然不免教你气闷，可是他转瞬间会化为如纱的轻烟，如酥的小雨。新婚紫燕，屡次双双来拜访我的矮椽，软语呢喃，商量不定，我知道他们准是看中了我的屋梁，果然数日后，便衔泥运草开始筑巢了。远处，不知是画眉，还是百灵，或是黄莺，在试着新吭呢。强涩地，不自然地，一声一声变换着，像苦吟诗人在推敲他的诗句似的。绿叶丛中紫罗兰的嗫嚅，芳草里铃兰的耳语，流泉边迎春花的低笑，你听不见么？我是听得很清楚的。她们打扮整齐了，只等春之女神揭起绣幕，便要一个一个出场演奏。现在它们有点浮动，有点不耐烦。春是准备的。春是等待的。

几天没有出门，偶然涉足郊野，眼前竟换了一个新鲜的世界。到处怒绽着红紫，到处隐现着虹光，到处悠扬着悦耳的鸟声，到处飘荡着迷人的香气，蔚蓝天上，桃色的云，徐徐伸着懒腰，似乎春眠未足，还带着惺忪的睡态。流水却瞧不过这小姐腔，它泛着潋滟的霓彩，唱着响亮的新歌，头也不回地奔赴巨川，奔赴大海……春是烂漫的，春是永远的向着充实和完成的路上走的。

春光如海，古人的比喻多妙，多恰当。只有海，才可以形容出春的饱和，春的浩瀚，春的磅礴洋溢，春的澎湃如潮的活力与生意。

春在工作，忙碌地工作，它要预备夏的壮盛，秋的丰饶，冬的休息，不工作又怎么办？但春一面在工作，一面也在游戏，春是快乐的。

春不像夏的沉郁，秋的肃穆，冬的死寂，它是一味活泼，一味热狂，一味生长与发展，春是年轻的。

当一个十四五岁或十七八岁的健美青年向你走来，先有爽朗新鲜之气迎面而至。正如睡过一夜之后，打开窗户，冷峭的晓风带来的那一股沁心的微凉和葱笼的佳色。他给你的印象是爽直、纯洁、豪华、富丽。他是初升的太阳，他是才发源的长河，他是能燃烧世界也能燃烧自己的一团烈火，他是目射神光，长啸生风的初下山时的乳虎，他是奋鬣扬蹄，控制不住的新驹。他也是热情的化身，幻想的源泉，野心的出发点，他是无穷的无穷，他是希望的希望。呵！青年，可爱的青年，可羡慕的青年！

青年是透明的，身与心都是透明的。嫩而薄的皮肤之下，好像可以看出鲜红血液的运行，这就形成他或她容颜之春花的娇，朝霞的艳。所谓“吹弹得破”，的确教人有这样的担心。忘记哪一位西洋作者有“水晶的笑”的话，一位年轻女郎嫣然微笑时，那一双明亮的双瞳，那两行粲然如玉的牙齿，那唇角边两颗轻圆的笑涡，你能否认这“水晶的笑”四字的意义么？

青年是永远清洁的。为了爱整齐的观念特强，青年对于身体，当然时时拂拭，刻刻注意。然而青年身体里似乎天然有一种排除尘垢的力，正像天鹅羽毛之洁白，并非由于洗濯而来。又似乎古印度人想象中三十二天的天人，自然鲜洁如出水莲花，一尘不染。等到头上华萎，五官垢出，腋下汗流，身上那件光华夺目的宝衣也积了灰尘时，他的寿命就快告终了。

青年最富于爱美心。衣履的讲究，头发颜脸的涂泽，每天费许多光阴于镜里的徘徊顾影，追逐银幕和时装铺新奇的服装的热心，往往叫我们难以了解，或成了可怜悯的讽嘲。无论如何贫寒的家庭，若有一点颜色，定然聚集于女郎身上。这就是碧玉虽出自小家，而仍然不失其为碧玉的秘密。为了美，甚至可以忍受身体上的戕残，如野蛮人的文身穿鼻，过去妇女之缠足束腰。我有个窗友因面麻而请教外科医生，用药烂去一层面皮。三四十年前，青年妇女，往往就牙医无故拔除一牙而镶之以金，说笑时黄光灿露，可以增加不少的妩媚。于今我还听见许多人为了门牙之略欠整齐而拔去另镶的，血淋淋地也不怕痛。假如陆判官的换头术果然灵验，我敢断定必有无数女青年毫不迟疑地袒露其细细粉颈，而去欢迎他靴统子里抽出来那柄锯利如霜小匕首的。

青年是没有年龄高下之别的，也永远没有丑的，除非是真正的嫫母[2]和戚施[3]。记得我在中学读书时，眼中所见那群同学，不但大有美丑之分，而且竟有老少之别。凡那些皮肤粗黑些的，眉目庸蠢些的，身材高大些的，举止矜庄些的，总觉得她们生得太“出老”一点，猜测她们年龄时，总会将它提高若干岁。至于二十七八岁或三十一二的人——当时文风初开的内地学生年龄是有这样的——在我们这些比较年轻的一群看来，竟是不折不扣的“老太婆”了。这样的“老太婆”还出来念什么书，活现世！轻薄些的同学的口角边往往会漏出了这样嘲笑。现在我看青年的眼光竟和从前大大不同了，媸妍胖瘦，当然还分辨得出，而什么“出老”的感觉，却已消灭于乌有之乡，无论他或她容貌如何，既然是青年，就要还他一份美，所谓“青春的美”。挺拔的身躯，轻轻的步履，通红的双颊，闪着青春之焰的眼睛，每个青年都差不多，所以看去年纪也差不多。从飞机下望大地，山陵原野都一样平铺着，没有多少 高下隆洼之别，现在我对于青年也许是坐着飞机而下望的。哈，坐着年龄的飞机！

但是，青年之最可爱的还是他身体里那股淋漓元气，换言之，就是那股愈汲愈多，愈用愈出的精力。所谓“青年的液汁”，这真是个不舍昼夜滚滚其来的源泉，它流转于你的血脉，充盈于你的四肢，泛滥于你的全身，永远要求向上，永远要求向外发展。它可以使你造成博学，习成绝技，创造惊天动地的事业。青年是世界上的王，它便是青年王国拥有的一切财富。

当我带着书踱上讲坛，下望墨压压地一堂青年的时候，我的幻想，往往开出无数芬芳美丽的花：安知他们中间将来没有李白、杜甫、荷马、莎士比亚那样伟大的诗人么？安知他们中间，将来没有马可尼、爱迪生、居里夫人一般的科学家；朱子、王阳明、康德、斯宾塞一般的哲学家么？学经济的也许将来会成为一位银行界的领袖；学政治的也许就仗着他将中国的政治扶上轨道；学化学或机械的也许将来会发明许多东西，促成中国的工业化，现代化。也许他们中真有人能创无声飞机，携带什么不孕粉，到扶桑三岛[4]巡礼一回，聊以答谢他们三年来赠送我们的这许多野蛮惨酷礼品的厚意。不过，我还是希望他们中间有人能向世界宣传中国优越的文化，和平的王道，向世界散布天下为公的福音，叫那些以相斫为高的刽子手们，初则眙愕相顾，继则心悦诚服……青年的前途是浩荡无涯的，是不可限量的，但能以致此，还不是靠着他们这“青年的精力”？

春是四季里的良辰，青年是人生的黄金时代。是春天，就该鸟语花香，风和日丽，但霪雨连绵，接连三四十日之久，气候寒冷得像严冬，等到放晴时，则九十春光，阑珊已尽，这样的春天岂非常有？同样，幼年多病，从药炉氽鼎间逝去了寂寂的韶华；父母早亡，养育于不关痛痒者之手，像墙角的草，得不着阳光的温煦，雨露的滋润；生于寒苦之家，半饥半饱地挨着日子，既无好营养，又受不着好教育，这种不幸的青年，又何常不多？咳，这也是春天，这也是青年！

【注释】

[1] 本文节选自《现代散文鉴赏辞典》，贾植芳主编，上海：上海辞书出版社2003版，编者稍作删改。

[2] 嫫（mó）母：历史上丑女的别称。传说中黄帝为了制止部落“抢婚”事件，专门挑选了品德贤淑、性情温柔、面貌丑陋的丑女作为自己第四妻室，封号为嫫母。

[3] 戚施：本是蟾蜍的别名，后因蟾蜍四足据地，无颈，不能仰视，借此比喻驼背之人或侏儒。

[4] 扶桑三岛：扶桑，原为传说中东方海中的古国名，此处指日本。

苏雪林（1897—1999），安徽人，原名苏梅，字雪林，笔名绿漪女士，在20世纪二三十年代，与冰心、丁玲、冯沅君、凌叔华并称“中国五大女作家”。毕生投身于文学的创作和研究工作，先后在沪江大学、安徽大学、武汉大学等执教50年，是集作家、画家、学者于一身的中国文坛女杰。

苏雪林著作颇丰，涵盖小说、散文、戏剧、文艺批评等方面，著有散文集《绿天》、历史小说集《蝉蜕集》、自传体长篇小说《棘心》、散文评论集《青鸟集》、历史传记《南明忠烈传》，回忆录《我与鲁迅》、戏剧集《鸠罗那的眼睛》、古典文学论著《唐诗概论》等。

作品鉴赏

本文主要谈对生命的体悟，将青春的美丽和闪烁出的夺目光彩娓娓道来，语言清新活泼，意味隽永，散发出哲理散文的情趣和诗意之美，引导我们正确看待人生，珍惜青春，传承中国文化。

文章善用拟人和比喻，以人拟景，又以景喻人，将青年和春天连在一起，无比贴切生动。春是善于撒娇的，是准备的，是等待的，是烂漫的，是永远向着充实和完成的路上走的，是快乐的，是活泼的，是年轻的……青年是透明的，是清洁的，是最富于爱美心的，是没有年龄高下和美丑之别的，带着“青年的汁液”，青年是世界上的王。

文章善于引用诗文佳句，在简隽的语言中又意味深长地剖露现实，希望正值青春年华的年轻人们能靠着“青年的精力”完成宣传和平、反对战争的使命，向世界散步天下为公的福音。

扩展阅读

三方净土转轮来：灰白黑

（吴冠中）

青年时代，崇强烈：马蒂斯的色、梵高的热，求之不得。50年代回到祖国，不愿学舌，不学西洋人的舌，也不学自家人的舌，哪怕你皇亲国戚。于是孤独，寂寞，茫茫！孤独者岂无钟情，爱我乡土。江南多春荫，色素淡，平林漠漠，小桥流水人家，一派浅灰色调。苏联专家说江南不适宜作油画。我自己的油画从江南的灰调起步，游子眼底，故乡浸透着明亮的银灰。艺途中跋涉了长长的灰色时期，也许人生总是灰暗苦涩，也许摸透灰调非数十年不入门。

不知不觉，有意无意，由灰调进入白色时期。依依恋情：白墙、雪峰、羊群、云海、海上浪花，白，白得虚无……白色的孝服，哭坟的寡妇扣人心弦，但画不得。“若要俏，常带三分孝”，令人赞叹民间的审美观。在宣纸厂看造纸，一大张湿漉漉的素纸拓上墙面烘干，渐渐转化成一大幅净白的画面，真是最美最美的图画，一尘不染。此时我渴望奋力泼上一块乌黑乌黑的浓墨，则石破天惊，艺术效应必达于极点。世界上新潮展览层出不穷，如代表中国新潮参展，我希望展出一方素白的无光宣纸与一块墨黑的光亮漆板。

行年七十后，我终于跌入、投入了黑色时期。银灰或素白，谦逊而退让，与人民大众的审美观矛盾不大。求同存异，我之选择银亮与素净也许潜伏着探求与父老乡亲们相通语言的愿望，属于风筝不断线范畴内的努力吧！意识形态在变异，50 年换了人间，中国人民心眼渐开，审美观不断提高，我先前担心他们能否接受抽象的考虑已是迂腐之见了。任性抒写胸怀吧，人们的口味已进入多种多样的高品味，信任他们的品评吧！我爱黑，强劲的黑，黑的强劲，经历了批黑画的遭遇，丝毫也割不断对黑之恋。黑被象征死亡，作丧事的标志，正因这是视觉刺激之顶点。当我从具象趋向抽象时，似乎与从斑斓彩色进入黑白交错是同步的。

暮年，人们的诱惑、顾虑统统消退了，青年时代的赤裸与狂妄倒又复苏了，吐露真诚的心声，是莫大的慰藉，我感到佛的解脱。回头是岸，回头遥望，走过了三方净土：灰、白、黑。

（选自花山文艺出版社 2005 年版《体验艺术——直击心灵的一瞬》）

思考与讨论

1. 为什么文中说“青年是没有年龄高下之别的，也永远没有丑的”。
2. 体会文章最后一段“这也是春天，这也是青年”的含义。
3. 本文是如何将抒情和说理结合在一起的？

知识链接

培根论青年与老年

青年人较适于发明而不适于判断；较适于执行而不适于议论；较适于新的计划而不适于惯行的事务。因为老年人的经验，在它的范围以内的事物上，是指导他们的，但是在新的事物上，则是欺骗他们的。青年人的错误常使事务毁坏；而老年人的错误充其量不过是也许可以做得更多一点，或者更早一点而已。青年人在执行或经营某事的时候，常常所包揽的比所能办到的多，所激起的比所能平伏的多；一下就飞到目的上去，而不顾虑手段和程度；荒荒唐唐地追逐某种偶然遇见的主义；轻于革新，而革新这种举动是会引起新的不便来的；在起始就用极端的补救之法；并且（这是把一切的错误都加重一倍的）不肯承认或挽救错误，就好象一匹训练不足的马一样，既不肯停，也不肯转。有年岁的人过于喜欢反对别人，商量事务商量得过久，冒险过少，后悔太快，并且很少把事务推进到十分彻底的地步的；反之，只要有点稀松平常的成功，他们就很满足了。无疑地，把这两种人合而用之是好的；这种办法对于目前好，因为两种年龄的长处可以互相纠正他们的短处；对于将来也好，因为在年老的人做事的时候，年青的人可以学习，并且，最后，在对外的事情上也是好的，因为当局或掌权的人是尊重老年人的，而一般人的欢心则是跟着青年人的。但是在道德方面也许青年人较为优越，如在世情方面老年人较为优越一样。

（摘自商务印书馆1983年版《培根论说文集》）

周国平在《浪漫骑士——记忆王小波》中这样评价："他的文章恣肆随意，非常自由，常常还满口谐谑，通篇调侃，一副顽皮相。如今调侃文字并不罕见，难得的是调侃中有一种内在的严肃，鄙俗中有一种纯正的教养，这正是我读他的作品的印象。"是的，在王小波的笔下，一只特立独行的猪也能变得严肃起来。

一只特立独行的猪

王小波

插队的时候，我喂过猪、也放过牛。假如没有人来管，这两种动物也完全知道该怎样生活。它们会自由自在地闲逛，饥则食渴则饮，春天来临时还要谈谈爱情；这样一来，它们的生活层次很低，完全乏善可陈。人来了以后，给它们的生活做出了安排：每一头牛和每一口猪的生活都有了主题。就它们中的大多数而言，这种生活主题是很悲惨的：前者的主题是干活，后者的主题是长肉。我不认为这有什么可抱怨的，因为我当时的生活也不见得丰富了多少，除了八个样板戏，也没有什么消遣。有极少数的猪和牛，它们的生活另有安排。以猪为例，种猪和母猪除了吃，还有别的事可干。就我所见，它们对这些安排也不大喜欢。种猪的任务是交配，换言之，我们的政策准许它当个花花公子。但是疲惫的种猪往往摆出一种肉猪（肉猪是阉过的）才有的正人君子架势，死活不肯跳到母猪背上去。母猪的任务是生崽儿，但有些母猪却要把猪崽儿吃掉。总的来说，人的安排使猪痛苦不堪。但它们还是接受了：猪总是猪啊。

对生活做种种设置是人特有的品性。不光是设置动物，也设置自己。我们知道，在古希腊有个斯巴达，那里的生活被设置得了无生趣，其目的就是要使男人成为亡命战士，使女人成为生育机器，前者像些斗鸡，后者像些母猪。这两类动物是很特别的，但我以为，它们肯定不喜欢自己的生活。但不喜欢又能怎么样？人也好，动物也罢，都很难改变自己的命运。

以下谈到的一只猪有些与众不同。我喂猪时，它已经有四五岁了，从名分上说，它是肉猪，但长得又黑又瘦，两眼炯炯有光。这家伙像山羊一样敏捷，一米高的猪栏一跳就过；它还能跳上猪圈的房顶，这一点又像是猫——所以它总是到处游逛，根本就不在圈里呆着。所有喂过猪的知青都把它当宠儿来对待，它也是我的宠儿——因为它只对知青好，容许他们走到三米之内，要是别的人，它早就跑了。它是公的，原本该劁[1]掉。不过你去试试看，哪怕你把劁猪刀藏在身后，它也能嗅出来，朝你瞪大眼睛，噢噢地吼起来。我总是用细米糠熬的粥喂它，等它吃够了以后，才把糠对到野草里喂别的猪。其他猪看了嫉妒，一起嚷起来。这时候整个猪场一片鬼哭狼嚎，但我和它都不在乎。吃饱了以后，它就跳上房顶去晒太阳，或者模仿各种声音。它会学汽车响、拖拉机响，学得都很像；有时整天不见踪影，我估计它到附近的村寨里找母猪去了。我们这里也有母猪，都关在圈里，被过度的生育搞得走了形，又脏又臭，它对它们不感兴趣；村寨里的母猪好看一些。它有很多精彩的事迹，但我喂猪的时间短，知道得有限，索性就不写了。总而言之，所有喂过猪的知青都喜欢它，喜欢它特立独行的派头儿，还说它活得潇洒。但老乡们就不这么浪漫，他们说，这猪不正经。领导则痛恨它，这一点以后还要谈到。我对它则不止是喜欢——我尊敬它，常常不顾自己虚长十几岁这一现实，把它叫做"猪兄"。如前所述，这位猪兄会模仿各种声音。我想它也学过人说话，但没有学会——假如学会了，我们就可以做倾心之谈。但这不能怪它。人和猪的音色差得太远了。

后来，猪兄学会了汽笛叫，这个本领给它招来了麻烦。我们那里有座糖厂，中午要鸣一次汽笛，让工人换班。我们队下地干活时，听见这次汽笛响就收工回来。我的猪兄每天上午十点钟总要跳到房上学汽笛，地里的人听见它叫就回来——这可比糖厂鸣笛早了一个半小时。坦白地说，这不能全怪猪兄，它毕竟不是锅炉，叫起来和汽笛还有些区别，但老乡们却硬说听不出来。领导上因此开了一个会，把它定成了破坏春耕的坏分子，要对它采取专政手段——会议的精神我已经知道了，但我不为它担忧——因为假如专政是指绳索和杀猪刀的话，那是一点门都没有的。以前的领导也不是没试过，一百人也逮不住它。狗也没用：猪兄跑起来像颗鱼雷，能把狗撞出一丈开外。谁知这回是动了真格的，指导员带了二十几个人，手拿五四式手枪；副指导员带了十几人，手持看青的火枪，分两路在猪场外的空地上兜捕它。这就使我陷入了内心的矛盾：按我和它的交情，我该舞起两把杀猪刀冲出去，和它并肩战斗，但我又觉得这样做太过惊世骇俗——它毕竟是只猪啊；还有一个理由，我不敢对抗领导，我怀疑这才是问题之所在。总之，我在一边看着。猪兄的镇定使我佩服之极：它很冷静地躲在手枪和火枪的连线之内，任凭人喊狗咬，不离那条线。这样，拿手枪的人开火就会把拿火枪的打死，反之亦然；两头同时开火，两头都会被打死。至于它，因为目标小，多半没事。就这样连兜了几个圈子，它找到了一个空子，一头撞出去了；跑得潇洒之极。以后我在甘蔗地里还见过它一次，它长出了獠牙，还认识我，但已不容我走近了。这种冷淡使我痛心，但我也赞成它对心怀叵测的人保持距离。

我已经四十岁了，除了这只猪，还没见过谁敢于如此无视对生活的设置。相反，我倒见过很多想要设置别人生活的人，还有对被设置的生活安之若素的人。因为这个原故，我一直怀念这只特立独行的猪。

【注释】

[1] 劁（qiāo）：割去牲畜的生殖器。

王小波（1952—1997），当代著名学者、作家，师承穆旦，被誉为中国的乔伊斯兼卡夫卡，1978年考入中国人民大学学习商业管理，1984—1988年在美国匹兹堡大学学习，获硕士学位后回国，曾任教于北京大学和中国人民大学，后辞职专事写作。代表作品有书信集《爱你就像爱生命》，电影文学剧本《东宫西宫》，小说《黄金时代》、《白银时代》、《黑铁时代》等，杂文集《我的精神家园》、《沉默的大多数》等。

王小波为人、为文都颇有特立独行的意味，其写作标榜“智慧”、“自然的人性爱”、“有趣”，语言犀利风趣，富于讽刺意味，深具批判精神。

作品鉴赏

本文从“我”经历的一只猪的遭遇和性情谈起，阐述了一个严肃的主题。这只特立独行的猪几乎没有猪性——猪本该肥，它却瘦；本该笨拙，它却敏捷；本该在又臭又脏的猪圈中浑浑噩噩地打发日子，它却在吃饱后到屋顶上去晒太阳，甚至不辞辛苦跑到村子里去找干净的母猪。也许真是从其下乡时的所见或所闻中引申，也许是“无中生有”想象而得，但不管怎样，作者将这样一位不同于流俗、不囿于成规的“反潮流”者从现实生活中发掘出来，并赋予其英雄般的壮举。在这只猪的身上，我们分明看到了作者追求自由心灵的特质。

极严肃的主题，却出之以幽默诙谐之随笔，这正是王小波文章的特点。文章大部分篇幅都在谈猪，滑稽搞笑，令人忍俊不禁，但继续读下去，却给人满腹辛酸之感，文末一句曲终奏雅，揭示出了社会大多数人的生存处境：有一种力量，时时在企图左右我们的生活，而我们相当多的时候，却浑然不觉，安然处之。正是因为这样，作者笔下这只敢于狂奔的猪意义重大，它的鸣叫，它的潇洒，它的冷静和警惕让人们开始敢于无视一切外界力量对自己生活的“正义”却粗暴的设置。

扩展阅读

个狗主义

（韩少功）

有一种说法，称国门打开，个人主义这类东西从西方国家传进来，正污染着我们的社会风气。这种说法其实有点可疑。我们大唐人的老祖宗在国门紧缩的朝代，是不是各个都不贪污、不盗窃、不走后门？那叫什么主义？

欧美国家确实以个人主义为主潮，让一些博爱而忧世的君子扼腕叹息，大呼精神危机。不过，这一般情形来说，大多数欧美人自利，同时辅以自尊；行个人主义，还是把自己看作人。比方说签合同守信用，不作伪证，不随地吐痰，有时候还跟着"票一票"绿色环保运动抗议核弹或热爱海鲸。欧美式个人主义我们尽可以看不起，但可惜的是，在我们周围，我们看到更多的是签合同不守信用，是毫不犹豫地作伪证，是有痰偏往地毯上吐，是不吃国家珍稀动物就觉得宴席不够档次。更为严重的，是一个村子一个村子在干部的率领下制造假药——你说这叫什么主义？恐怕连个人主义也算不上，充其量只能叫"个狗主义"——不把别人当人，也不把自己当人。

有些人一辈子想有钱，却没想怎么当一个有钱"人"。

人和狗有什么区别呢？如果说人活着不过就是饮食男女，那么狗也能够"食色性也"，并无差别。细想人与狗的不同，无非是人还多一点理智、道德、审美、社会理想等等。一句话，人多一点精神。西方的现代化绝不是一场狗们的纯物质运动，从文艺复兴开始，到启蒙运动，到宗教改革，他们以几个世纪文化的精神准备来铺垫现代化，推动和塑造现代化。有些西方人即使沦为乞丐，也不失绅士派头的尊严或牛仔风度的侠义，这就足见他们的骨血中人文传统的深厚和强大。与此相反，我们的现代化则是在十年文化大破坏的废墟上开始的，在很多人那里，不仅毛泽东思想不那么香了，连仁义道德、因果报应也所剩无多，精神重建的任务更为艰巨。我们不常看到乞丐，但不时可以看到一些腰缠万贯者，专干制造假药之类的禽兽勾当。

没有一种精神的规范和秩序——哪怕是一种个人主义的规范和秩序——势必侵蚀和瓦解法制，造成经济政治方面的动乱或乱动，就像打球没有规则，这场球最终是打不好的，打不下去的。以"社会"为主义的国家，欲昭公道和正义于世，理应比西方国家更具精神优势，能为经济建设提供更优质的精神能源——起码应少一些狗眼看人、狗胆包天、狗尾摇摇以邀宠之类的狗态。我想应该是这样的。

（选自人民文学出版社2008年版《韩少功系列：在后台的后台》）

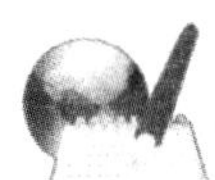

思考与讨论

1. 本文所写的这只猪，你认为是确有其实，还是作者杜撰？
2. 体会文章"特立独行"的含义。
3. 作者是如何以幽默笔触来表达严肃题材的？

知识链接

王小波语录选摘

- 对一位知识分子来说，成为思维的精英，比成为道德精英更为重要。
- 在冥想中长大以后，我开始喜欢诗。我读过很多诗，其中有一些是真正的好诗。好诗描述过的事情各不相同，韵律也变化无常，但是都有一点相同的东西。它有一种水晶般的光辉，好像来自星星。
- 似水流年才是一个人的一切，其余的全是片刻的欢娱和不幸。
- 一个人活在世上就是为了忍受一切摧残，想通了这点，任何事情都能泰然处之。
- 梦具有一种荒诞的真实性，而真实有一种真实的荒诞性。
- 生活是天籁，需要凝神静听。
- 井底之蛙也拥有一片天空。
- 智慧本身就是好的。有一天我们都会死去，追求智慧的道路还会有人在走着。死掉以后的事我看不到，但在我活着的时候，想到这件事，心里就很高兴。

2005年中央电视台新年新诗会上，梁小斌被评为年度推荐诗人，推荐语这样写道："诗人梁小斌，一个磨难时代的诗歌童话，他坚韧而坚强地持续写作，在生活的边缘依然把诗歌完全融入了生命的状态。……这样冰块一样生活着的诗人，通过自己卧薪尝胆的努力，恢复或说绵延着一种纯粹、高贵的文学理想：以透明消解阴晦，以深沉埋葬浅薄，以少战胜多……"

中国，我的钥匙丢了

梁小斌

中国，我的钥匙丢了。
那是十多年前，
我沿着红色大街疯狂地奔跑，
我跑到了郊外的荒野上欢叫，
后来，
我的钥匙丢了。
心灵，苦难的心灵
不愿再流浪了，
我想回家
打开抽屉、翻一翻我儿童时代的画片，
还看一看那夹在书页里的
翠绿的三叶草。
而且，
我还想打开书橱，
取出一本《海涅歌谣》，
我要去约会，
我要向她举起这本书，
作为我向蓝天发出的
爱情的信号。
这一切，
这美好的一切都无法办到，
中国，我的钥匙丢了。
天，又开始下雨，
我的钥匙啊，

你躺在哪里？
我想风雨腐蚀了你，
你已经锈迹斑斑了；
不，我不那样认为，
我要顽强地寻找，
希望能把你重新找到。
太阳啊，
你看见了我的钥匙了吗？
愿你的光芒
为它热烈地照耀。
我在这广大的田野上行走，
我沿着心灵的足迹寻找，
那一切丢失了的，
我都在认真思考。

梁小斌（1954—），安徽合肥人，朦胧诗派的主要代表之一。1972年开始创作诗歌，其诗大多隐约含蓄，1979年在《诗刊》发表《中国，我的钥匙丢了》、《雪白的墙》，这些作品被列为新时期朦胧诗代表作。著有诗集《少女军鼓队》、思想随笔集《独自成俑》、《地主研究》、《梁小斌如是说》等。

在创作中，梁小斌总以一颗童心看世界，认为“单纯是诗的灵魂，不管多么了不起的发现，我都希望通过孩子的语言来说出”。

作品鉴赏

本诗将民族历史的失落这一重大主题派生在孩子丢失了脖子上的钥匙这一细小事件上，通过“寻找钥匙”这样一组象征性意象艺术地概括了“文革”期间青年一代的精神处境和心理状态。

孩子脖子上的钥匙，从浅的层面象征着家中温暖、正常、有序的生活，从深层次的精神层面则可以打开心灵之门、精神之门、历史之门，它的丢失，意味着一个民族文化、历史的丢失，文中与此相关的“抽屉”、“画片”、“三叶草”及《海涅歌谣》等一系列意象也都是抒情主人公需要通过这把钥匙才可以获得的。在寻找它的过程中，抒情主人公虽然有迷惘和失落，但却并未失去生活的信心，而是在历经劫难后继续“顽强”地寻找，“蓝天”、“太阳”等意象就是希望的象征，体现了一代青年的觉醒。

本诗采用朦胧派常用的象征隐喻手法，曲折地表达了丰富深厚的精神内涵，既对历史、社会现实进行了隐晦的批判，又体现了新青年反思与探求的意识及深厚的英雄主义色彩。

扩展阅读

远和近

（顾　城）

你，
一会看我，
一会看云。
我觉得，
你看我时很远，
你看云时很近。

（选自人民文学出版社 1998 年版《顾城的诗》）

乡　音

（北　岛）

我对着镜子说中文
一个公园有自己的冬天
我放上音乐
冬天没有苍蝇
我悠闲地煮着咖啡
苍蝇不懂什么是祖国
我加了点儿糖
祖国是一种乡音
我在电话线的另一端
听见了我的恐惧

（选自南海出版公司 2003 年版《北岛诗歌集》）

思考与讨论

1. 本诗中的“钥匙”象征什么？

2. 简析诗歌中象征手法的运用。
3. 作者在诗歌中是如何以童心来看世界的?

知识链接

80 年代的朦胧诗

在20世纪80年代成为潮流的朦胧诗，又称为新诗潮诗歌，实际上是指成长于“文革”时期、备受生活的冷落与嘲弄的青年诗人创作的诗歌。因其在艺术形式上多用总体象征的手法，具有不透明性和多义性，所以被称作“朦胧诗”，代表诗人有北岛、舒婷、顾城、江河、梁小斌、杨炼等。

朦胧诗的主要艺术特色主要在于以下几点：首先，在思想情感上，蕴涵着伤感情调和反叛精神；其次，在构思上，非常强调内在思维和诗人对世界的主观感觉，追求诗的内在旋律，用非传统的新的审美观念和表现手法来抒发感情，大量采用虚写法，使诗由具体变得抽象；最后，在表现手法上，往往象征、隐喻、通感并用，追求意象化，选择奇特的形象，运用跳跃性的结构，打破时空秩序，捕捉瞬间感受，将生活扭曲变形，借以表现诗人“心滤”的现实，这种写法通常令读者很难明晰地把握其深意。

中华灿烂的历史文化流淌了五千年，莫高窟无疑是这一长河中重要的港口。当年，乐樽和尚因一道灿烂金光便筑窟造像，成就了这片佛教圣地，各朝各代的文化精华都肆意在一樽樽塑像上，于是汇成了色彩的长河、历史的长河。文化是我们的灵魂，而我们的灵魂却落在了别人的手里，敦煌的苦旅，是一种感召、一种仪式，一条寻根的路……

道士塔

余秋雨

一

莫高窟大门外，有一条河，过河有一溜空地，高高低低建着几座僧人圆寂塔。塔呈圆形，状近葫芦，外敷白色。从几座坍弛[1]的来看，塔心竖一木桩，四周以黄泥塑成，基座垒以青砖。历来住持莫高窟的僧侣都不富裕，从这里也可找见证明。夕阳西下，朔风凛冽，这个破落的塔群更显得悲凉。

有一座塔，由于修建年代较近，保存得较为完整。塔身有碑文，移步读去，猛然一惊，它的主人，竟然就是那个王圆箓。

历史已有记载，他是敦煌石窟的罪人。

我见过他的照片，穿着土布棉衣，目光呆滞，畏畏缩缩，是那个时代到处可以遇见的一个中国平民。他原是湖北麻城的农民，逃荒到甘肃，做了道士。几经转折，不幸由他当了莫高窟的家，把持着中国古代最灿烂的文化。他从外国冒险家手里接过极少的钱财，让他们把难以计数的敦煌文物一箱箱运走。今天，敦煌研究院的专家们只得一次次屈辱地从外国博物馆买取敦煌文献的微缩胶卷，叹息一声，走到放大机前。

完全可以把愤怒的洪水向他倾泄。但是，他太卑微，太渺小，太愚昧，最大的倾泄也只是对牛弹琴，换得一个漠然的表情。让他这具无知的躯体全然肩起这笔文化重债，连我们也会觉得无聊。

这是一个巨大的民族悲剧。王道士只是这出悲剧中错步上前的小丑。一位年轻诗人写道，那天傍晚，当冒险家斯坦因装满箱子的一队牛车正要启程，他回头看了一眼西天凄艳的晚霞。那里，一个古老民族的伤口在滴血。

二

真不知道一个堂堂佛教圣地，怎么会让一个道士来看管。中国的文化都到哪里去了，他们滔滔的奏折怎么从不提一句敦煌的事由？

其时已是二十世纪初年，欧美的艺术家正在酝酿着新世纪的突破。罗丹正在他的工作室里雕塑，雷诺阿、德加、塞尚已处于创作晚期，马奈早就展出过他的《草地上的午餐》。他们中有人已向东方艺术投来歆羡[2]的目光，而敦煌艺术，正在王道士手上。

王道士每天起得很早，喜欢到洞窟里转转，就像一个老农，看看他的宅院。他对洞窟里的壁画有点不满，暗乎乎的，看着有点眼花。亮堂一点多好呢，他找了两个帮手，拎来一桶石灰。草扎的刷子装上一个长把，在石灰桶里蘸一蘸，开始他的粉刷。第一遍石灰刷得太薄，五颜六色还隐隐显现，农民做事就讲个认真，他再细细刷上第二遍。这儿空气干燥，一会儿石灰已经干透。什么也没有了，唐代的笑容，宋代的衣冠，洞中成了一片净白。道士擦了一把汗憨厚地一笑，顺便打听了一下石灰的市价。他算来算去，觉得暂时没有必要把更多的洞窟刷白，就刷这几个吧，他达观地放下了刷把。

当几面洞壁全都刷白，中座的塑雕就显得过分惹眼。在一个干干净净的农舍里，她们婀娜的体态过于招摇，她们柔美的浅笑有点尴尬。道士想起了自己的身份，一个道士，何不在这里搞上几个天师、灵官菩萨？他吩咐帮手去借几个铁锤，让原先几座塑雕委曲一下。事情干得不赖，才几下，婀娜的体态变成碎片，柔美的浅笑变成了泥巴。听说邻村有几个泥匠，请了来，拌点泥，开始堆塑他的天师和灵官。泥匠说从没干过这种活计，道士安慰道，不妨，有那点意思就成。于是，像顽童堆造雪人，这里是鼻子，这里是手脚，总算也能稳稳坐住。行了。再拿石灰，把它们刷白。画一双眼，还有胡子，像模像样。道士吐了一口气，谢过几个泥匠，再作下一步筹划。

今天我走进这几个洞窟，对着惨白的墙壁、惨白的怪像，脑中也是一片惨白。我几乎不会言动，眼前直晃动着那些刷把和铁锤。“住手!”我在心底痛苦地呼喊，只见王道士转过脸来，满眼困惑不解。是啊，他在整理他的宅院，闲人何必喧哗？我甚至想向他跪下，低声求他：“请等一等，等一等……”但是等什么呢？我脑中依然一片惨白。

三

1900 年 5 月 26 日清晨，王道士依然早起，辛辛苦苦地清除着一个洞窟中的积沙。没想到墙壁一震，裂开一条缝，里边似乎还有一个隐藏的洞穴。王道士有点奇怪，急忙把洞穴打开，嗬，满满实实一洞的古物!

王道士完全不能明白，这天早晨，他打开了一扇轰动世界的门户。一门永久性的学问，将靠着这个洞穴建立。无数才华横溢的学者，将为这个洞穴耗尽终生。中国的荣耀和耻辱，将由这个洞穴吞吐。

现在，他正衔着旱烟管，趴在洞窟里随手捡翻。他当然看不懂这些东西，只觉得事情有点蹊跷。为何正好我在这儿时墙壁裂缝了呢？或许是神对我的酬劳。趁下次到县城，捡了几个经卷给县长看看，顺便说说这桩奇事。

县长是个文官，稍稍掂出了事情的分量。不久甘肃学台叶炽昌也知道了，他是金石学家，懂得洞窟的价值，建议藩台把这些文物运到省城保管。但是东西很多，运费不低，官僚们又犹豫了。只有王道士一次次随手取一点出来的文物，在官场上送来送去。

中国是穷，但只要看看这些官僚豪华的生活排场，就知道绝不会穷到筹不出这笔运费。中国官员也不是都没有学问，他们也已在窗明几净的书房里翻动出土经卷，推测着书写朝代了。但他们没有那副赤肠，下个决心，把祖国的遗产好好保护一下。他们文雅地摸着胡须，吩咐手下："什么时候，叫那个道士再送几件来!"已得的几件，包装一下，算是送给哪位京官的生日礼品。

就在这时，欧美的学者、汉学家、考古家、冒险家，却不远万里、风餐露宿，朝敦煌赶来。他们愿意卖掉自己的全部财产，充作偷运一两件文物回去的路费。他们愿意吃苦，愿意冒着葬身沙漠的危险，甚至作好了被打、被杀的准备，朝这个刚刚打开的洞窟赶来。他们在沙漠里燃起了股股炊烟，而中国官员的客厅里，也正茶香缕缕。

没有任何关卡，没有任何手续，外国人直接走到了那个洞窟跟前。洞窟砌了一道砖、上了一把锁，钥匙挂在王道士的裤腰带上。外国人未免有点遗憾，他们万里冲刺的最后一站，没有遇到森严的文物保护官邸，没有碰见冷漠的博物馆馆长，甚至没有遇到看守和门卫，一切的一切，竟是这个肮脏的土道士。他们只得幽默地耸耸肩。

略略交谈几句，就知道了道士的品位。原先设想好的种种方案纯属多余，道士要的只是一笔最轻松的小买卖。就像用两枚针换一只鸡，一颗钮扣换一篮青菜。要详细地复述这笔交换帐，也许我的笔会不太沉稳，我只能简略地说：1905 年 10 月，俄国人勃奥鲁切夫用一点点随身带着的俄国商品，换取了一大批文书经卷；1907 年 5 月，匈牙利人斯坦因用一叠子银元换取了二十四大箱经卷、三箱织绢和绘画；1908 年 7 月，法国人伯希和又用少量银元换去了十大车、六千多卷写本和画卷；1911 年 10 月，日本人吉川小一郎和橘瑞超用难以想象的低价换取了三百多卷写本和两尊唐塑；1914 年，斯坦因第二次又来，仍用一点银元换去五大箱、六百多卷经卷；……

道士也有过犹豫，怕这样会得罪了神。解除这种犹豫十分简单，那个斯坦因就哄他说，自己十分崇拜唐僧，这次是倒溯着唐僧的脚印，从印度到中国取经来了。好，既然是洋唐僧，那就取走吧，王道士爽快地打开了门。这里不用任何外交辞令，只需要几句现编的童话。一箱子，又一箱子。一大车，又一大车。都装好了，扎紧了，吁——，车队出发了。

没有走向省城，因为老爷早就说过，没有运费。好吧，那就运到伦敦，运到巴黎，运到彼得堡，运到东京。

王道士频频点头，深深鞠躬，还送出一程。他恭敬地称斯坦因为"司大人讳代诺"，称伯希和为"贝大人讳希和"。他的口袋里有了一些沉甸甸的银元，这是平常化缘时很难得到的。他依依惜别，感谢司大人、贝大人的"布施"。车队已经驶远，他还站在路口。沙漠上，两道深深的车辙。

斯坦因他们回到国外，受到了热烈的欢迎。他们的学术报告和探险报告，时时激起如雷的掌声。他们在叙述中常常提到古怪的王道士，让外国听众感到，从这么一个蠢人手中抢救出这笔遗产，是多么重要。他们不断暗示，是他们的长途跋涉，使敦煌文献从黑暗走向光明。

他们都是富有实干精神的学者，在学术上，我可以佩服他们。但是，他们的论述中遗忘了一些极基本的前提。出来辩驳为时已晚，我心头只是浮现出一个当代中国青年的几行诗句，那是他写给火烧圆明园的额尔金勋爵的：

我好恨

恨我没早生一个世纪
使我能与你对视着站立在阴森幽暗的古堡
晨光微露的旷野
要么我拾起你扔下的白手套
要么你接住我甩过去的剑
要么你我各乘一匹战马
远远离开遮天的帅旗
离开如云的战阵
决胜负于城下

对于这批学者，这些诗句或许太硬。但我确实想用这种方式，拦住他们的车队。对视着，站立在沙漠里。他们会说，你们无力研究；那么好，先找一个地方，坐下来，比比学问高低。什么都成，就是不能这么悄悄地运走祖先给我们的遗赠。

我不禁又叹息了，要是车队果真被我拦下来了，然后怎么办呢？我只得送缴当时的京城，运费姑且不计。但当时，洞窟文献不是确也有一批送京的吗？其情景是，没装木箱，只用席子乱捆，沿途官员伸手进去就取走一把，在哪儿歇脚又得留下几捆，结果，到京城时已零零落落，不成样子。

偌大的中国，竟存不下几卷经文？比之于被官员大量遭践的情景，我有时甚至想狠心说一句：宁肯存放在伦敦博物馆里！这句话终究说得不太舒心。被我拦住的车队，究竟应该驶向哪里？这里也难，那里也难，我只能让他停驻在沙漠里，然后大哭一场。

我好恨！

四

不止是我在恨。敦煌研究院的专家们，比我恨得还狠。他们不愿意抒发感情，只是铁板着脸，一钻几十年，研究敦煌文献。文献的胶卷可以从外国买来，越是屈辱越是加紧钻研。我去时，一次敦煌学国际学术讨论会正在莫高窟举行。几天会罢，一位日本学者用沉重的声调作了一个说明："我想纠正一个过去的说法。这几年的成果已经表明，敦煌在中国，敦煌学也在中国！"

中国的专家没有太大的激动，他们默默地离开了会场，"走过王道士的圆寂塔前"。

【注释】

[1] 坍弛：倒塌、倒垮。

[2] 歆（xīn）羡：爱慕。

余秋雨（1946—），浙江余姚人，当代艺术理论家、文化史学者、散文家，代表作有《行者无疆》、《文化苦旅》、《文明的碎片》等。在大陆公布的近十年来全国最畅销书籍前十名中，余秋雨一人独占了四本。

余秋雨是20世纪90年代最受争议的作家之一，其散文多取材旅游名胜，将山水的兴衰、历史的回溯、人生的感叹结合起来，在文化踪迹的探寻中引发今古人生、文化的反讽省思，探寻知识分子的使命，寓意深沉而笔触清新。

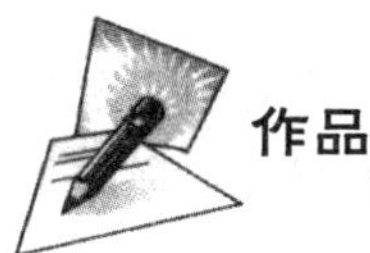

作品鉴赏

《道士塔》是余秋雨《文化苦旅》的第一篇，充分体现了文化散文的特点，有浓厚的文化底蕴，又饱含悲怆的情感，运用小说叙事笔法处理枯燥的历史，将“道士塔”的兴衰娓娓道来，引出国人糟蹋敦煌文物和外国侵略者掳掠敦煌艺术品的史实，一句“我好恨！”透出闲笔后的沉思。

本文褒词贬用，反话正说，看似轻松却处处暗含有力的反讽。敦煌艺术是中华文化的瑰宝，却被人们粗暴地对待，一方面是国人对它愚昧的“修葺”，“第一遍石灰刷得太薄，五颜六色还隐隐显现，农民做事就讲个认真，他再细细刷上第二遍”。多么讽刺的认真！另一方面是他国对它野蛮的“拯救”，“他们都是富有实干精神的学者，在学术上，我可以佩服他们。但是，他们的论述中遗忘了一些极基本的前提”。多么尴尬的佩服！古老民族的伤口在流血，元凶是谁？是犯下掠夺行径的西方学者？是目光短浅、愚昧无知的王道士？是旧中国那个没落在闭关锁国中的天朝？我们无从回答，就像敦煌研究院的中国专家们一样，只能“默默地”，走过王道士的圆寂塔前。

扩展阅读

久违了，故人

（蒋勋）

历史博物馆展出的“南北朝隋唐石雕展”吸引了不少人去看。这一次展出的作品，大部分是纽约大都会博物馆的藏品，我以前看过；但是，这一次是在自己的土地上看，心情很不一样。

随着一百年来近代中国的外侮，这些原来根生在中国土地上的石雕，也一批一批流失到外国去了。在国外旅游的时候，走进博物馆，便常常不自主被这些离开了故土、缺手缺头的残破身躯吸引，有着难以言喻的感伤。

好像袁德星先生在一篇记录日本的旅游文字中谈到类似的经验，当他看到无数被砍断的佛头陈列在博物馆中，不禁哀痛地迸出泪来，在心里叫道：还我头来！

我去日本的时候，每次也一定去上野那间博物馆徘徊，在进门大厅的右边，一间宽敞的室内，陈列着北魏到唐不同地区的几尊佛雕。我特别喜欢一件无头的菩萨，是天龙山的作品，一脚趺跏，自在而安适，虽然没有了头部，却在那从容的坐姿上显现着凛然不可侵犯的人的尊严与气度。

我常常一坐好几小时，面对着那些破残的身躯，仿佛是重逢了久违的故人，便相向对坐着，那离别时候，各自的辛酸与寂寞，都不堪言说，便只是静静流下的无言的泪水罢。

这些作品，每次初见，都要等这民族苦难的感怀平复下来，从模糊的泪光中忍住了怆痛，才能一点一滴，在那残缺、碎裂、斑剥、伤痕累累的身躯上，重新省视：那历经劫难、却仍然未被损害的这民族极美的质地。

因此，过年以来，我总是禁不住要绕到历史博物馆，再看一看那些石雕，看一看他们从内心笑出来的如花的喜悦，看一看他们那趺跏而坐、沉入思维的安详，那广阔而平和的面容，真是久违了。我们在匆忙与挤迫的生的烦乱中，何曾梦想生命可以这样宽裕无尽？好像江河行走于大地，好像日月分担着四时，那样自在，却又只是安分；那样华美，却又不过是简朴；那样自信而尊敬，却原来不过是平凡与谦卑……

（选自蒋勋《欢喜赞叹·记南北朝隋唐石雕展》）

思考与讨论

1. 你认为敦煌文物遗失的根本原因是什么？

2. 阅读余秋雨的《莫高窟》，体会作者是如何把文化和历史变成不可分割的整体的。

3. 根据本文任选下列一个题目，写一篇随笔。

（1）谁是敦煌的罪人　（2）学者？强盗？　（3）飞天的后人　（4）敦煌再辉煌

知识链接

什么是文化散文

“文化散文”是20世纪80年代后期出现的一类在取材和行文上都具有创新性的散文，有着深厚的人文情怀和终极追问，表现出鲜明的文化意识和理性思考色彩。它上承

“五四”以来的启蒙理想、理性精神传统，旁及兄弟文体成败得失的经验教训，面对80年代后期商品膨胀、文化失范、精神流浪的文化现状而悬拟高远、超迈的精神家园皈依、人格理想重建等超越性文化主题，成为新时期文学“文化寻‘根’”意向最扎实沉稳的硕果。文化散文的代表作家有余秋雨、张中行、王小波、韩寒等。

余秋雨的《文化苦旅》、《文明的碎片》、《千年一叹》等著作凭借山水风物来抒写民族文化底蕴和人生秘谛，反省民族文化和古代知识分子的人格构成，表现出了强大的文化反思、理性批判和现代精英知识分子人格重构理想的启蒙精神；张中行的《负暄琐话》以“诗”与“史”的笔法，传达了一种闲散而又温暖的情趣，其随笔甚至被喻为“现代的《世说新语》”；王小波以其所坚持的理性、自由的文化立场和活泼生动的文风在90年代颇受关注，形成了自己独特的叙述方式，在戏谑笑骂之中表明自己的态度；韩寒的《大国小城》从中国传统文化、中国少数民族文化与中国舶来文化三者之间的融合和冲突入手，对当下中国文化的前景进行了颇具价值的展望和反思。

“一个人并不是生来要给打败的。你尽可以消灭他，可就是打不败他。”这是他最著名的话。1961 年 7 月 2 日清晨，他身穿睡裤、浴衣，进入地下室，拿出了枪和一盒子弹，慢慢张开嘴巴，把枪头塞进去，轻轻扣动了扳机……约翰·肯尼迪总统在给他的唁电中说：“几乎没有哪个美国人比欧内斯特·海明威对美国人民的感情和态度产生过更大的影响。”狮子般的硬汉海明威，伟大得如同一棵参天大树，如今，树倒了，人们该到哪里去乘凉呢？

真实的高贵

海明威

风平浪静的大海上，每个人都是领航员。

但是，只有阳光而无阴影，只有欢乐而无痛苦，那就不是人生。以最幸福的人的生活为例——它是一团纠缠在一起的麻线。丧亲之痛和幸福祝愿彼此相接，使我们一会儿伤心，一会儿高兴，甚至死亡本身也会使生命更加可亲。在人生的清醒时刻，在哀痛和伤心的阴影之下，人们与真实的自我最接近。

在人生或者职业的各种事务中，性格的作用比智力大得多，头脑的作用不如心情，天资不如由判断力所节制的自制、耐心和规律。

我始终相信，开始在内心生活得更严肃的人，也会在外表上开始生活得更朴素。在一个奢华浪费的年代，我希望能向世界证明，人类真正需要的东西是非常之微少的。

悔恨自己的错误，而且力求不再重蹈覆辙，这才是真正的悔悟。优于别人，并不高贵，真正的高贵应该是优于过去的自己。

欧内斯特·米勒尔·海明威（1899—1961），美国著名小说家，诺贝尔文学奖获得者。其成名作《太阳照样升起》描写了战后一批流落欧洲的青年的迷惘、彷徨和幻灭感；其短篇小说集《没有女人的男人》、《胜者无所得》塑造了临危不惧、视死如归的“硬汉性格”；其长篇小说《永别了，武器》以他在意大利战场的经历为背景，描写一对恋人的幸福被战争摧毁的悲剧；其小说《丧钟为谁而鸣》以反法西斯主义为主题，描写一名美国志愿兵在西班牙内战中的英勇牺牲精神。

海明威的作品不仅文体简洁，而且语言生动明快，对美国文学界产生了很大影响。1954 年，以中篇小说《老人与海》获诺贝尔文学奖。

作品鉴赏

对于一个人来说，最真实的高贵是什么？在这篇散文中，海明威以他隽永的语言为我们作了诠释。在作者看来，人生不可能一帆风顺，而是交织着欢乐与痛苦，如果只有阳光而没有阴影，只有快乐而没有苦难，那就全然不是人生。这是作者在阅尽人生悲欢离合后对于人生的感悟。在谈到人类的需要的时候，作者清晰地表明了自己的态度和看法：一个“开始在内心生活得更严肃的人，也会在外表上开始生活得更朴素”，而在一个“奢华浪费的年代”，实际上，“人类真正需要的东西是非常之微少的”。这样的话语富含哲理，隽永深刻，犹如一把宝剑，直刺人们的虚荣和贪婪。

既然幸福和快乐并非人生的目的，而奢靡和浮华也并非人类之所需，那么人类应该追求什么呢？卒章显志，作者将本文的主旨清晰地呈现出来：超越自我，优于过去的自己，才是人类最应该追求的东西，也是人之所以为人的高贵之处。

扩展阅读

老人与海（节选）

（海明威）

现在他知道这鱼就在这里，他的双手和背脊都不是梦中的东西。这双手很快就会痊愈的，他想。它们出血出得很多，海水会把它们治好的。这真正的海湾中的深暗的水是世上最佳的治疗剂。我只消保持头脑清醒就行。这两只手已经尽了自己的本份，我们航行得很好。鱼闭着嘴，尾巴直上直下地竖着，我们象亲兄弟一样航行着。接着他的头脑有点儿不清楚了，他竟然想起，是它在带我回家，还是我在带它回家呢？如果我把它拖在船后，那就毫无疑问了。如果这鱼丢尽了面子，给放在这小船上，那么也不会有什么疑问。可是他们是并排地拴在一起航行的，所以老人想，只要它高兴，让它把我带回家去得了。我不过靠了诡计才比它强的，可它对我并无恶意。

他们航行得很好，老人把手浸在盐水里，努力保持头脑清醒。积云堆聚得很高，上空还有相当多的卷云，因此老人看出这风将刮上整整一夜。老人时常对鱼望望，好确定真有这么回事。这时候是第一条鲨鱼来袭击它的前一个钟点。

这条鲨鱼的出现不是偶然的。当那一大片暗红的血朝一英里深的海里下沉并扩散的时候，它从水底深处上来了。它窜上来得那么快，全然不顾一切，竟然冲破了蓝色的水面，来到了阳光里。跟着它又掉回海里，嗅到了血腥气的踪迹，就顺着小船和那鱼所走的路线游去。

有时候它迷失了那气味。但是它总会重新嗅到，或者就嗅到那么一点儿，它就飞快地使劲跟上。它是条很大的灰鲭鲨，生就一副好体格，能游得跟海里最快的鱼一般快，周身的一切都很美，除了它的上下颚。它的背部和剑鱼的一般蓝，肚子是银色的，鱼皮光滑而漂亮。它长得和剑鱼一般，除了它那张正紧闭着的大嘴，它眼下就在水面下迅速地游着，高耸的脊鳍象刀子般划破水面，一点也不抖动。在这紧闭着的双唇里面，八排牙齿全都朝里倾斜着。它们和大多数鲨鱼的不同，不是一般的金字塔形的。它们象爪子般蜷曲起来的人的手指。它们几乎跟这老人的手指一般长，两边都有刀片般锋利的快口。这种鱼生就拿海里所有的鱼当食料，它们游得那么快，那么壮健，武器齐备，以致所向无敌。它闻到了这新鲜的血腥气，此刻正加快了速度，蓝色的脊鳍划破了水面。老人看见它在游来，看出这是条毫无畏惧而坚决为所欲为的鲨鱼。他准备好了鱼叉，系紧了绳子，一面注视着鲨鱼向前游来。绳子短了，缺了他割下用来绑鱼的那一截。老人此刻头脑清醒，正常，充满了决心，但并不抱着多少希望。光景太好了，不可能持久的，他想。他注视着鲨鱼在逼近，抽空朝那条大鱼望上一眼。这简直等于是一场梦，他想。我没法阻止它来袭击我，但是也许我能弄死它。登多索鲨，他想。你它妈交上坏运啦。

鲨鱼飞速地逼近船梢，它袭击那鱼的时候，老人看见它张开了嘴，看见它那双奇异的眼睛，它咬住鱼尾巴上面一点儿的地方，牙齿咬得嘎吱嘎吱地响。鲨鱼的头露出在水面上，背部正在出水，老人听见那条大鱼的皮肉被撕裂的声音，这时候，他用鱼叉朝下猛地扎进鲨鱼的脑袋，正扎在它两眼之间的那条线和从鼻子笔直通到脑后的那条线的交叉点上。这两条线实在是并不存在的。只有那沉重、尖锐的蓝色脑袋，两只大眼睛和那嘎吱作响、吞噬一切的突出的两颚。可是那儿正是脑子的所在，老人直朝它扎去。他使出全身的力气，用糊着鲜血的双手，把一支好鱼叉向它扎去。他扎它，并不抱着希望，但是带着决心和十足的恶意。鲨鱼翻了个身，老人看出它眼睛里已经没有生气了，跟着它又翻了个身，自行缠上了两道绳子。老人知道这鲨鱼快死了，但它还是不肯认输。它这时肚皮朝上，尾巴扑打着，两颚嘎吱作响，象一条快艇般划奇水面。它的尾巴把水拍打得泛出白色，四分之三的身体露出在水面上，这时绳子给绷紧了，抖了一下，啪地断了。鲨鱼在水面上静静地躺了片刻，老人紧盯着它。然后它慢慢地沉下去了。

“它吃掉了约莫四十磅肉，”老人说出声来。它把我的鱼叉也带走了，还有那么许多绳子，他想，而且现在我这条鱼又在淌血，其他鲨鱼也会来的。

他不忍心再朝这死鱼看上一眼，因为它已经被咬得残缺不全了。鱼挨到袭击的时候，他感到就象自己挨到袭击一样。可是我杀死了这条袭击我的鱼的鲨鱼，他想。而它是我见到过的最大的登多索鲨。天知道，我见过一些大的。

光景太好了，不可能持久的，他想。但愿这是一场梦，我根本没有钓到这条鱼，正独自躺在床上铺的旧报纸上。

“不过人不是为失败而生的，”他说。“一个人可以被毁灭，但不能给打败。”不过我很痛心，把这鱼给杀了，他想。现在倒霉的时刻要来了，可我连鱼叉也没有。这条登多索鲨是残忍、能干、强壮而聪明的。但是我比它更聪明。也许并不，他想。也许我仅仅是武器比它强……

“想点开心的事儿吧，老家伙，”他说。“每过一分钟，你就离家近一步。丢了四十磅鱼肉，你航行起来更轻快了。”他很清楚，等他驶进了海流的中部，会发生什么事。可是眼下一点办法也没有。

“不，有办法，”他说出声来。“我可以把刀子绑在一支桨的把子上。”

于是他胳肢窝里挟着舵柄，一只脚踩住了帆脚索，就这样办了。

“行了，”他说。“我照旧是个老头儿。不过我不是没有武器的了。”

这时风刮得强劲些了，他顺利地航行着。他只顾盯着鱼的上半身，恢复了一点儿希望。

（节选自北方妇女儿童出版社2011年版《老人与海》，任小红译）

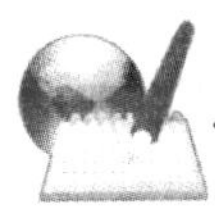

思考与讨论

1. 如何理解“优于别人，并不高贵，真正的高贵应该是优于过去的自己”这句话？
2. 文中“真实的高贵”所指的究竟是怎样的一种人生态度？
3. 在作者看来什么是真正的悔悟？

知识链接

海明威的冰山理论

1932年，海明威在他的纪实性作品《午后之死》中提出了著名的“冰山原则”。他以“冰山”为喻，认为作者只应描写“冰山”露出水面的部分，水下的部分应该通过文本的提示让读者去想像补充。文学作品中，文字和形象是所谓的“八分之一”，而情感和思想是所谓的“八分之七”。前两者是具体可见的，后两者是寓于前两者之中的。

冰山风格的作品体现在结构上就是只截取故事的一个时间段或时间点以集中反映重大主题或历史事件，至于历史的经过和历史背景，则当作“冰山”的八分之七隐匿在洋面之下，但读者又能强烈地感到它的存在。例如海明威在谈到《老人与海》的创作时指出：“本来可以写一千多页那么长，小说里村庄中的每一个人物，以及他们怎样谋生、怎样受教育、生孩子等等一切过程。”但小说却仅集中描写老人在海上捕鱼的惊心动魄的三天，全文5万字。

冰山风格的作品在语言上往往简约，删掉一切可有可无的东西，就像中国水墨画技巧，计白当黑。英国学者贝茨在《海明威的短篇小说》一文中认为，这种简约删掉了小说中几乎所有的解释、探讨甚至议论；砍掉了一切花花绿绿的比喻；剥下了亨利·詹姆斯时代句子长、形容词多得要命的华丽外衣。是的，正是海明威，“以谁也不曾有过的勇气，把英语中附着于文学的乱毛剪了个干净！”